教育部人文社会科学重点研究基地
上海外国语大学中东研究所丛书

新世纪以来的约旦政治发展与外交抉择

Jordan's Political Development and Diplomatic Strategy Since the New Century

章远 等◎著

时事出版社
北京

资助资金：
上海外国语大学“双一流”建设项目
上海高校一类智库建设项目

目　　录

导　论 ………………………………………………………………（1）

第一章　约旦的政治结构与困境 ……………………………………（7）
一、约旦的政治进程和安全政策偏好 ……………………………（8）
二、约旦的政治经济格局和潜藏的危机 …………………………（21）
三、外交成就助推约旦政治稳定 …………………………………（29）

第二章　集中的行政权力 ……………………………………………（39）
一、圣裔家族和实权国王 …………………………………………（39）
二、行政权力下放 …………………………………………………（47）
三、强王权弱内阁的行政组织形态 ………………………………（54）

第三章　王室以外的权力平衡 ………………………………………（62）
一、国民议会和立法权归属 ………………………………………（63）
二、国王的参议院 …………………………………………………（73）
三、作用有限的众议院 ……………………………………………（75）
四、西方议会文化在约旦的体现及偏离 …………………………（79）

第四章　约旦政党及其局限 …………………………………………（88）
一、君主立宪制内的多党制 ………………………………………（88）
二、约旦的政党动员和选民偏好 …………………………………（91）
三、多元却难合作 …………………………………………………（95）

第五章　小国的平衡外交逻辑 ………………………………………（97）
一、外交舞台上勤勉的国王 ………………………………………（99）

二、小国的平衡外交 …………………………………………（100）
三、地区大国竞争中的小国生存之道 ……………………………（108）
四、中国与约旦双边关系 ………………………………………（110）

第六章 约旦与巴以关系 …………………………………………（113）
一、约旦与巴勒斯坦 ……………………………………………（115）
二、约旦与以色列 ………………………………………………（124）
三、约旦与美国 …………………………………………………（131）

第七章 约旦与国际组织 ………………………………………（140）
一、伊斯兰合作组织中的约旦 …………………………………（140）
二、阿盟中的约旦 ………………………………………………（146）
三、联合国中的约旦 ……………………………………………（150）
四、约旦与欧洲联盟 ……………………………………………（152）
五、约旦与海湾阿拉伯国家合作委员会 …………………………（158）

第八章 防控世纪疫情与约旦国内治理 …………………………（162）
一、约旦的疫情概况（2020—2021） ……………………………（163）
二、防控疫情与政治制度改革缓进 ………………………………（178）
三、防控疫情压力下的政治文化 …………………………………（184）
四、国际抗疫援助 ………………………………………………（189）
五、以防疫政策促进族群包容 ……………………………………（197）

第九章 全球合作观与约旦的愿景 ………………………………（201）
一、全球合作观 …………………………………………………（201）
二、全球合作观的中东地区安全约束 ……………………………（205）
三、约旦的愿景 …………………………………………………（215）

参考文献 ………………………………………………………（223）

后 记 …………………………………………………………（226）

导　　论

中国与阿拉伯国家的友谊源远流长。历史悠久的约旦在中东国家中是小国大外交的活跃践行者，也是挣扎在政治现代化之路上的君主制国家。国家规模不大的约旦在中东地区乃至全球有着不容忽视的特殊影响力。[①]中国与约旦尽管相距路途遥远，然而两国高层和国民之间往来不断。中约两国自 1977 年建交以来，在经贸、政治、文化、能源、基础设施建设等各个领域的合作都卓有成效。中约双方在抗击新冠肺炎疫情中相互支持，进一步深化了两国之间的传统友谊。为维护地区和国际的安全与稳定，捍卫主权和领土完整，约旦与中国很好地协调和配合，坚定地站在一起。

中国改革开放以前可查的国内约旦研究成果以国别国情介绍为主。早期出版的研究著述主要目的是普及约旦作为一个国家的一般概况，让当时的读者了解约旦的地理面貌、人口和族群分布、发展历史、政治结构、经济特质、文化生活，[②] 出版的时代性主要体现在从反对美国帝国主义目的出发，肯定阿拉伯国家人民的反帝国主义斗争成就。[③] 20 世纪 70 年代初，北京大学历史系翻译出版苏联中东研究学者列·尼·科特洛夫于 20 世纪 60 年代撰写的《现代约旦》一书。该书从关注阿拉伯国家人民为民族独立和社会进步所进行的不懈斗争出发，从历史学视角阐述约旦从埃米尔国到现代约旦的形成过程。《现代约旦》注意到在二战结束后至 20 世纪 50 年代中期之间，在政治对手环伺的动荡情况下，约旦统治集团选择与殖民主

---

① 江泽民指出，约旦是中东地区有特殊影响的国家，长期以来，为推进中东和平进程向前发展发挥了积极、重要的作用。《江泽民会见约旦众议院议长（2000 年 7 月 29 日）》，载《人民日报》2002 年 7 月 30 日，第 1 版。

② 薛华明、李云生、冯韵文、蒋澄：《约旦》，北京：科学普及出版社，1957 年版。

③ 吕祐编著：《约旦人民在斗争中》，北京：世界知识出版社，1958 年版；［约旦］艾赛德·穆罕默德·卡西姆等：《约旦的风暴》，北京：作家出版社，1961 年版。

义和帝国主义的代表英美一道，站在干涉阿拉伯东方人民政治生活的对立面。①

中国与约旦于1977年4月7日建立外交关系。1949年中华人民共和国成立之后，与约旦的双边关系进展缓慢和当时约旦亲西方的意识形态且与台湾当局“建交”有直接关系。1946年，哈希姆约旦王国宣布成立，阿卜杜拉的头衔由埃米尔改称国王。侯赛因国王自1953年5月2日登基即位。1957年8月，约旦与台湾当局“建交”。1971年，第26届联合国大会投票表决恢复中国合法席位的提案时，约旦投弃权票。1976年开始，中国与约旦关系开始缓和，到1977年4月7日，两国签署联合公报，指出“中华人民共和国政府坚决支持约旦哈希姆王国政府维护民族独立、发展民族经济的正义事业。约旦哈希姆王国政府承认中华人民共和国政府是代表全中国人民的唯一合法政府，台湾是中华人民共和国领土不可分割的一部分。”1982年12月，侯赛因国王首次访华，并在9个月后再次率代表团访华。国王密集访华印证两国走向密切的双边关系。

双边关系的变化反映到研究和出版领域，国内引进翻译英国中东问题研究者詹姆斯·伦特于1988年撰写的侯赛因国王传记。在英国作家的笔下，侯赛因国王拥有卓越的品质，登基以来数十年政治成就斐然，带领国土面积不大的约旦成为中东地区举足轻重的国家。在英国作家看来，侯赛因国王政治理想中亲西方的内容和对阿拉伯主义的责任并行不悖。② 在千禧年前，中文出版界对约旦的关注集中于依据约旦本国文献和阿拉伯国家对约旦的描述来介绍哈希姆家族后裔所建立的约旦王室，从王室的政治和个人生活管窥约旦的历史与现状、为核心关键王室成员作传的出版风格得到约旦官方的肯定，时任约旦驻华大使萨米尔·纳欧里慨然为当时中国作家所撰写的侯赛因国王传记作序。③ 20世纪90年代的读者对约旦的了解基本来自于此类有较强文学色彩的名人传记。④

① ［苏］列·尼·科特洛夫：《现代约旦》，北京大学历史系翻译小组译，北京：人民出版社，1973年版，第410—439页。

② ［英］詹姆斯·伦特：《约旦国王侯赛因传》，钟伟云等译，北京：世界知识出版社，1992年版，第7—8页。

③ ［约旦］萨米尔·纳欧里：《约旦驻华大使萨米尔·纳欧里序》，载杨孝柏、赵培森、王德新：《圣裔的王冠：约旦王室》，北京：社会科学文献出版社，1998年版，第4—6页。

④ 除了上文所述的侯赛因国王传记，后续国内还翻译了约旦努尔王后的传记。［美］努尔·侯赛因：《信仰的飞跃——约旦王后的传奇生活》，刘冰、张培芳、刘娟译，北京：东方出版社，2006年版。

21 世纪国内研究约旦的视野趋于全面、客观、冷静和中立，学术性也有了显著的提升。面向 21 世纪的约旦研究是当代中东国家社会与文化研究[①]中重要一环，这一时期的著述重视适用性，讲求研究具有社会效用。[②]世纪之交的约旦国内政局并不平稳。侯赛因国王的病情自 1998 年底至 1999 年初不断恶化。侯赛因国王的胞弟、王储哈桑，为确保政权顺利移交而在侯赛因国王赴美治病期间积极操作政治、军事改组，并寻求新闻界和宗教界对哈桑王储继任的支持。与此同时，侯赛因国王的第四任妻子努尔王后为争取自己的儿子哈姆扎·本·侯赛因王子达到权力中心也在参与约旦内部政事。1999 年 1 月 19 日，病重的侯赛因国王为解决约旦国内政局波动，从美国返回约旦。三日后，王储哈桑被废黜，长子阿卜杜拉被重立为王位继承人。2 月 7 日，63 岁的侯赛因国王停止呼吸。当日下午，阿卜杜拉正式宣誓继承王位，成为约旦哈希姆王国第四任国王。[③] 这场王室继承权的戏剧性变动直到 2022 年 4 月仍有余波，彼时风波以哈姆扎王子宣布放弃王子头衔告终。哈姆扎·本·侯赛因是阿卜杜二世国王同父异母的兄弟，是侯赛因国王的次子，曾是阿卜杜拉二世国王继位时的王储。

除却对王室家族变迁的关注，相对疏离地从地缘政治角度来解释约旦在美国冷战时期中东政策中所中据的重要地位有《美国对约旦外交政策研究（1946 - 1969）》[④]。此书提出，为确保约旦在西方影响下的安定，平衡美苏在中东地区的竞争关系，两极格局下，美国向约旦倾注了涵盖经济、财政、军事援助等全面的支持。

地缘政治式解读模式阐释了美国对约旦外交政策的内在逻辑：约旦与其周边国家的重要性，包括以色列、伊拉克、埃及、叙利亚、沙特等，均同时与具有相对均衡且相对强大的国力有直接关系。“相对”是比较而言的。换言之，当这些阿拉伯国家之间复杂而微妙的平衡关系打破之时，约旦事实上已经不太可能成为势均力敌国家斗争的策源地。冷战结束后随着

---

① 朱威烈：《〈当代中东国家社会与文化〉丛书总序》，载梁国诗：《当代约旦哈希姆王国社会与文化》，上海：上海外语教育出版社，2003 年版，第 1 页。

② 梁国诗：《当代约旦哈希姆王国社会与文化》；冀开运：《二十世纪约旦史》，兰州：甘肃人民出版社，2004 年版。

③ 约旦自 1946 年建国以来，经历四任国王，分别是阿卜杜拉国王（1946—1951 年在位）、塔拉勒国王（1951—1952 年在位）、侯赛因国王（1953—1999 年在位）、阿卜杜拉国王二世（1999—至今在位）。王铁铮：《中东国家通史·约旦卷》，北京：商务印书馆，2005 年版，第 323—324 页。

④ 程皖：《美国对约旦外交政策研究（1949 - 1969）》，南昌：江西人民出版社，2011 年版。

真实国力公开化，约旦反而丧失了冷战时期不可替代的阿拉伯国家“中心”地位。地缘政治秩序和国家实力成为人们观察近二十年来约旦国际政治地位微妙变化的重要切入点。

2013 年中国提出“一带一路”倡议后，偏重国别史、关注经贸社会文化国情的国别研究迎来井喷式发展。2016 年，中国政府发布《中国对阿拉伯国家政策文件》成为中阿合作的里程碑。中国的“一带一路”倡议在阿拉伯国家得到了积极响应，约旦也是其中之一。这一时期的研究者将约旦的国情、地貌、资源环境、政治军事外交、经济发展水平、社会文化生态“全景式”地展现在读者面前。[①]

除在知识向导和咨政参考方向类的著述之外，还有四类有关约旦的著作各有侧重，共同编织起约旦与中国的合作与友谊的见证：第一类是亲历历史者的亲述，[②] 多为曾担任中国驻约旦使领馆外交官员亲自书写的约旦故事；第二类为阿拉伯文化研究界引进的约旦作家谈中国与阿拉伯国家合作的译著；[③] 第三类见微知著，身处约旦的小作者记录本人在约旦的学习生活，[④] 从侧面讲述民心相通的成果；第四类是中文的约旦旅游手册，[⑤] 为愈来愈多前往约旦的中国游客开拓视野提供旅行指南。

自 2019 年末新冠肺炎疫情暴发以来，国际关系权力格局处于加速变动中。中国仍然热切地呼吁全球性的和平与发展，但也比疫情前更冷静地维持观察世界视野的理性客观和公平公正。随着全球范围内各国内部社会碎片化问题的严峻，中国学界的约旦领域研究成果在此前百科全书式的成果基础上更庖丁解牛地切入细分领域，呈现出既有国家进步情怀，也有丰富

---

① 参见唐志超编著：《约旦》，北京：社会科学文献出版社，2016 年版；马昌前、孙来麟主编：《约旦研究》，北京：中国地质大学出版社，2016 年版；王林伶：《约旦经贸文化》，北京：社会科学文献出版社，2017 年版。

② 参见刘宝莱：《中国驻中东大使话中东（约旦）》，北京：世界知识出版社，2014 年版；刘宝莱主编：《中国和约旦的故事》，北京：五洲传播出版社，2017 年版；罗兴武、董竹：《外交官带你看世界：沙漠中的博物馆——约旦》，上海：上海锦绣文章出版社，2013 年版。

③ ［约旦］萨米尔·艾哈迈德等：《文明的追随：中国的崛起和阿拉伯人的未来》，刘欣路、吴晓琴译，北京：北京师范大学出版社，2014 年版。

④ 包宁著：《十三岁，我去约旦上高中》，杭州：浙江工商大学出版社，2016 年版。

⑤ ［澳］珍妮·沃克、保罗·克拉默：《孤独星球（Lonely Planet）：约旦》，李文雯等译，北京：中国地图出版社，2018 年版。

的人文趣味性;[①] 引进的海外研究约旦的著作偏重尊重约旦国家建设的独立性和曲折性，且不过高评价王室的谋略。[②]

2022 年，世界百年未有之大变局和新冠肺炎疫情世纪叠加，俄罗斯和乌克兰之间军事冲突长期化推动国际秩序重组，国际贸易和跨国投资急剧萎缩，全球化进程受到重挫。在中美竞争的严峻外部环境下，中国需要团结更大的国际朋友圈，也需要更全面、更准确地认识自己的战略合作伙伴。发现和总结重要地域内关键国家在促进本国政治经济文化发展、建设现代化过程中的经验和教训，为中国的内政外交提供参照是中国政治学学者的责任所在。

位于三洲五海之地的中东地区是内涵复杂而丰富的重要地缘政治区域。约旦在中东地区是相对独特、神奇的国家，甚至可以被称为矛盾的存在。21 世纪以来，约旦被动荡的国家环伺，但本国却相对稳定，国境内没有战乱。约旦有反帝国主义殖民政策的英勇历史，也是独立后仍和曾经的殖民国家保有极佳双边外交关系的阿拉伯国家。约旦是个世俗化程度较高的现代国家，却同时也是凭宗教身份而获得统治合法性的王权政治体系。约旦有国家建设的远瞻能力且推崇自由主义经济，不断寻找突破穷困的发展道路，但没有石油资源的约旦享受不到能源红利，社会长期且反复地面临贫困和经济衰退问题，约旦人民阶段性地产生不公平感导致约旦的社会和谐理想总会受到波及。约旦是个现代国家，但至今传统的部落和后部落人口、保守的伊斯兰主义者在国家内部仍有不容忽视的话语权。尽管存在诸多矛盾，约旦政治在挑战中反复地协调政治权力结构、平衡权利分配、调整政策偏重，努力凝集国内民众，不断在大国博弈的夹缝中闪转腾挪，形成了务实的政治和外交特质，并因此塑造了开放的外交局面。

本书关注 21 世纪以来的约旦政治与外交，尤其聚焦中东变局以来，约旦在中东地区政治中的表现。约旦早期的政权建设和政治活动不在本书的讨论之列。本书为教育部人文社会科学重点研究基地重大项目“百年变局

① 参见韩志斌、薛亦凡：《约旦国家建构中的部落问题及其影响》，载《西亚非洲》2020 年第 1 期，第 118—139 页；闫伟、田鸿涛：《“哈希姆认同”：约旦政治文化的意涵与建构路径》，载《西亚非洲》2021 年第 5 期，第 130—155 页；李茜：《约旦现代化进程研究》，北京：社会科学文献出版社，2021 年版；刘欣路：《约旦文化教育研究》，北京：外语教学与研究出版社，2021 年版，等等。

② ［英］菲利普·罗宾斯：《约旦史》，叶如帆、曾湘琴译，上海：东方出版中心，2020 年版。

下的中东文明发展趋势研究”（22JJD810032）、上海外国语大学校级重大科研项目“中东格局巨变与中国‘一带一路’倡议在中东实践的风险与应对”、上海外国语大学青年教师科研创新团队项目“百年未有大变局之下的中东政治变迁研究”以及上海外国语大学导师学术引领计划“中东地区非传统安全问题研究”的阶段性成果。本书经历三轮修改，于2022年9月基本完成，因而所有收集的相关资料的发布时间也截止于此。

第一章　约旦的政治结构与困境

约旦全称为约旦哈希姆王国（The Hashemite Kingdom of Jordan），地处阿拉伯半岛西北部，国土面积8.93万平方千米，与巴勒斯坦、以色列、叙利亚、伊拉克以及沙特阿拉伯接壤。一战后，历经英国委任统治，1946年外约旦酋长国宣布国家独立，国家更名为外约旦哈希姆王国。1950年，与约旦河西岸合并后，外约旦改国名为约旦哈希姆王国。约旦为君主立宪制国家，国王为世袭最高元首，现任国王为1999年继位的阿卜杜拉二世·本·侯赛因（Abdullah II Bin Hussein）。约旦设有参众两院，实行多党制，然而国王是实权的最高国家领袖。新千年以来约旦政局总体保持稳定，虽然持续受到中东地区整体长期动荡及2011年以来中东剧变的影响，约旦内外政治环境有较大变化，但在王室积极应对与调整下，国内形势基本可控，未出现大规模动乱。2021年4月约旦高层曾遭遇“政变风波”，后经王室妥善处理，风波很快得以平息，约旦的内部安全与国内政治未受到过多影响。在国际关系方面，巴勒斯坦问题是约旦与国际社会保持频繁互动的核心议题。

约旦毗邻深陷冲突循环的叙利亚、伊拉克，却又因与战乱相对疏离，而被视作“安全绿洲”，是地缘政治意义上的缓冲带。得益于古丝绸之路的贸易联通，中国与约旦最早接触的记录可以追溯到中国西汉与约旦古代奈伯特王国时期。1977年4月7日，中国与约旦签署《联合公报》，正式建立外交关系。40余年来中约两国保持着友好往来，双方在政治、经济、军事、文化等各方面关系都稳步发展。[①] 2013年中国提出“一带一路”倡

---

① 《中国同约旦的关系》，中华人民共和国驻约旦哈希姆王国大使馆，2021年7月，http://www.fmprc.gov.cn/ce/cejo/chn/zygxs/gk/t6473.htm。

议以来，约旦积极参与，并成为亚投行创始成员国。[①] 2015 年中约共同宣布建立中约战略伙伴关系。在复杂的中东政治格局中，约旦的政治局势比较稳定，安全形势基本平稳，社会比较开放，民众生活水平较高。作为一个君主立宪制国家，国家整体、国王、王室都在国际社会中拥有良好的国际形象。约旦被视为“一带一路”沿线冲突各方中的温和派，重大事件的国际立场偏向超级大国。

一、约旦的政治进程和安全政策偏好

21 世纪以来，约旦的政治现代化和民主化进程继续缓慢推进。西亚北非局势动荡带来民主化改革的压力，约旦国内社会也发生过要求民主化的示威活动，但并没有出现政府不可控的大规模骚乱，也没有破坏实权王室的统治根基。尽管如此，约旦存在根源性的经济内生发展困境，外债占国家 GDP 大头，且公共债务支出严重，民众要求改革的呼声是始终存在的。

（一）政治民主化和现代化改革的不断尝试

约旦是世袭君主立宪制国家。哈希姆家族王室掌握国家政权，国王阿卜杜拉二世 1999 年继位为国王，是国家元首，也是最高军事统帅。约旦国民普遍信任王室，王室被视为国家团结与统一的象征。国王保留了广泛的行政权和立法权，约旦的政治改革自上而下由约旦王室主持和推进。

约旦议会设参众两院，参议院议员由国王从知名人士中任命，众议院由选举产生。约旦自 20 世纪 90 年代初开始实行多党制，2016 年时有 43 个经内政部批准的合法党派。[②] 约旦伊斯兰政党“伊斯兰行动阵线党”（The Islamic Action Front/IAF）主要由穆兄会组成，是约旦最大的反对党。与约旦积极开展中间外交、平衡外交的外部印象不同，“伊斯兰行动阵线党”一贯主张反对阿以、约以和谈。随着社会层面对民主化呼声的提高，“伊斯兰行动阵线党”联合了国内少数族群共同组建“国家改革联盟”

---

① “50 Countries Sign the Articles of Agreement for the Asian Infrastructure Investment Bank,” *Asian Infrastructure Investment Bank*, June 29, 2015, https://www.aiib.org/en/news-events/news/2015/20150629_001.html, Retrieved February 22, 2018.

② “Four New Political Parties Licensed,” *The Jordan Times*, March 21, 2016.

（National Coalition for Reform），在普选中为包括基督徒在内的少数群体争取更多的席位。应该说，尽管“伊斯兰行动阵线党”背后有穆兄会的影子，但是在政府干预和自我选择下，约旦的在野政治力量的政治表现总体是相对温和及中性的。

约旦另一重要政党是前身为泛阿拉伯民族主义政党“阿拉伯复兴党”的“约旦阿拉伯复兴社会党”（Jordanian Ba'ath Arab Socialist Party），该党于1991年10月约旦解除党禁后恢复活动，1993年获内政部批准。同年获得内政部批准的还有“约旦共产党”（The Jordanian Communist Party）。此外，还有前众议长阿卜杜勒·哈迪·马贾利于2009年组建的“民族阵线党”（National Front Party）等。约旦的政党体制并不发达，大多数政治家参与政治选举并不倚靠政党，而是以独立身份参选。政党政治的羸弱导致约旦的议会力量很难通过形成有力的单一政党组成政府，也很难对国王产生实际制衡。约旦的政体里混合政体，国王向行政与立法机构分权的动力和意愿都不明显。

约旦近几届的国民议会席位设置都注意到通过配额制兼顾女性和少数群体利益。比如，2016年5月，约旦国王下令解散众议院，9月20日约旦国民议会进行重新选举。新一届众议院有130个席位，其中5名女性因配额制而获得女性专属席位，使得女性在众议院总席位达到20个。而上一届国民议会中女性议员在150个席位中只占18席。其他享有配额专属席位的还有基督徒和少数民族，前者拥有9席，后者拥有3席。① 与2013年众议院议会选举相比，本次选举的投票率和女性得票率事实上都有所降低，这与约旦新选举法规定约旦海外居民不再有权参与投票有关。2017年穆勒吉内阁的28位成员中，旅游与古迹大臣和信息与通信大臣兼公共部门发展大臣皆为女性。② 约旦的三级地方选举中，所有职位都有一定的女性配额，通过保证席位数量而避免了遭遇如埃及穆兄会执政时期女性参政人员过少、忽视女性权益人权方面的指责。

不断重组内阁和频繁更替首相是约旦政府改革的直观表象。事实上，包括更换内阁和提前解散议会重新选举在内，再加上开放全国对话、修改特定法律等举措，均是约旦面对中东变局带来的政治改革压力所做出的反

---

① Omar Obeidat, Khetam Malkawi, "IEC Chief Promises Flawless Parliamentary Polls; High - Tech Will Help," *The Jordan Times*, June 15, 2016.

② "New Ministers Sworn in as PM Reshuffles Team," *The Jordan Times*, June 19, 2017.

应。以2016年到2017年为例，2016年9月28日，亚喀巴经济特区前特首哈尼·穆勒吉担任首相组建内阁；2017年1月15日，穆勒吉第二次重组内阁，6月18日再次重组内阁。28位内阁成员中，旅游与古迹大臣和信息与通信大臣兼公共部门发展大臣为女性。[①] 国王主导的政治改革引人瞩目的是对王室特权的改革，集中体现在削减王室成员在政府、军队机构中担任的要职数量，取消部分王室成员在军队中的职位。2017年12月26日，国王解除了几位王子在军队的高级职务。国王要求这些王室成员从军队中退出。此前阿卜杜拉国王的弟弟阿里王子、费萨尔王子和堂弟塔拉勒王子分别掌控皇家卫队、皇家空军司令和精英特种部队。国王阿卜杜拉对外解释解职行为是军队精简和重组改革的一部分，也是为了显示法律高于王室。[②]

在社会改革方面，约旦因废除包庇强奸者的条款而在提高女性权益方面缓慢进步。尽管约旦青年女性识字率达到99.37%，高于约旦青年男性，也高于西亚北非地区女性平均水平，[③] 但是约旦仍然属于典型的传统父权社会。之前，约旦刑法第308条规定，强奸者若娶被害人为妻，即可以免于刑事处罚，前提只是强奸者3年之内不得与该女子离婚。自2016年10月，在国王阿卜杜拉设立的司法改革委员会建议下，约旦内阁于2017年4月23日同意废除“强奸法”。8月1日，约旦议会通过表决废除刑法第308条规定，国王签署批准生效。

约旦取消对强奸者纵容的刑法条例是约旦人权、社会权益、妇女权利的生存状况改善的一个良好信号。但是约旦地方传统力量仍然强大，即便废除了刑法第308条，国内女性受害者的生存状态并没有获得根本改变，她们仍然可能面临保守力量的歧视乃至遭遇“荣誉谋杀”的危险。整体来看，中东地区现代化、工业化进程都远没有世界其他地区发展得完善。女性的社会地位始终受制于传统家族体系和宗教仪规，包括世俗化程度较高的约旦在内，中东未来女权改善之路仍然任重而道远。

---

① “New Ministers Sworn in as PM Reshuffles Team,” *The Jordan Times*, June 19, 2017.

② Suleiman Al - Khalidi, “Jordan Royal Palaces Denies Rumors about Dismissal of Princes,” *Reuters*, January 1, 2018, https://www.reuters.com/article/us - jordan - palace - princes/jordan - royal - palace - denies - rumors - about - dismissal - of - princes - idUSKBN1EQ0OT, Retrieved February 26, 2018.

③ “Country Profile: Jordan,” *UNESCO Institute for Lifelong*, September 5, 2017, http://litbase.uil.unesco.org/?menu=12&country=JO&programme=162, Retrieved February 26, 2018.

客观地说，在民众中拥有的较高威望和极为集中的权力对约旦国家的管理与政局稳定有正面作用。在中东地区，约旦的民主化程度相对较高，社会风气相比中东其他伊斯兰国家较为开放。自2011年中东剧变以来，为应对阿拉伯地区普遍出现的长期国内社会层面对既有政治结构的不满情绪，约旦相继通过增强对话、重组内阁、惩治腐败、修改宪法、提前举行议会选举等一系列举措，确保了内部政治环境稳定，有效减少外界变动对国内局势的波及。

（二）反腐问题纠缠政治改革

约旦的宪政危机引发数次不同规模的社会运动，严重时危及到国王的合法统治，推动国王再三出面表示改革的决心。约旦曾于2011年修订宪法，通过加强议会权力、扩大新闻媒体自由、建立政府与公民对话机制等措施以稳定当时的国内随周遭政治波动而社会运动频发的政治环境。2021年，王室风波发生后，国王为巩固国王权力，提出进一步的宪法修正要求。改革实际上已经偏离了满足社会层面政治现代化的初衷，反而继续加强权力向国王集中。6月10日，阿卜杜拉二世任命前首相萨米尔·里法伊（Samir Rifai）成立负责改革约旦政治体系的委员会，起草选举改革法案和政党相关法律，旨在改善约旦政治制度的决策系统。国王要求最终的决策框架应“简洁而包容”，并同时扩大公众在决策过程中的参与。该委员会提出的宪法修正案将改进议会结构与议程设置，确保妇女和青年有效参与政治活动。[①] 但这一改革进程和承担重要作用的委员会均受到各方质疑。据报道，12月23日约旦下议院在对有争议的宪法修正案进行激烈讨论后，出现了国会议员互相辱骂殴打的现象。由于会议失控，议长杜格米不得不休会30分钟。[②]。12月28日，约旦议会就改革选举法及增加国王行政权力提交了30项宪法修改，受到相关人士的质疑与批评。“阿拉伯民主与发展复兴”（Arab Renaissance for Democracy and Development）组织的负责人萨马尔·迈哈布（Samar Mhareb）表示，目前的宪法修正案缺乏正当理由，他认为这些修正案将王室推入单方面决策的境地，会阻碍政府与民众的及

---

① “King Abdullan Forms Committee to Oversee ‘Qualitative Leap’ in Jordan’s Political System”, *Arab News*, Jun. 10, 2021, https: //www. arabnews. com/node/1874251/middle – east.

② Raed Omari, “Jordan Parliament Descends into Mass Brawl over Amendment”, *Arab News*, Dec. 28, 2021, https: //www. arabnews. com/node/1994401/middle – east.

时沟通，加深约旦人对政府的不信任。①

约旦在推进政治现代化的同时，政府不断加大反贪腐力度，以期提升政府公信力。长期以来，约旦深受腐败问题的困扰，由于“中间人”制度的存在，腐败问题层出不穷。商务部编纂的对外投资合作指南专门开拓主题章节指导中资企业和工作人员“学会和执法人员打交道”。2016 年，约旦为加大反腐工作力度，设立廉洁和反腐败委员会（Integrity & Anti - Corruption Commission/IACC）。该委员会将“中间人”以及与裙带关系相关的特定政治行为定性为犯罪，进行重点打击。2021 年，该委员会主席穆罕默德·赫加齐（Muhannad Hejazy）总结约旦廉洁和反腐败委员会处理的涉腐案件中，刑事定罪比例达 45.2%，同比上升 2.2%；无罪释放比例为 19%，同比下降 3%。② 2021 年 10 月 21 日，约旦反洗钱和反恐融资部门（Anti - Money Laundering and Counter - Terrorism Financing Unit）公布了一项重点打击洗钱与恐怖主义融资活动的国家计划，并制定了打击经济犯罪活动的国际合作行动政策。③ 约旦国内媒体往往引用全球腐败指数网站的评估结果来证明约旦的反腐成绩。按照全球腐败指数（GCI）排行，约旦在 2021 年位列全球第 57 位，是阿拉伯地区排名第一。④ 然而“透明国际组织”发布的《中东和北非 CPI 2021：危及民主人权的系统性腐败》报告显示，由于约旦高频次的内阁改组使得反腐工作进展困难，政府部门工作效率低下。约旦新任政府不断设定新的工作议事事项，事实上中断了反腐工作的连续性，社会组织明显受到政府部门的制约。该报告认为约旦缺乏可持续的改革，并且约旦的清廉指数在五年内一直处于同一水平。⑤ 虽然约旦政府在反腐工作中投入巨大，但囿于长久的社会风气与政治体制，约旦在反腐问题上始终并没有真正突破。

---

① Daoud Kuttab, “Mixed reaction in Jordan over Amendment to Expand King's Power”.

② 《约反腐指数居阿拉伯世界首位》，中华人民共和国驻约旦哈希姆王国大使馆经济商务参赞处，2021 年 12 月 13 日，http://jo.mofcom.gov.cn/article/sh/202112/20211203227620.shtml。

③ “Jordan Develops Comprehensive Plan Combat Money Laundering Terror Financing——gov't”, *Jordan Times*, Oct. 22, 2021, https://www.jordantimes.com/news/local/jordan - develops - comprehensive - plan - combat - money - laundering - terror - financing - %E2%80%94 - govt.

④ GCI 指数评估公共及私营部门的腐败风险和经济犯罪风险，该指数涵盖 196 个国家和地区，排名越高代表腐败风险越低，参见 https://risk - indexes.com/global - corruption - index。

⑤ “CPI 2021 for Middle East & North Africa: Systemic Corruption Endangers Democracy Human Rights”, *Transparency International*, Jan. 25, 2022, https://www.transparency.org/en/news/cpi - 2021 - middle - east - north - africa - systemic - corruption - endangers - democracy - human - rights.

越来越多的约旦民众认为国家机构中腐败现象愈发严重,[①] 人们将贫困问题、失业问题难解与政治腐败挂钩。2018 年 6 月，首相哈尼·穆勒吉面对民众的大规模抗议被迫辞职，腐败问题正是引起抗议的重要原因之一。就任的下一位首相欧马尔·拉扎兹将打击腐败作为施政的重要内容。然而在 2019 年 3 月爆发了近年来约旦最大的贪腐案，29 名高级政要和商界人士卷入，当中不乏主管海关、水利的高级官员，该案件由约旦国家安全法庭审理，而约旦的国家安全法庭属于军事法庭，可见该贪腐案已经超出了普通贪腐案的范畴。2019—2020 年，前后两任首相均采取了多项措施打击腐败，例如，拉扎兹呼吁民众向约旦廉政与反腐败委员会报告任何“敏感”腐败案件或公共资金浪费行为，哈苏奈政府宣布采用的开发数字电子服务项目，旨在通过政府相关部门和机构的流程数字化改造，打击偷税漏税行为和金融与行政腐败。

2021 年 12 月 22 日，约旦政府内阁宣布成立由首相兼国防大臣贝希尔·哈苏奈（Bisher Al – Khasawneh）领导的特别委员会，旨在提高公共部门服务质量，加快实现公共部门现代化建设。首相强调，公共部门的现代化已成为经济改革与政治发展的主要驱动力，需要通过合并部分独立机构部委，精简政府机关，提高公共部门的工作效率。[②] 首相表示，提升官僚机构工作能力已成为约旦政府的“迫切需求”，由于公共部门的整体业绩在过去几年中普遍下降，政府部门需要提高行政效率以支持其他领域发展，政府公共部门应致力于成为阿卜杜拉国王实施全面改革的有力杠杆。[③] 政府对国王是忠诚的。

（三）民众质疑难以撼动约旦政体

发展经济一直是约旦领导层的首要任务。而围绕经济问题展开的税法修订却总难平衡不同社群的诉求。参与反对新税法草案的抗议活动多是约

---

① Arab Barometer, *Jordan Country Report* – 2019, Arab Barometer, 2019, p. 5, https: //www. arabbarometer. org/wp – content/uploads/ABV_Jordan_Report_Public – Opinion – 2019. pdf。

② “Cabinet form Committee Modernise Public Sector”, *Jordan Times*, Dec. 22, 2021, https: //www. jordantimes. com/news/local/cabinet – form – committee – modernise – public – sector.

③ “Public Sector Modernisation Committee ‘An Urgent Necessity’ Revamp Bureaucracy—PM”, *Jordan Times*, Dec. 27, 2021, https: //www. jordantimes. com/news/local/public – sector – modernisation – committee – % E2% 80% 98 – urgent – necessity% E2% 80% 99 – revamp – bureaucracy – % E2% 80% 94% C2% A0pm.

旦的伊斯兰主义者、退役军人、约旦共产党等左翼人士、前国会议员等等各种政治团体。① 2018 年斋月期间，反对约旦经济政策的抗议活动达到顶峰。5 月 30 日，30 多个行业协会和工会成员组织共同罢工，直接促成穆勒吉辞职。约旦议会通过 2018 年所得税法修正案之后，不满的民众指责议会是“国家陷入困境的主要原因”②。

从政治发展的普遍规律来看，约旦的政治改革方向本应是促进议会制和限制国王权力。然而 2016 年新宪法事实上巩固甚至强化了国王的权力。约旦穆斯林兄弟会（穆兄会）是该国最大的反对势力。约旦穆兄会的成员集中生活在较为贫困的地区，人员构成上以巴勒斯坦裔为主。约旦最大反对党“伊斯兰行动阵线党”就是穆兄会组织于 1992 年建立的政党。而 2016 年以来，约旦政府加大了对穆兄会的管制。该年 4 月，约旦警察以穆兄会未按照 2014 年约旦参议院新登记法更新登记为由，关闭了位于安曼的穆兄会总部。③

约旦经济是比较典型的当代依附经济，总在寻求大国作“经济靠山”。当前约旦公债占国内生产总值的 90% 以上。2016 年，约旦为获得国际货币基金组织 7.7 亿美元的扩展基金贷款，承诺将于 2019 年完成增税改革，减少公共债务和预算赤字。根据国际货币基金组织的建议，约旦国会通过新税法，旨在打击逃税行为、增加政府财政收入。根据约旦财政大臣的介绍，新税法通过后，约旦人需要缴纳所得税的比例将从 4.5% 提升到 10%，政府将因此增加 4 亿美元的收入。此外，政府还计划提高 5.5% 的油价，上涨 20% 的电价，缩减政府公共开支。从 2019 年约旦第一季度财政报告来看，政府收入虽有增加，但增值税收入下降，外债问题仍然严重，应该

① Jassar Al Tahat, “MPs, Activists Join Hundreds Rally to ‘Maanash Copycat’ Call to Protest Near Fourth Circle,” *The Jordan Times*, December 6, 2018, http://www.jordantimes.com/news/local/mps-activists-join-hundreds-rally-%E2%80%98maanash-copycat%E2%80%99-call-protest-near-fourth-circle.

② Raed Omari, “‘#Maanash’ Campaign Calls for another Rally to Protest Income Tax Law,” *The Jordan Times*, November 29, 2018, http://www.jordantimes.com/news/local/%E2%80%98maanash%E2%80%99-campaign-calls-another-rally-protest-income-tax-law.

③ Rana F. Sweis, “Jordan Shuts Down Muslim Brotherhood Headquarters,” *The New York Times*, April 14, 2016, https://www.nytimes.com/2016/04/14/world/middleeast/jordan-shuts-down-muslim-brotherhood-headquarters.html.

说新税法执行之后对经济提升的实际效果和预期还是有一定的差距。①

对约旦政府改革的批评者认为，国际货币基金组织给中东国家施加的改革要求往往造成受援国简单以削减教育、养老、民生等补贴的形式来降低公共开支，从而获取援助。但是，约旦政府采取削减包括食品补贴在内的所谓改革，并不是结构性的经济改革，而后者才是国际货币基金组织要求改革的方向。②

为缓解及至消除民众对政府经济政策的不满，重新改组内阁往往成为最有效率的回应。2018 年 2 月，时任约旦首相穆勒吉对内阁进行改组。但是改组内阁并未有效缓解社会上的不满情绪，随后穆勒吉辞职也未能阻止抗议活动继续进行。6 月 6 日，国王任命欧马尔·拉扎兹为新首相，10 月拉扎兹再次改组内阁，然而直到 12 月仍持续出现民众的静坐示威抗议活动。根据《约旦时报》的报道，约旦民众开展的众多"我们没有"（We Don't Have/Maanash）示威活动提出的要求包括：撤销穆勒吉政府时期通过的 2018 年新所得税法和网络犯罪法草案，呼吁制定赦免法、推动经济改革、打击腐败、解散议会等。③ 从《约旦时报》历年的示威活动报道来看，绝大多数吁求政治经济法制改革的示威活动都是克制和温和的。显然，约旦民众核心意愿是推进不损害民生利益的政策性改良，而不是颠覆性的改革，可见的抗议活动更谈不上是推翻现有政治制度的政治革命。

在硬币的另一面，受经济发展水平低迷、政府腐败严重以及地区安全形势变动等影响，约旦国内近年来确实爆发多轮示威活动，仅 2019 年就有超过 1000 场示威活动。④ 示威主体既有普通民众，也有行业协会和地区部落等，示威的主要内容是改善经济、政治改革与社会公共服务等方面。在这些示威活动中部分游行示威活动遭受当局镇压时最后演变为暴力冲突。

---

① 中国驻约旦使馆经商处：《一季度约旦增值税收入下降 10%》，中华人民共和国驻约旦哈希姆王国大使馆经济商务参赞处，2019 年 6 月 2 日，http://jo.mofcom.gov.cn/article/jmxw/201906/20190602869102.shtml。

② 曲翔宇：《民众游行反对政府经济政策 约旦首相被迫递交辞呈》，载《环球时报》2018 年 6 月 5 日。

③ Raed Omari, "Dozens Protest Income Tax Lax, Economic Policies near Prime Ministry," *The Jordan Times*, December 2, 2018, http://www.jordantimes.com/news/local/dozens-protest-income-tax-law-economic-policies-near-prime-ministry.

④ Overseas Security Advisory Council, "Jordan 2020 Crime & Safety Report," *OSAC*, May 1, 2020, https://www.osac.gov/Country/Jordan/Content/Detail/Report/12471973-f3d6-4fb4-9689-18948264c63d.

例如，2020 年 8 月 4 日，在约旦中心城市卡拉克，教师联合组织工会总部的抗议者聚集在一起，抗议政府当局将其在该城市的机构关闭，以及在 7 月底拘留该组织的一些成员，而后安全部队使用催泪瓦斯驱散抗议者，抗议者向安全部队投掷石块，造成 7 人受伤，对该问题的抗议活动演变为暴力冲突。此外，有些社会示威活动已然常态化，造成民众对政府机构的不信任日益增长。例如，从 2018 年 12 月开始，每周四都有以谴责国际货币基金组织支持的紧缩措施、反对网络犯罪法以及当前的经济和政治政策为目的的示威活动，时间跨度长达几个月。

表 1－1　2018 年末至 2021 年初约旦主要社会示威活动

时间	示威主体	示威内容	示威方式
2018 年 12 月	普通民众	国际货币基金组织支持的紧缩措施、反对网络犯罪法以及当前的经济和政治政策	游行
2019 年 1 月	普通民众	经济和政治改革、释放政治犯、惩办腐败、降低物价	游行
2019 年 2 月	青年人	高失业率和不稳定就业	游行、罢工
2019 年 3 月	部落①	政府体制改革	游行
2019 年 8 月	普通民众	新海关措施	游行
2019 年 9 月	教师	薪资	罢工
2020 年 1 月	普通民众	特朗普“中东和平计划”以及以色列和约旦之间签署的天然气协议	游行
2020 年 1 月	约旦工程师协会	薪资	罢工
2020 年 2 月	农民	农业税	静坐
2020 年 5 月	约旦各党派、普通民众	以色列吞并巴勒斯坦土地	集会
2020 年 8 月	教师联合组织工会总部成员	抗议关闭教师联合工会总部以及该工会几名成员被拘留	游行
2020 年 10 月	约旦消费者保护协会	疫情防控措施	抗议

注：作者根据《约旦时报》、中国驻约旦大使馆等发布的事件整理。

① 哈桑部落（Hassan）、阿巴德部落（Abbad）、哈米德部落（Hamida）

（四）巴勒斯坦裔的双重认同难题

难民问题是影响约旦政治、经济、社会、外交的复合难题，也是非常能够吸引国际目光的话题。难民问题与约旦不得不小心谨慎处理的巴勒斯坦裔认同问题交织在一起，极度考验施政者的政治智慧。在约旦境内，巴勒斯坦民族主义和约旦民族主义并存。巴勒斯坦问题对约旦而言不仅是外交和政治议题，也事关国内政局稳定、经济发展和民众对政府的满意度。约旦人口中60%是巴勒斯坦人。[①] 历史、地理和国民构成决定了约旦比其他阿拉伯国家更关注耶路撒冷问题，也更主张与以色列谈判，倾向于以和平的政治手段解决巴以问题。巴勒斯坦和约旦关系密切。

约旦政府对国内的巴勒斯坦裔并没有持信任态度，巴勒斯坦裔常面临着政府和国内其他群体对其偏向巴勒斯坦认同还是约旦认同的质疑。当前巴勒斯坦裔在约旦有较高的经济地位。现任王后拉尼娅就是巴勒斯坦血统的巴难民后裔。造成巴勒斯坦裔在约旦的困境主要原因有三个方面：首先，约旦境内还生活着数量众多的巴勒斯坦难民，约旦资源有限，他们与其他约旦公民存在竞争关系。其次，那些具有巴勒斯坦民族主义倾向者给约旦政府常常带来外交危机，2017 年在以色列驻约旦使馆发生的枪击事件就是一例。最后，巴勒斯坦裔约旦公民在约旦政治体制中并没有获得与人口数量结构匹配的政治地位，从约旦的普选和地方选举结果来看，这种不匹配的状况长期未得到改善。

新世纪以来，中东内战、恐怖主义事件，断交危机、特朗普宣布承认耶路撒冷是以色列首都、《亚伯拉罕协议》签订，诸多重大变故的背后，是中东地区传统安全议题中原本处于核心地位的巴勒斯坦问题已经面临边缘化的窘境。不论是建国初期，还是在中东变局后，约旦和巴勒斯坦的交往却始终比较密切。2017 年 5 月，阿巴斯赴美之前前往安曼进行“穿梭外交”，与国王阿卜杜拉二世会面，协调在巴以问题上的立场。同年，8 月 7 日，约旦国王五年来首次访问巴勒斯坦，巴解组织和约旦高级官员在拉姆安拉讨论了双方组成邦联的可能性。因此可以说，即便世界对中东政治风

① 商贸部国际贸易经济合作研究院、中国驻约旦哈希姆王国大使馆经济商务参赞处、商务部对外投资和经济合作司编：《对外投资合作国别（地区）指南：约旦（2017 年版）》，中华人民共和国驻约旦哈希姆王国大使馆经济商务参赞处，2018 年 2 月 11 日，第 9 页，http://fec.mofcom.gov.cn/article/gbdqzn/upload/yuedan.pdf。

向的操控和理解有变化，约旦仍然关心巴勒斯坦境遇，将巴勒斯坦问题视为中东问题的重中之重，这也是约旦为保护本国国际地位必须要采取的对外抉择。

（五）反恐和情报工作优势

虽然“伊斯兰国”组织自2017年开始已经严重式微，但跨境恐怖分子还是不断给约旦反恐工作带来挑战。根据约旦国家安全法院（SSC）的数据，发生在约旦的恐怖案件自2014年起逐年上升，2017年的涉恐案件达320起。[①] 2018年初，约旦情报总局（GID）就宣布逮捕了17名嫌犯[②]，同时缴获用于恐怖袭击的武器和材料，从而挫败由“伊斯兰国”组织策划的恐怖活动。进入约旦境内试图实施恐袭的恐怖分子主要谋划袭击目标是约旦重要的安全、军事部门建筑，攻击温和的宗教人士等，图谋制造恐怖气氛，通过抢劫以获取资金，宣传恐怖组织所持的意识形态等。2019年初，约旦情报总局和反恐局宣布上一年约旦共挫败62起国外恐袭和32起国内恐袭。[③] 约旦的国内安全机构对恐怖组织活动始终保持警惕和高压态势，恐怖主义者和恐怖组织未在约旦造成重大伤亡事件。

约旦国家安全机构主要由约旦武装部队（JAF）、情报总局和内政部三个部门共同监督，包括约旦公安局（PSD）、宪兵队和民防局。约旦目前有正规军约9.86万，预备役军人3.5万，公安部队1.2万。[④] 约旦的国内安保市场主要集中于满足商业领域对建筑安全、个人防护、安全防护和消防等方面的设备需求。美国公司目前在约旦国内安全防护设备市场占有15%—20%的份额。

新冠肺炎疫情暴发前，约旦在国内和沿其边界面临恐怖主义活动的持续威胁，部分原因是约旦接近伊拉克和叙利亚的区域冲突，而且该国官方

① “SSC Issued Rulings in 14, 100 Terror, Drug Cases in 2017,” *The Jordan Times*, January 8, 2018, http://jordantimes.com/news/local/ssc-issued-rulings-14100-terror-drug-cases-2017.

② “17 Suspected Terrorists to Face Trial for Major Terror Plot,” *The Jordan Times*, January 8, 2018, http://jordantimes.com/news/local/17-suspected-terrorists-face-trial-major-terror-plot.

③ Fares Braizat, “Unknown Knights: Countering Terrorism with Conviction,” *The Jordan Times*, March 23, 2019, http://www.jordantimes.com/opinion/fares-braizat/unknown-knights-countering-terrorism-conviction.

④ 中国驻约旦使馆经商处：《约旦安全和防卫设备市场》，中华人民共和国驻约旦哈希姆王国大使馆经济商务参赞处，2018年9月13日，http://jo.mofcom.gov.cn/article/jmxw/201809/20180902786268.shtml。

拒绝接受“萨拉菲－圣战派”对伊斯兰教的解释。① 根据经济与和平研究所（IEP）《2019 年全球恐怖主义指数》显示，约旦在 163 个国家中排名第 57 位，2019 年中发生了 4 次恐怖袭击。② 其中最著名的当属发生在杰拉什针对游客的袭击事件。2019 年 11 月，来自附近难民营的 22 岁巴勒斯坦人在约旦的旅游胜地杰拉什刺伤了包括 4 名外国游客在内的 8 人。2020 年，约旦的恐怖主义威胁依旧不容小觑，在美国海外安全咨询委员会（OSAC）于 2020 年 5 月发布《约旦 2020 年犯罪与安全报告》后，美国国家旅行咨询部评估约旦的安全等级为 2 级，这表明旅行者应因约旦国内可能出现的恐怖主义行为而提高警惕，特别是由于恐怖主义和武装冲突，应避免前往恐怖袭击多发的叙利亚和伊拉克边界。约旦有丰富的反恐经验，同时也一直处于地区反恐前线。

（六）亲美的军事与安全合作

约旦的安全形势广受西方国家肯定。根据盖洛普《全球法律与秩序指数》显示，约旦安全指数位列阿拉伯世界第二，全球排名从第 34 位跃升至第 16 位，③ 而《2021 全球法律与秩序指数》中，约旦的法律与秩序指数得分与荷兰、丹麦等发达欧洲国家持平，在中东地区仅次于阿联酋。④ 由于紧邻热点地区的特殊战略位置，约旦极为重视同周边国家建立广泛的合作关系。在边境安全管理与反恐问题上，约旦与周边国家合作尤为密切。约旦情报部门与沙特、埃及、巴勒斯坦、以色列等国建立情报交流网络以共同打击恐怖主义活动。由于叙利亚与约旦边境地区毒品犯罪猖獗，约旦对毒品走私进行重点防范与打击。2021 年，约旦武装部队与约旦禁毒部、约旦反走私局开展多次合作，挫败了多起约叙边境毒品与武器走私活动。除犯罪活动外，边境地区的难民进入也是约旦边防与国内社会的压力来源之一。由于包容的难民政策，约旦接收了超过 130 万的叙利亚难民，

① U. S. Department of State, “Country Reports on Terrorism 2019: Jordan,” *U. S. Department of State*, https: //www. state. gov/reports/country – reports – on – terrorism – 2019/jordan/.

② Vision of Humanity, “Jordan,” *VISION OF HUMANITY*, https: //www. visionofhumanity. org/maps/global – terrorism – index/#/.

③ “Jordan Ranks 2nd Regionally on Global Law and Order Index”, *Jordan Times*, Nov. 18, 2021, https: //www. jordantimes. com/news/local/jordan – ranks – 2nd – regionally – global – law – and – order – index.

④ “2021 Global Law and Order Report”, *Gallup*, Nov. 16, 2021, https: //www. gallup. com/analytics/357173/2021 – law – order – report. aspx.

占约旦国民总人口的 13%。虽然约旦在处理难民问题上开创了以发展为手段的应对模式，即通过加速自身发展与增加难民就业双向互动的形式化解难民危机，① 但大量难民涌入带来的人道主义和经济挑战已对资源有限的不发达经济体国家造成巨大压力。

约旦长期受到西方社会的积极评价，约旦也非常重视西方国家对约旦的报道。外界对约旦的政治和社会的印象基本都是比较正面的，并且在不断改善。比如“透明国际”（Transparency International）历年都把约旦列为阿拉伯国家中腐败程度较低的国家，列全球第 59 位。② 美国“自由之家”（Freedom House）的年报把约旦列为“部分自由”的国家，在阿拉伯世界排名第三。③

约旦在军事安全领域与美国保持盟友关系，并引以为傲。尽管 2015 年和 2016 年美国驻约旦军事基地附近都发生过零星美军士兵遇袭事件，但这些涉及美国人员的安全事件都没有升级为政治或外交危机。国际联合打击“伊斯兰国”组织期间，美国向约旦提供军事安全方面的援助，帮助防止“伊斯兰国”渗透，帮助强化约旦的空军力量，充实打击“伊斯兰国”的国际联军。约旦还与北约开展安全合作，联合抗击跨境恐怖主义和极端主义。

特朗普在 2017 年 5 月访问沙特时提出打造“阿拉伯版北约”（Arab NATO）的新地区安全架构设想。④ “阿拉伯版北约”的设想一直受到沙特的强力支持，计划中的创始国除沙特外还包括阿联酋、埃及和约旦，美国表示不直接参与联盟，而是作为联盟的组织者和支持者。⑤ 事实上，2015

---

① “Jordan Overview”, *World Bank*, Nov. 1, 2021, https://www.worldbank.org/en/country/jordan/overview#1.

② “CorruptionPerceptions Index 2017,” *Transparency International*, February 21, 2018, https://www.transparency.org/news/feature/corruption_perceptions_index_2017#table, Retrieved February 26, 2018.

③ “Freedom in the World 2017,” *Freedom House*, January 31, 2017, p. 20, https://freedomhouse.org/sites/default/files/FH_FIW_2017_Report_Final.pdf, Retrieved February 27, 2018.

④ Hussein Ibish, “Trump's Saudi Agenda: Advance Shared Goals and Change the Channel,” AGSIW, May 18, 2017, http://www.agsiw.org/trumps-saudi-agenda-advance-shared-goals-and-change-the-channel/, Retrieved February 10, 2018.

⑤ Josh Rogin, “Trump to Unveil Plans for an ‘ArabNATO’ in Saudi Arabia,” *The Washington Post*, May 17, 2017, https://www.washingtonpost.com/news/josh-rogin/wp/2017/05/17/trump-to-unveil-plans-for-an-arab-nato-in-saudi-arabia/?utm_term=.9f0a0dbc0bf6, Retrieved February 26, 2018.

年美国与埃及商谈建立类似北约指挥架构的“反应部队”（Response Force）[①] 时就把约旦列入组成该部队的成员国之列。尽管碍于复杂的地区利益分歧，“阿拉伯版北约”仍然只是个设想，但约旦始终位于美国支持下的阿拉伯世界军事同盟计划的核心地位。到俄乌冲突发生后，约旦国王公开高调赞成建立“中东版北约”[②]，配合美国的中东政策。

二、约旦的政治经济格局和潜藏的危机

约旦属于发展中国家，经济形势总体向好，但增长力不足。根据世界经济论坛（World Economic Forum）《全球竞争力报告》的竞争力指数排名，约旦位列世界第63位左右，排名落后于菲律宾、越南等东南亚国家，却又好于阿曼、伊朗等多数其他西亚国家，且排名在缓慢上升。中东国家中竞争力指数排名最高的是排名第18位的卡塔尔。[③] 在世界银行发布的《2018年营商环境报告：改革创造就业》中，约旦在全球190个经济体中营商环境排在第103位。[④]

约旦的油气资源并不丰富，国内工业基础也很薄弱，经济发展极其依赖外部援助。自西奈半岛的天然气管道被切断，约旦发电成本骤然增加。作为经济政策调整的一部分，2018年2月，约旦政府燃料定价委员会决定将90号汽油价格提升2%，95号汽油提价2.5%，柴油价格提升2.7%，5

① James Stavridis, “The Arab NATO,” *Foreign Policy*, April 9, 2015, http: //foreignpolicy. com/2015/04/09/the - arab - nato - saudi - arabia - iraq - yemen - iran/, Retrieved February 27, 2018.

② 特朗普政府时期美国打造中东战略联盟（Middle East Strategic Alliance, MESA）的讨论即为“中东版北约”雏形，具体章程大致复制北大西洋公约（NATO），也称“阿拉伯版北约”，名称上的差别与阿拉伯世界对以色列是否加入成员名单的争议有关。俄罗斯评论认为美国两任政府“中东版北约”的目的不仅是通过经济制裁打压伊朗的经济能力，还要压缩伊朗的军事能力空间。Игорь Субботин: “Ближний Восток призывают к всеобщей мобилизации: Иордания пообещала первой вступить в региональный аналог НАТО,” *Независимая газета*, June 26, 2022, https: //www. ng. ru/world/2022 - 06 - 26/1_8470_jordan. html。

③ Klaus Schwab, World Economic Forum, eds., “The Global Competitiveness Report 2016 - 2017,” World Economic Forum, p. 16, http: //www3. weforum. org/docs/GCR2016 - 2017/05FullReport/TheGlobalCompetitivenessReport2016 - 2017_FINAL. pdf, Retrieved February 16, 2018.

④ World Bank, “Doing Business 2018 - Reforming to Create Jobs,” World Bank, October 31, 2017, http: //www. worldbank. org/en/country/india/brief/doing - business - 2018.

月再次提价。约旦电价也随之持续走高。[①] 约旦的工业因能源提价而增加了成本、降低了竞争力。普通民众的生活则因为提价而增加日常支出，对政府的不满增加。

伊拉克战争后，2005 年至中东变局前，约旦年经济增长率为 6.6%，而 2011 年之后到 2018 年之前，其年均经济增长率只有 2.5% 左右。[②] 虽然约旦在阿拉伯国家中有较高的经济自由度，但是约旦的经济增长速度缓慢，2018 年为 2.4%，失业率则高达 18.3%。[③] 到 2022 年第一季度失业率更是高达 22.8%。约旦政府为遵守与国际货币基金组织达成的协定，努力降低公共支出率，却对民生和公共服务均产生了负面影响。约旦积极与多国展开可再生能源的合作，试图缓解国内能源不足的问题。

（一）增长力不足

约旦一半左右的出口产品销往中东国家和亚洲。最有价值的出口产品集中于服装辅料、药品、肥料、天然磷酸钙、无机化学品、蔬菜等，其中增长最快的是无机化学品、纺织服装和辅料、化肥。按照美国中情局“世界概况”对约旦的分析，约旦经过 21 世纪第一个十年的经济改革，扩大了对外贸易，吸引了更多的外国投资，推进了国有企业私有化，从而保证了经济年均 8% 的增长率。但进入 2010 年之后，地区政治形势不稳，导致经济环境恶化，约旦只能维持每年 2% 左右的经济增长率，其中出口导向行业受到的影响最为严重。

按照中国驻约旦使馆经商处公布的数据，2015 年约旦国民生产总值约为 387 亿美元，年增长率为 2.3%。服务业占国民经济 72% 的比重，是约旦支柱产业。约旦财政状况长期不理想，以 2014 年为例，全年财政收入为 102.7 亿美元，其中旅游业 44.5 亿美元、侨汇 36.7 亿美元、外援 17.5 亿美元，三项合计超过财政总收入的 96%。约旦外债比重高，2015 年外债占

---

① Mohammad Ghazal, “Oil, Energy Prices Increase as of Today,” *The Jordan Times*, May 1, 2018, http://jordantimes.com/news/local/oil-energy-prices-increase-today.

② 龚正：《约旦在内外纷扰中寻找出路》，载《世界知识》2018 年第 23 期，第 37 页。

③ World Bank, “Global Economic Prospects: Middle East and North Africa,” *World Bank*, January 2018, p. 122, http://pubdocs.worldbank.org/en/124691512062603210/Global-Economic-Prospects-Jan-2018-Middle-East-and-North-Africa-analysis.pdf.

GDP 的 34.1%。[①] 据《约旦时报》[②] 2017 年 11 月 4 日报道，约旦央行行长称约旦经济呈现恢复信号。2010—2016 年，约旦 GDP 平均增速为 2.6%，2016 年为 2.3%，2017 年预计为 2.6%。[③] 2017 年约旦的旅游收入、外商直接投资、侨汇收入、出口量、资本性支出、私人信贷都有所增长，好过 2016 年。作为约旦支柱产业的旅游业，近年来由于疫情原因损失惨重，因为海外游客数量锐减，约旦旅游形势充满不确定性，旅游业危机导致约旦总体收入大幅度下滑，完全实现“2025 愿景”目标的前景堪忧。2021 年约旦入境游客人数达到 2358 万，同比上涨 45.8%；旅游收入 27 亿美元，同比增长 90%。其中，非约籍游客占约旅游总收入的 41.7%，海湾国家游客占 15%，除海湾国家外的阿拉伯国家游客占 28%。[④] 为尽快实现旅游部门全面复苏，约旦旅游与古迹部于 2021 年底启动了“2021—2025 年国家旅游战略”。约旦旅游业逐渐开始回暖。

约旦是中国在中东的重点援助国之一。中国向约旦的援助包括：民生改善、难民救助、教育卫生、基础设施建设、新能源开发、人力资源培训、人道主义无偿援助等各大领域。[⑤] 纵观 2012 年以来数据，中国对约旦的货物进出口总额在增加，且一直呈现贸易顺差的出超状态（见表 1－2）。2016 年以前，中方对约旦主要出口机电产品、通信器材、纺织服装，从约旦主要进口钾肥。约旦国家统计局的数字显示，2016 年，约旦自中国进口总额约 26.98 亿美元，中国是约旦第一大进口来源国，沙特以 23.32 亿美元位列第二，美国以 13.45 亿美元排在第三。而 2015 年，中国排在沙特之后，是约旦当年第二大贸易伙伴和第二大进口来源国。[⑥]

---

① 中国驻约旦使馆经商处：《约旦经济近况》，中华人民共和国驻约旦哈希姆王国大使馆经济商务参赞处，2016 年 6 月 30 日，http：//jo. mofcom. gov. cn/article/ddgk/zwjingji/201606/20160601350553. shtml。

② 约旦国内共有 9 份报纸，除英文的《约旦时报》（The Jordan Times）之外，其余都是阿拉伯语报纸。

③ Andrea López－Tomàs, “Jordan’s Economy to Witness Sustained, Yet Slight, Growth in 2017－2018 Report,” *The Jordan Times*, November 4, 2017.

④ 《2021 年约旅游收入增长 90%》，中华人民共和国驻约旦哈希姆王国大使馆经济商务处，2022 年 2 月 16 日，http：//jo. mofcom. gov. cn/article/jmxw/202202/20220203281774. shtml。

⑤ 商贸部国际贸易经济合作研究院、中国驻约旦大使馆经济商务参赞处、商务部对外投资和经济合作司编：《对外投资合作国别（地区）指南：约旦（2017 年版）》，第 31 页。

⑥ 中国驻约旦使馆经商处：《2016 年中国成为约旦第一大进口来源国》，中华人民共和国驻约旦哈希姆王国大使馆经济商务参赞处，2017 年 3 月 1 日，http：//jo. mofcom. gov. cn/article/zxhz/tjsj/201703/20170302525477. shtml。

表 1-2 2012—2016 年中国同约旦海关货物进出口总额

（单位：亿美元）

	中国出口	中国进口	差额
2012	29.6	3	26.6
2013	34.3	1.7	32.6
2014	33.7	2.63	31.07
2015	34.3	2.9	31.4
2016	29.6	2.1	27.5

数据来源：整理自中国海关《我国同各国（地区）海关货物进出口总额》及国家统计局网站。

随着中国与约旦贸易往来不断加深，中国的银联国际与约旦国际卡公司合作，首次在约旦当地发行银联卡，为当地用户提供银联全球网络的便利。[①] 银联合作是“一带一路”建设金融互联互通的体现，实现了中约双边互利共赢。

（二）新经济增长来源

约旦与土耳其、叙利亚、利比亚、阿尔及利亚、欧盟、美国等国家和国际组织已签署自贸协定。如前所述，约旦国家收入主要来源是钾肥、旅游、侨汇和外国援助。周边国家战乱和动荡不断，增加了约旦在军事投入和难民接收方面的开支，也严重缩减了旅游收入，使国家外债问题更加突出。

约旦油气资源匮乏，但低热值燃料油页岩资源比较丰富，油页岩燃烧发电是约旦重要能源来源，但只占约旦总能源需求不到5%，其余均依赖进口。阿塔拉特油页岩循环流化床矿电站联合项目，是迄今为止中国在约旦最大的经济合作项目。该项目总投资约 21 亿美元，中方提供融资约 16 亿美元，预计三年建成投产。[②] 2017 年，当时参与对约旦油页岩电站项目竞争的广东火电面临项目业主方不提供还款担保造成银行贷款意愿不高的

① 王云松：《中国银联卡走俏中东》，载《人民日报》2017 年 3 月 27 日，第 21 版。

② 韩晓明：《“一带一路”开辟中约合作新前景》，载《人民日报》2017 年 4 月 13 日，第 3 版。

融资困境。于是中国出口信用保险公司出具了承担政治、商业和政府违约风险的针对性承保方案，并在中国政策性保护的支持下，中国银行、工商银行、建设银行组成银团进行承贷，帮助广东火电获得融资方案上的优势，最终竞标成功。广东火电通过成功竞标，将中国电力施工标准写入合同，为之后打入英国核电建设市场奠定基础。① 阿塔拉特油页岩电站融资救活了原本陷入停滞的约旦油页岩发电项目。② 阿塔拉特油页岩电站项目是“一带一路”倡议提出以来约旦与中国合作共赢的成果。

约旦积极寻求与他国合作解决经济发展问题，如与俄罗斯签订核能合同，由俄罗斯国家原子能公司（Rosatom）建造两座核电站。2017 年中国广核集团旗下的北京广利核系统工程有限公司受约旦原子能委员会和俄罗斯国家原子能公司的邀请，参与约旦 VVER 核电项目全长 DCS 方案投标。③ 山东电力建设第三工程公司获得 2017 年约旦侯赛因项目所在地扎尔卡省哈什米尔市颁发的“社会责任突出贡献奖”。④ 2007 年，该公司中标萨马瑞电厂二期项目，2016 年又中标萨马瑞电厂四期循环电站和投资金额达到 3.8 亿美元的欧赛因电站。侯赛因电站为当地间接提供了千余人就业机会。⑤

根据约旦《明天报》报道，约旦政府的“2025 愿景”启动了数字经济战略，增加对信息产业的投入，计划把约旦打造成适宜投资、鼓励创业的国家。⑥ 但是，目前看来，约旦的经济活力仍然不足。以经济移民数量作为比较指标，约旦十余年来不仅经济移民总数少于周边经济体，甚至出现连年减少的现象。（见表 1 - 3）

---

① 王俊岭：《政策性保险护航中企“走出去”》，载《人民日报（海外版）》2017 年 11 月 16 日，第 3 版。

② 中国驻约旦使馆经商处：《“一带一路”帮助约旦实现油页岩发电梦想》，中华人民共和国驻约旦哈希姆王国大使馆经济商务参赞处，2017 年 5 月 21 日，http://jo.mofcom.gov.cn/article/zxhz/hzjj/201705/20170502579025.shtml。

③ 李刚：《中广核拓宽“能源一带一路”》，载《人民日报》2017 年 5 月 17 日，第 14 版。

④ 刘艳杰：《山东电建三公司：“走出去”十五年 创造就业机会》，载《光明日报》2017 年 6 月 20 日，第 7 版。

⑤ 韩晓明：《“一带一路”开辟中约合作新前景》，载《人民日报》2017 年 4 月 13 日，第 3 版。

⑥ 韩晓明：《中东地区加大信息技术开发》，载《人民日报》2017 年 3 月 21 日，第 22 版。

表1－3 中东地区的国际经济移民统计表 （单位：千人）①

国家＼年份	2005 年	2010 年	2015 年
沙特	6261	8429	10186
阿联酋	3281	7316	8094
科威特	1332	1868	2865
以色列	1888	1920	1967
阿曼	666	816	1845
伊朗	1594	1686	1747
卡塔尔	646	1456	1687
黎巴嫩	350	356	457
约旦	480	270	258
埃及	174	186	241

交通运输方面，约旦公共工程与住房部在2021 年共开展公路建设项目20 个，总投资约6 亿约第，建造里程约440 千米，修建桥梁21 座、地下通道13 个。此外还有安曼－扎尔卡高速公路、伊尔比德环形沙漠公路、亚喀巴港公路、死海公路桥梁养护工程等道路建设与养护项目持续跟进。②

2021 年，约旦亚喀巴港收入6600 万约第，同比增长4%；客运量25 万人，同比增长17%；货运量1500 万吨。由于国际运费上涨，国际货物运输需求减弱，2021 年该港口集装箱货运量同比有所下降。约旦安曼的阿丽娅王后机场2021 年客运量翻番。AIG 数据显示，该机场2021 年客运量456. 6 万人次，同比增长122. 3%；飞机起降架次同比增长92. 4%；货运量5. 83 万吨，较2020 年增长20. 8 万吨。受疫情影响，约旦皇家航空公司近两年损失较重，2020 年共计亏损1. 6 亿约第。随着约旦疫情防控政策的不断调整，该航司在2021 年实现收入增长，全年收入达3. 57 亿约第，同比增长68%，全年净亏损减少7420 万约第，同比下降54%，全年经营亏损减少1270 万，同比下降81%，并计划五年内将全球飞行目的地增加至

① Philip Connor, "Middle East's Migrant Population More Than Doubles Since 2005," *Pew Research Center*, October 18, 2016, p. 15, http: //assets. pewresearch. org/wp – content/uploads/sites/2/2016/10/18092506/Middle – east – migrants_FINAL_PM. pdf, Retrieved February 21, 2018.

② "MOPWH 100: 1921 – 2021", *Ministry of Public Works and Housing* (*Jordan*), http: //www. mpwh. gov. jo/EBV4. 0/Root_Storage/AR/EB_Blog/mopwh_100. pdf.

60 个。[①]

约旦公共工程与住房部在 2021 年共完成公共建筑项目 291 个，涵盖教育、司法、卫生、青年、旅游等部门，完成工程投标 169 项，总价 2.1 亿约第。2021 年，中约双方顺利开展光伏合作项目。[②] 约旦第仕 24 兆瓦光伏项目于 8 月 5 日在其南部沙漠开工，是中资企业在约旦承建的首个光伏电站项目，预计工期 270 天，计划建造 1 座 24 兆瓦的光伏发电站。据悉该项目采用中国光伏发电设备和技术，并由中方负责两年内的运营和维护。电站建成后将极大地解决周边地区用电需求，缓解工厂用电压力，同时还能为当地创造大量就业机会。

（三）水资源短缺问题难解

“水安全”是约旦面临的非传统安全难题。水资源短缺严重制约约旦经济和社会发展。约旦水价昂贵，各地都存在过量提取地下水问题，水污染现象也屡见不鲜。约旦有可能成为全世界第一个水资源枯竭的国家。[③] 针对约旦河日渐枯竭（水量 2000 万—3000 万立方米，不足历史上的 1/40），且存在严重污染问题，以色列和约旦的环保工程不惜规划从加利利湖和约旦河最大支流耶尔穆克抽水注入约旦河。战争造成的伊拉克和叙利亚难民人数持续增长加剧了约旦水资源不足的困境。约旦政府 2013 年就启动了“2013—2020 用水计划”，旨在规范水资源管理，减少水资源浪费。[④]

2018 年初，以色列、约旦、巴勒斯坦三方在世界银行的资助下启动“红海 - 死海合流工程”，即“引红入死”工程，淡化海水，解决三国民众

---

① 《约旦新冠疫情舆情动态第 300 期》，中华人民共和国驻约旦哈希姆王国大使馆经济商务处，2022 年 1 月 26 日，http://jo.mofcom.gov.cn/article/xgyq/202201/20220103239697.shtml。

② 冀泽：《中企承建约旦光伏项目开工》，新华网，2021 年 8 月 5 日，http://www.xinhuanet.com/2021-08/05/c_1127734842.htm。

③ Peter Schwartzstein, “What Will Happen If the World No Longer Has Water? Water Shortages in Jordan Pit Rich vs. Poor as the Country Scrambles to Serve a Booming Population,” *Newsweek*, December 1, 2017, http://www.newsweek.com/2017/12/01/what-happens-world-without-water-jordan-crisis-717365.html, Retrieved February 16, 2018.

④ WAJ, “National Water Strategy,” *Water Authority of Jordan*, http://www.mwi.gov.jo/sites/en-us/Hot%20Issues/Strategic%20Documents%20of%20%20The%20Water%20Sector/National%20Water%20Strategy（%202016-2025）-25.2.2016.pdf.

的饮水问题和水力发电，为水源日渐枯竭的死海注入新的海水水源。[①] 但相比之下，以色列对引红海济死海工程并没有约旦那么积极，许多以色列国内媒体质疑工程的意义，引发约旦的不满和恐慌。[②] 以色列国内已经有很多海水淡化项目，与约旦进行海水淡化合作的热情不高。而仅靠约旦自己，其国家经济能力不足以独立完成庞大的海水淡化项目。约旦政府试图通过控制生育率、提高水的定价、推进农业改革综合解决缺水问题。约旦经济状况多年来并不乐观，因此国家无法靠自己实现像邻国以色列一样，转向昂贵的大规模海水淡化，也很难靠本国力量全面修复漏水的基础设施。水资源短缺还引发了不断膨胀的本国人口和涌入约旦境内的难民之间出现的矛盾和摩擦，增大政府管理难度。

约旦多次尝试淡水项目获得外部支援，约旦投资署公布水资源利用市场的分析报告，希望供水项目和配套基础设施项目能得到投资者青睐。[③] 比如期待“引红（海）济死（海）”项目能够得到以色列更积极的支持。约旦《明天报》报道称约旦用水缺口每年超过 4 亿立方米，“引红济死”一期项目能够获得每年 8500 万立方米淡水，每年还将向死海注入 2 亿立方米水。[④] 然而约以两国水资源合作进展比较缓慢，以色列国内各种力量对合作意愿并不强烈。

农业与水资源关系密切。水安全困境难解，约旦的粮食安全受制于外国。约旦农业产值只占国内生产总值的 3%，就业占全国的 15%，但是消耗了全国 70% 左右的水资源。困扰约旦的自然领域难题还包括粮食问题。约旦是粮食净进口国。2018 年小麦产量为 2 万吨左右，同年小麦进口量为 110 万吨。无论是产量还是进口量，2018 年都基本与 2016 年和 2017 年持平。其实不仅是粮食，约旦 98% 的消费品都依赖外国进口，包括糖、奶粉、茶、咖啡、玉米、植物油、奶酪、鹰嘴豆等等。约旦最大的小麦供应

---

① 刘怡：《单边主义归来：特朗普的耶路撒冷棋局》，载《三联生活周刊》2017 年第 51 期，第 91 页。

② 中国驻约旦使馆经商处：《约旦将继续推进“引红济死”工程》，中华人民共和国驻约旦哈希姆王国大使馆经济商务参赞处，2018 年 2 月 13 日，http：//jo. mofcom. gov. cn/article/jmxw/201802/20180202712462. shtml。

③ “Jordan Seeks Private Funding to Solve its Water Supply Woes,” *Water Technology*, March 27, 2019, https：//www. water – technology. net/comment/jordan – water – supply/.

④ 中国驻约旦使馆经商处：《约以将就“引红济死”项目举行会议》，中华人民共和国驻约旦哈希姆王国大使馆经济商务参赞处，2018 年 11 月 14 日，http：//jo. mofcom. gov. cn/article/sh/201811/20181102806421. shtml。

国是罗马尼亚，最大的大米供应国是美国。[①] 由于国内经济状况不佳，约旦的零售市场购买力不强，消费市场低迷。

约旦80%电力的能源燃料来自进口。约旦政府寄希望于本国可以成为中东地区和阿拉伯世界可再生能源投资的门户，以缓解电力进口依赖，帮助国内中小企业降低电力成本。2018年12月，阿拉伯可再生能源委员会（AREC）“第五届可再生能源与能源效率国际论坛”于安曼召开。这次论坛以“第四代能源和人工智能能”为主题[②]，表达了举办地约旦对以色列可再生能源带来可持续发展的期望。同时，约旦积极扩大开发国内的太阳能项目和风力发电项目。如约旦能源和矿产资源部（MEMR）2018年底宣布启动计划在2020年投入运营的50兆瓦“约旦太阳能二号”（Jordan Solar Two）[③] 光伏电站建设项目。作为能源匮乏国的能源进口国，约旦的能源愿景是未来利用核能转化为能源出口国。

三、外交成就助推约旦政治稳定

2022年是中约建交45周年。约旦是中国的友好国家，国王阿卜杜拉二世曾11次访华。[④] 2015年9月，阿卜杜拉二世访华时，与中国共同宣布将两国关系提升为战略伙伴关系。约旦支持和配合“一带一路”倡议，两国的多领域合作不断扩大和深化。约旦临近长期内战的叙利亚，与以色列关系良好，因而在促进叙利亚和谈、推进巴以和平进程等议题上扮演着调解人的角色。约旦主持了第28届阿盟峰会，发表了《安曼宣言》，对地区稳定和联合反恐起着积极的作用。国王在外交事务上的能力和魅力优于他

① 中国驻约旦使馆经商处：《2018年：约旦农产品市场》，中华人民共和国驻约旦哈希姆王国大使馆经济商务参赞处，2018年8月26日，http://jo.mofcom.gov.cn/article/ztdy/201808/20180802779139.shtml。

② Maram Kayed, “AREC Conference Explores Jordan Renewable Energy Goals, Progress,” *The Jordan Times*, December 10, 2018, http://www.jordantimes.com/news/local/arec-conference-explores-jordan-renewable-energy-goals-progress.

③ “RAI Energy International, Inc. Selected by MEMR for 50 MW Project in Jordan,” *RAI Energy International*, November 12, 2018, http://www.raienergy.com/pdfs/RAI%20Jordan%20Solar%202%20-%2011-12-2018.pdf.

④ 《大使在线与博士生“云”畅谈中约合作与发展》，中国驻约旦哈希姆王国大使馆经济商务处，2021年2月3日，http://jo.mofcom.gov.cn/article/todayheader/202102/20210203036775.shtml。

的国内治理能力。

（一）开展与中国的多元合作

20世纪70年代前，中国与约旦的双方关系经历过波折。但正式建交之后双边关系一直平稳。新世纪以来，两国高层互访频繁。2017年，是两国建交四十周年，仅这一年，两国外交成果就称得上斐然。阿卜杜拉二世国王在庆祝中约建交40周年的贺电中表示："经贸合作是发展约中关系的优先方向。约方愿在'一带一路'倡议下继续同中方开展合作，更好地造福两国人民。"① 在政治高层交往方面，2017年国务院副总理刘延东、外交部部长王毅、全国人大常委会副委员长向巴平措等访问约旦。2017年5月，约旦计划与国际合作大臣艾马德·法胡里访华，参加了中国政府主办的"一带一路"国际合作高峰论坛。

在改善民生方面，中国企业通过中约经贸合作巩固和促进着中约两国友好关系的不断发展。以中国地质工程集团公司中东分公司承建的中国援约旦供水网二期项目为例，6个月工期内，工程总共铺设了3.37千米、直径500毫米的输水管，平均水流量达到每小时520立方米，可以解决50万居民的用水问题。在输水管线路终点，竖着"中约两国友谊万岁"的石碑。②

2015年中阿技术转移中心成立之后，约旦等国科研机构与中阿科技转移中心达成协议、成立分中心。在2017年9月6日至9日，宁夏银川举行的中国－阿拉伯国家博览会上，中阿技术转移综合服务信息平台正式启动。约旦代表对中国高铁表现出兴趣。约旦的"中阿农业技术转移分中心"使中国企业可以到境外开展农业开发，有助于中国优势农业技术"走出去"。③ 2017年3月，第五届中阿博览会的约旦系列活动共签署合作协议18个，项目总金额197.85亿元人民币。通过中阿博览会等平台，中国同沙特、阿曼、埃及、约旦等国的合作项目数量增长迅速。④

---

① 《习近平同约旦国王阿卜杜拉二世互致贺电庆祝中约建交40周年》，载《人民日报》2017年4月18日，第1版。

② 韩晓明：《"一带一路"开辟中约合作新前景》，载《人民日报》2017年4月13日，第3版。

③ 王建宏、王丹：《宁夏成中阿国家技术转移通道》，载《光明日报》2017年9月10日，第3版。

④ 朱磊：《宁夏打开中阿合作全新空间》，载《人民日报》2017年3月9日，第21版。

2017 年 10 月 23 日，中国与约旦在安曼召开中约经济、贸易和技术联委会第七次会议。双方签署了《中华人民共和国商务部与约旦哈希姆王国计划国际合作部与发展、经济、技术合作谅解备忘录》（2018—2020 年），确认双方在未来三年将进一步扩大和加强两国在发展援助合作机制、人力资源开发、大型项目、贸易和投资、传统能源和可再生能源领域的合作。①

在基础设施建设领域，出席中约经济、贸易和技术联委会第七次会议的约旦公共工程与住房大臣萨米·哈拉萨与中方负责人签署了《约旦萨尔特公路升级改造项目自建模式会谈纪要》。“一带一路”也为现有的基础设施建设计划提供了绝佳机遇。“地区和平之轨道”是以色列 2016 年开始修建的铁路计划。目前“地区和平之轨道”铁路完成从海法港口到贝特谢安，最终延伸入约旦境内，然后与沙特、阿联酋等国的铁路网接轨，从而实现连接地中海与海湾货运路程的计划，将 6000 千米海运缩短至 2000 千米陆运，强化了以色列与阿拉伯国家之间的经济战略联系。②“一带一路”是该计划实施的重要平台。

在中约文化合作领域，2017 年 1 月 20 日的“意会中国”国际巡展第二站在安曼举行，展出中国文化部收藏的阿拉伯国家艺术家描绘华夏大地的精品画作。③ 画展是中约两国建交 40 周年的系列庆祝活动之一。浙江省建德市婺剧团在安曼侯赛因文化中心演出精品折子戏。④ 丰富的文化交流活动增进了两国人民的相互了解。

在中约文化和教育合作领域，1988 年约中友好协会成立。2008 年约旦的第一所孔子学院“安曼格扎拉国际集团（TAG）孔子学院”建立，2009 年由沈阳师范大学和约旦塔勒利·阿布·格扎拉国际集团（TAG）合作，正式运行。2011 年 9 月，约旦第二所孔子学院费城大学孔子学院成立，山

---

① 中国驻约旦使馆经商处：《中约经贸联委会第七次会议在约旦首都安曼召开》，中华人民共和国驻约旦哈希姆王国大使馆经济商务参赞处，2017 年 10 月 25 日，http：//jo. mofcom. gov. cn/article/zxhz/hzjj/201710/20171002657916. shtml。

② 王水平：《“一带一路”倡议惠及整个中东》，载《光明日报》2017 年 5 月 9 日，第 10 版。

③ 林晓蔚：《“意会中国”国际巡展在约旦举行》，新华网，2017 年 1 月 21 日，http：//www. xinhuanet. com/zgjx/2017 －01/21/c_136001676. htm。

④ 林晓蔚：《中国婺剧精品折子戏在约旦上演》，新华网，2017 年 1 月 21 日，http：//www. xinhuanet. com/zgjx/2017 －01/21/c_136001677. htm。

东聊城大学对口支持。[①]运行良好的孔子学院受到约旦的欢迎，增强了中国的文化软实力。

约旦与中国签订的双边文化教育领域合作文件主要是2015年5月的《中华人民共和国教育部与约旦哈希姆王国高等教育与科研部关于合作建设中约大学的谅解备忘录》。依据此文件，2017年，中国地质大学与约旦合作在武汉东湖高新区围绕共建“中约大学”展开合作。另一份双边协议为2016年9月时任约旦文化大臣的阿德尔·图韦西华出席首届丝绸之路（敦煌）国际文化博览会时，两国文化部签署的《关于在约旦建立中国文化中心的谅解备忘录》。[②] 2017年约旦部长理事会批准了该协议。2018年两国深化了合作文本。1月8日，中国驻约旦大使潘伟芳和约旦文化大臣纳比·舒古姆在安曼共同签署了《中华人民共和国政府和约旦哈希姆王国政府关于在约旦设立中国文化中心的协定》。中国文化中心为中国政府派驻约旦的官方非营利文化机构，旨在促进两国文化交流合作。[③]

以“一带一路”框架下的文化项目“丝路书香出版工程”为依托，约旦出版方买下了众多中国优秀图书，经翻译和出版后在阿拉伯市场进行推广。[④] 此前，中国地质大学自2014年启动建设“约旦研究中心”，组织编写“丝绸之路系列学术著作”，其中编著《约旦研究》[⑤] 于2016年出版，是中国教育界与约旦教育系统合作的早期成果之一。

北京师范大学出版社与约旦安曼文化局合作出版的《文明的追随：中国的崛起与阿拉伯人的未来》，是与约旦本土机构开展的项目合作。[⑥]《文明的追随》的作者是多次访华的约旦首都安曼市文化局局长、约旦著名学者和专栏作家。其书中表达了一个观点：面临西方的阻碍，东方开启了大门，独立的阿拉伯世界如果想要实现阿拉伯的复兴，需要学习中国成功经

---

① 孙来麟：《约旦对外政策的演变及其成因分析》，载马昌前、孙来麟主编：《约旦研究》，中国地质大学出版社，2016年版，第101页。

② 吴兢、林治波、吴姗：《丝路文博会带来甘肃“三变”——专访中共甘肃省委副书记欧阳坚》，载《人民日报》2016年8月30日，第13版。

③ 林晓蔚：《中国与约旦签署在约设立中国文化中心的协定》，中华人民共和国中央人民政府（官方网站），2018年1月8日，http：//www. gov. cn/xinwen/2018 – 01/08/content_5254520. htm。

④ 张贺、王云松：《“中国书香”赢得更多阿拉伯读者》，载《人民日报》2017年4月28日，第21版。

⑤ 马昌前、孙来麟主编：《约旦研究》，中国地质大学出版社，2016年版，前言。

⑥ ［约旦］萨米尔·艾哈迈德著：《文明的追随：中国的崛起与阿拉伯人的未来》，刘欣路、吴晓琴译，北京：北京师范大学出版社，2014年版，第3、19、97页。

验，学习先进民族的复兴之路。按照《文明的追随：中国的崛起与阿拉伯人的未来》一书的概括，中国主要在石油、投资和政治支持三个方面需要阿拉伯世界。书中认为即便阿拉伯世界能与中国通过建立紧密关系、实现以能源合作为轴心的经济合作，但在中国期待的政治支持方面，阿拉伯国家处于世界政治中的弱势地位，无法发挥足够的政治作用。① 2017 年 9 月，五洲传播出版社出版的中文和阿文两个版本《我们和你们：中国和约旦的故事》②，通过中约关系的直接见证者、参与者和推动者的自述，展示着中约友好的历史和现实。

佩特拉通讯社（Jordan News Agency /Petra）是约旦的国家通讯社，隶属于约旦新闻部，社长由国家首相任命，通讯社的全部经费由国家拨款。在中约新闻合作领域，约旦佩特拉通讯社 2010 年与中国的新华社签订了新闻合作协议，2015 年开始在中国派驻记者。③

（二）地区国家的友邻

约旦是阿拉伯世界中非常重视与世界的联系、外交活跃的国家。自阿卜杜拉二世执政以来，约旦自豪于能够在阿拉伯世界和欧美国家之间长期开展平衡外交，在众多中东问题上发挥特殊作用。2011 年约旦和摩洛哥被海合会接纳加入，成为战略伙伴。卡塔尔断交危机中，约旦宣布降低与卡塔尔的外交级别，收回半岛电视台在其的运营许可证，站在了沙特一边，但留有余地。在巴以问题上，埃及总统塞西和约旦国王阿卜杜拉二世都表达了为巴勒斯坦和以色列双方都提供保护的意愿。④

叙利亚局势与约旦的安全息息相关，是约旦媒体和国民最关注的外部问题之一。2017 年 7 月 7 日，美国、俄罗斯和约旦三方在安曼达成支持叙利亚西南部停火的协议，该地区靠近约旦的德拉、库奈特拉和苏伟达等省份。通过两日后第七轮叙利亚问题日内瓦和谈，协议生效。约旦政府发言

---

① ［约旦］萨米尔·艾哈迈德著：《文明的追随：中国的崛起与阿拉伯人的未来》，刘欣路、吴晓琴译，北京：北京师范大学出版社，2014 年版，第 129、136 页。

② 刘宝莱主编：《我们和你们：中国和约旦的故事》，北京：五洲传播出版社，2017 年版。

③ 《海外传媒观察 带你走进约旦新闻界》，中国记协网，2016 年 8 月 15 日，http：//www. xinhuanet. com/zgjx/2016 – 08/15/c_135598134. htm。

④ Dennis Ross，"Common Threats Offer New Opportunities for Israel – GCC Cooperation，" *AGSIW*，April 26，2017，http：//www. agsiw. org/common – threats – offer – new – opportunities – israel – gcc – cooperation/，Retrieved February 26，2018.

人在声明中指出，停火协议的达成旨在叙南部冲突地区实现永久性降级。① 在反恐和反极端主义方面，约旦政府除防范“伊斯兰国”的渗透外，还预防本土极端主义势力的滋生。约旦国内的“圣战”萨拉菲主义者拒绝遵从政党政治和正常的政治参与路径，不断制造恐怖袭击。②因为疫情严重影响经济和稳定，2021 年，约旦外交作出重大调整，加快改善对叙利亚关系，推动与叙利亚巴沙尔政府的关系正常化。在周边外交上约旦重视睦邻友好，同时非常重视加强与海湾国家的全方位合作，力图在维护地区稳定、促进共同发展方面有所建树。

约旦和以色列接壤，两国双边关系对以色列边境安全至关重要。1994 年约旦与以色列关系正常化，此后，以色列与约旦之间的主要矛盾是边界问题、圣城问题和水资源问题。新世纪以来，两国解决矛盾的方式都是用政治和外交手段，没有实质的军事对抗。以 2017 年为例，约以之间的对立事件主要是以色列驻约旦大使馆枪击事件和抗议美国大使馆迁馆决定。7 月 14 日，3 名以色列警察在圣殿山（穆斯林的“尊贵禁地”）外区遭遇枪击，其中两人身亡。之后，以色列在阿克萨清真寺入口加装金属探测门，周围区域安装摄像头，禁止 50 岁以下穆斯林男子前往阿克萨清真寺做礼拜。尽管 7 月 16 日以色列重新开放阿克萨清真寺，但巴勒斯坦人仍然认为安装安检设备是对圣地的亵渎。此次巴以圣殿山“装门”冲突事件在约旦升级。7 月 21 日，约旦多个城市爆发反以游行，要求以色列停止在耶路撒冷老城圣殿山放置安检设备的行动。游行群众要求以色列对所有巴勒斯坦人开放阿克萨清真寺。7 月 23 日以色列驻约旦使馆发生枪击事件。据以色列媒体报道，约旦籍凶手和同伴被使馆安全官员击毙，一名以色列人受伤。外交危机使以色列和约旦双边关系一度紧张，枪击事件第二夜以色列驻约旦使馆所有人员回国，但约旦当局拒绝相关人员撤离。2018 年初，枪击事件以以色列向约旦正式道歉、以色列驻约旦大使馆全面恢复工作而告终。③

2017 年这一年是第三次中东战争（“六日战争”）50 周年。按照以色

① 王云松：《叙利亚和解出现新机遇》，载《人民日报》2017 年 7 月 11 日，第 21 版。

② 李茜、黄民兴：《约旦圣战萨拉菲主义基本思想与发展》，载《世界宗教研究》2016 年第 1 期，第 175、178—179 页。

③ “Israel ‘Deeply Regrets’ Embassy Incident, Killing Judge,” *The Jordan Times*, January 18, 2018, http://www.jordantimes.com/news/local/israel - deeply - regrets% E2% 80% 99 - embassy - incident - killing - judge, Retrieved February 28, 2018.

列和约旦签订的和平条约，约旦拥有耶路撒冷东部老城区的管辖权。美国宣布耶路撒冷为以色列首都之后，引发包括约旦在内的多个中东国家示威抗议。约旦国王明确表示强烈反对美国将使馆迁到耶路撒冷。约旦国内民众普遍认为特朗普政府偏袒以色列的言行使巴以和谈更加艰难。第三次中东战争，也即“六·五”战争、“六日战争”，导致约旦失去东部耶路撒冷，但约旦并不认为自己已完全放弃耶路撒冷圣地的宗教管辖权。约旦反复向外界强调哈希姆家族对圣地的管辖权，并据此参与到巴以问题及耶路撒冷问题的核心谈判圈。

随着约旦的邻国伊拉克、叙利亚战乱，大量阿拉伯难民涌入约旦。皮尤研究中心的中东移民分析报告显示，自2005年以来，约旦、土耳其、黎巴嫩和伊朗是接收中东难民最多的国家（见表1－4）。以2015年为例，上述4个国家总共接收了85%的中东难民和寻求庇护者，其中，约旦一直高居首位。[①] 难民的生存问题给约旦的经济带来了诸多考验。除关心照顾周边涌入的难民外，约旦还表现出了对其他国际难民问题的关注。2017年10月23日，王后拉尼娅访问孟加拉境内科克斯巴扎尔县库图巴朗（Kutupalong）难民营，要求国际社会介入罗兴亚难民问题。

表1－4　2005—2015年约旦、土耳其、黎巴嫩、伊朗四国接收中东难民和寻求庇护者统计表

（单位：千人）

国家＼年份	2005	2006	2007	2008	2009	2010	2011	2012	2013	2014	2015
约旦	1845	2378	2404	2453	2435	2453	2436	2340	2717	2790	2854
土耳其	7	9	12	18	16	17	25	291	662	1694	2754
黎巴嫩	407	431	465	473	477	465	447	577	1306	1614	1541
伊朗	974	969	965	982	1072	1075	887	868	857	982	979

数据来源：联合国难民署。

（三）美国的盟友

美国是约旦的最重要盟友，是约旦最大的经济和军事援助来源国。

① Philip Connor, “Middle East’s Migrant Population More Than Doubles Since 2005,” *Pew Research Center*, October 18, 2016, p. 15, http://assets.pewresearch.org/wp-content/uploads/sites/2/2016/10/18092506/Middle-east-migrants_FINAL_PM.pdf, Retrieved February 21, 2018.

约旦政府高度重视与美国的双边关系。中东变局后，约旦国王于2012年3次访美，2013年2次访美，2014年4次访美，2015年1次访美。[①] 2017年，国王阿卜杜拉二世分别于1月和4月访问美国，与特朗普政府续签了五年的合作谅解备忘录（U. S. – Jordan Memorandum of Understanding on Bilateral Foreign Assistance to Jordan），此次涉及的援助额超过奥巴马政府签订的合作谅解备忘录的规模。[②] 拜登总统就任之后，7月约旦国王就飞赴白宫与拜登会面。阿卜杜拉国王是第一位拜访拜登的中东国家最高领导人。

（四）凝聚阿拉伯共识

阿卜杜拉二世在第二十八届阿拉伯国家联盟峰会开幕致辞中提出，阿拉伯国家当前面临的五大挑战：恐怖主义和极端主义、以色列持续扩张定居点、叙利亚危机及难民问题、伊拉克反恐战争、也门和利比亚危机。国王号召在所有的挑战面前，阿拉伯国家应主动寻找解决方案，防止地区事务遭受外部势力干涉。[③]《安曼宣言》（The Amman Declaration）涉及巴勒斯坦问题、叙利亚问题、伊拉克问题、也门危机、利比亚问题、反恐问题、应对“伊斯兰恐惧症”、反对外部势力干预阿拉伯事务、阿联酋—伊朗岛屿争端、索马里重建等诸多困扰阿拉伯国家的顽疾问题。[④] 在阿拉伯世界内部面临分裂的局面下，约旦尝试借助地区组织平台，比如阿盟峰会，努力强调阿拉伯世界的团结与统一。

约旦的外交努力一定程度上有助于地区稳定和联合反恐，对提升阿拉伯统一共识有推进作用。尽管和周边国家偶有外交冲突，约旦在促进叙利亚和谈、推进巴以和平进程等议题上还是被国际社会寄予厚望。

---

① 商贸部国际贸易经济合作研究院、中国驻约旦大使馆经济商务参赞处、商务部对外投资和经济合作司编：《对外投资合作国别（地区）指南：约旦（2017年版）》，第8页。

② Jeremy M. Sharp, "Jordan: Background and U. S. Relations," *Congressional Research Service*, June 1, 2017, pp. 15 – 16, https://securityassistance.org/sites/default/files/CRS_Jordan_2017.pdf, Retrieved February 28, 2018.

③ "Speech of His Majesty King Abdullah II At the Opening of the 28th Ordinary Session of the Council of the League of Arab States at the Summit Level (Amman Summit)," *KING ABDULLAH II*, March 29, 2017, https://kingabdullah.jo/en/speeches/opening – 28th – ordinary – session – council – league – arab – states – summit – level – amman – summit.

④ "The Amman Declaration," *Arab Summit* 2017, March 30, 2017, https://www.arabsummit2017.jo/Documents/08502809 – 6ee1 – 4670 – 874f – 9c81391bb1aa.pdf.

综合来看，约旦的政治现代化和民主化进程继续缓慢推进，国内的巴勒斯坦族裔群体和约以双边关系走势密切相关。约旦一方面面临水资源匮乏、难民数量不断增加的挑战，另一方面，受周边国家战争影响的波及，约旦在安全领域有与美国开展合作、接受美国军事援助的强烈意愿。

（五）王室统治愈加巩固

约旦建国以来的王室统治总体并非受到严重威胁。王室内部的斗争总能平稳解决。据英国广播公司报道，2021 年 4 月 3 日，约旦前王储哈姆扎·本·侯赛因（Hamzah bin Hussein）在 BBC 发布了一则自拍视频，声称自己遭遇现任政府的软禁。在自拍视频中哈姆扎表示自己从未参与任何与政变相关的阴谋，更不是任何邪恶组织或者外国扶持反动组织的成员。他声称对外发声只是对近 20 年来约旦政府持续的贪腐状态表示担忧，进而提出国家领导人应当为治理失败负责。

随着软禁事件在国际舆论的进一步发酵，约旦官方及时作出回应。4 月 4 日，约旦副首相兼外交与侨务大臣艾曼·萨法迪（Ayman Safadi）在首都安曼举行的新闻发布会上宣布，约旦日前挫败了一起亲王哈姆扎等人参与、与境外势力相勾连的危害国家安全活动。约旦当局以“国家安全”为由，将 20 多名涉嫌参与这次政变的政府高官和知名人士逮捕，其中包括约旦王室成员哈桑·本·扎伊德（Hassanbin · Zayed），以及曾经担任财政和计划大臣职位的巴西姆·阿瓦达拉（Basim · Awadallah）。4 月 5 日，国王阿卜杜拉二世委托其叔叔哈桑·本·塔拉勒亲王（Hassen · bin · Talal）与哈姆扎进行沟通。经调解，哈姆扎签署承诺书，确认将继续遵守哈希姆家族的规定，拥护约旦国王的领导，遵守约旦哈希姆王国的宪法，并承诺将约旦的国家利益放在首位，支持约旦国王保护本国及其为本国人民争取最大利益的努力。4 月 11 日，国王阿卜杜拉二世与哈姆扎亲王首次在“政变风波”后共同露面，一同参加约旦建国 100 周年纪念活动，至此约旦“政变风波”最终平息。此次政治波动受到地区国家的广泛关注，周边国家一致支持阿卜杜拉国王为维护约旦安全与稳定所采取的所有决定和措施，美国对约旦王室的快速处理表示赞赏，认为阿卜杜拉二世国王是美国的关键伙伴，会得到美国的全力支持。

约旦国王在王室政治波动过程中的迅速行动，避免了约旦王室内部问题的扩大化，将政变威胁抑制为可控的王室家族内部偶发事件，最大程度地弱化了负面影响。同时，国王为进一步加强王权政治的稳定性，于2021年6月10日成立专门委员会，着手进行宪法修正。由国王领导的委员会将创建一个新的机构，与政府的行政和立法部门平行，国王将有权任命和解聘首席法官、伊斯兰教法法院院长等国家关键职位。国王通过修正宪法进一步加强对军队总司令、宪兵总司令和情报机构的控制权。① 在国王主持的一系列改革措施下，国王本人的权力愈发集中。

在《约旦史》作者菲利普·罗宾斯（Philip Robins）看来，约旦作为一个政治共同体，政权建设惠及国家的政治表现和国际地位，然而政权建设的成就优于政治共同体建设的进展。② 即便没有中东变局的影响，约旦的国内社会群体间相对割裂状态已经与约旦建国以来一直致力建构的现代政治制度有不适应问题。长期以来，约旦的政治发展没有彻底解决国内约旦裔与巴勒斯坦裔、宗教保守派与自由主义派、部落主义和后部落政治文化相互之间的摩擦和矛盾。一旦冲突的条件具备，群体间的隔绝张力很容易转化为抑制政治发展的障碍。叙利亚绵连十余年的战争制造了数量巨大的难民涌入约旦，加剧约旦国内人口结构问题，使约旦的难民治理始终考验着历届内阁的治理能力。2019年末以来，约旦所处环境的特殊性在于原有的社会问题又增加了疫情影响下的变数，2022年俄乌冲突恶化了约旦的经济生态。约旦的政治发展和外交抉择不断考验着约旦政治家的执政智慧。

---

① Daoud Kuttab, "Mixed reaction in Jordan over Amendment to Expand King's Power", *Arab News*, Nov. 28, 2021, https://www.arabnews.com/node/1976541/middle-east.

② ［英］菲利普·罗宾斯：《约旦史》，叶如帆、曾湘琴译，上海：东方出版中心，2020年版，第1页。

第二章　集中的行政权力

约旦是一个世袭的君主立宪制国家，宪法确定了行政、立法和司法三权分立的原则。自约旦建国后，国王一直掌握着最高权力，是三军统帅。在圣裔家族光环的庇护下，约旦的行政权力高度集中于国王手中。1999 年至今，约旦由第四任国王阿卜杜拉二世统治，在阿卜杜拉二世统治至今的 20 余年间，约旦的社会发生了天翻地覆的变化，政治现代化改革也在持续推进，席卷中东的西亚北非局势动荡也未对约旦造成重大政治冲击。表面上，高度集中的行政权力得以一定程度上的下放，在美国等国家的帮助下，放权于 2015 年以法律形式得以确认，并赢得了域外国家的称赞；然而无论是国王本身的权力限制还是中央政府的权力下放，本质上并未翻转行政权力凌驾于立法权力和司法权力之上的政治事实，约旦的政治实践仍然徘徊在国王寻求行政权力集中化的循环中，这也符合包括约旦在内的广大西亚北非传统威权国家官僚化改革缺乏完整性和彻底性的内在特征[①]。

一、圣裔家族和实权国王

现代约旦国家的缔造者与统治者是阿拉伯历史上地位显赫的哈希姆家族。在漫长的岁月中，古老且神秘的哈希姆家族因其作为伊斯兰教创始者穆罕默德的后裔而被赞誉为圣裔家族，深受阿拉伯世界的敬重，在中东的话语议题中占有一席之地的同时，也与约旦国家的发展紧密交织，可以说，近代约旦国家的发展史，就是圣裔家族的变迁史。

---

① 王缉思、唐士其主编：《三十年世界政治变迁（1979—2009）》，重庆，重庆出版社，2012 年版，第 309 页。

（一）圣裔家族的历史嬗变

圣裔家族最早可以追溯到公元前5世纪。当时，位于麦加善于经商的古莱什部落围绕圣城麦加的统治权发生了内部矛盾，阿卜杜·达尔和阿卜杜·麦纳夫在各自势力的支持下争斗不断，最严重的时候已经达到矛盾即将激化的境地。为了平息剑拔弩张的态势，由家族长老出面召开会议，进行磋商调解，最后以双方共治麦加而收场。此后，达尔一族得到了掌管授命作战令旗与批准进入天房的权力，麦纳夫家族则负责麦加的朝觐与部落的经贸事宜。麦纳夫家族在取得权力后，便将大权交于家族中精明能干且品行高尚的阿穆尔。

作为达尔与麦纳夫孪生兄弟的阿穆尔凭借其家族雄厚的实力与自身的才干，采取积极灵活的外交战略，很快便于周边邻国签订协议，此举疏通了前往麦加朝圣的通道，确保了朝圣者与商队的通行安全，不仅让麦加更为繁荣，同时也为整个古莱什家族积累了大量的财富，其在家族中的地位也达到顶峰。彼时，麦加突遭大旱，旱灾造成河流干涸和食物紧缺，成群的饥民相继涌入天房，请求真主能够解救。在艰难时刻，阿穆尔展现出了超乎常人的胆识与乐善好施的品性，将自己所有的食物拿出来并宰杀骆驼救济灾民，同时用自己的全部积蓄远赴叙利亚等地购买物资。在阿穆尔的感召下，当地富豪纷纷加入救济行列，最终使麦加顺利度过了旱灾。经过此次旱灾，阿穆尔在人们心中的威望空前高涨，深受民众拥戴，尊称其“哈希姆”。在阿拉伯语中，“哈希姆”意为“扳开面饼的人”，此后的历史中人们更为熟知“哈希姆”，反倒是阿穆尔本身的称谓倒是无人提及，哈希姆家族也由此而形成。

公元497年，哈希姆的儿子谢拜出生。哈希姆逝世后，谢拜由其长兄穆塔里布抚养，由于谢拜被认为是穆塔里布的仆人，于是有了阿卜杜的名字，因此形成全名：阿卜杜·穆塔里布·伊本·哈希姆·伊本·阿卜杜·麦纳夫。公元544年，阿卜杜·穆塔里布·伊本·哈希姆·伊本·阿卜杜·麦纳夫生下第十个儿子，取名阿卜杜拉。公元570年，阿卜杜拉之妻阿米娜生下了日后创立伊斯兰教的穆罕默德·伊本·阿卜杜拉·伊本·阿卜杜·穆塔里布·伊本·哈希姆。公元7世纪，穆罕默德创立伊斯兰教并建立了幅员辽阔的阿拉伯帝国，开创了伊斯兰文明体系，本人也被广大穆斯林尊称为先知。其出身的哈希姆家族也成为圣裔家族。穆罕默德逝世后，从历史上来看，哈希姆圣裔家族分为两个主要分支：穆罕默德叔父阿拔斯后代形成的阿拔斯圣裔家族；穆罕默德女儿和其丈夫阿里后代形成的阿里圣裔家族。16 世纪，统治伍麦叶王朝长达 500 年之久的阿拔斯王朝覆灭，其家族也消失在历史的长河中。因此哈希姆圣裔家族只剩下阿里派，现如今所指的圣裔家族即阿里及其后代。阿里和法蒂玛有两个儿子，分别是哈桑和侯赛因。哈桑一脉的后代被称为“谢里夫”，即圣人，侯赛因的后代被称为“赛义德”，即领袖，不过两个头衔也存在互用的情况。

现代约旦王国的建立者属于哈希姆家族哈桑分支的达维奥恩部落，统治约旦的王室哈希姆家族即“谢里夫”的后裔。圣裔家族与约旦的渊源最早始于 1908 年。1908 年 7 月，奥斯曼帝国发生了青年土耳其运动，迫使统治者苏丹阿卜杜勒·哈米德二世恢复了 1876 年《奥斯曼宪法》并在帝国之内迎来了多党政治。革命胜利后，阿卜杜勒·哈米德二世委任当时哈希姆家族的领袖侯赛因·本·阿里为麦加的谢里夫和埃米尔，负责保护城市及其周边地区，并确保朝觐朝圣者的安全。在宣布阿拉伯大起义反对奥斯曼帝国之后，侯赛因·本·阿里于 1916—1924 年担任汉志国王，自 1921 年以来统治者约旦，同时也是汉志（1916—1925）、叙利亚（1920）和伊拉克（1921—1958）王国的皇室家族。在他统治的末期，他还短暂地宣称自己是哈里发。二战后，统治伊拉克的哈希姆家族被推翻，侯赛因的次子阿卜杜拉担任外约旦的埃米尔，通过一系列改革奠定了约旦的政治基础，也成为现代哈希姆约旦王国的开创者。

从历史上来说，哈希姆是阿拉伯酋长库拉什的后裔，库拉什是先知伊斯玛仪的后裔，伊斯玛仪又是先知易卜拉欣（亚伯拉罕）的儿子。穆罕默德创立伊斯兰教以后，哈希姆家族的“圣裔”特性又得到进一步强化，至今留存。基于哈希姆家族在整个穆斯林群体中的崇高位置和特殊身份，现如今的约旦哈希姆王国依然是耶路撒冷圣地的监管者，并且在中东和阿拉伯世界具有超越一般国家行为体的地位，身影遍布中东，能够在地区问题上发挥着特殊作用，是不折不扣的外交强国[①]，被美国、英国等西方国家视为中东地区的重要合作伙伴。

---

① 刘宝莱：《中国驻中东大使话中东——约旦》，北京：世界知识出版社，2014 年版，第 116、117 页。

（二）国王的权力变化

约旦国王是国家的元首，是海陆空三军统帅，是最高权力掌握者。如表2－1所示，国王在政治结构中拥有贯穿性权力。哈希姆家族作为统治约旦的世袭家族，自现代约旦建立以来，经历了四任国王：阿卜杜拉·本·侯赛因，1921年5月至1951年7月在任；塔拉勒·本·阿卜杜拉，1951年9月至1952年8月在任；侯赛因·本·塔拉勒，1952年8月至1999年2月在任；阿卜杜拉·本·侯赛因二世，1999年2月就任持续至今，一般称为阿卜杜拉二世。

1946年3月22日，《英国－外约旦条约》在伦敦签订，宣布废除英国的委任统治，给予外约旦独立国家的地位。1946年5月25日，外约旦宣布正式独立，宣布建立外约旦哈希姆王国，阿卜杜拉·本·侯赛因成为约旦的开国君主，这一天也是约旦的国庆纪念日。阿卜杜拉一世登基后，于1946年11月28日经由议会通过了新宪法，将国王的实权以法律的形式予以规定和确认。新宪法规定：行政权方面，国王可以任命首相和大臣，并且只对国王负责；司法权方面，国王拥有推迟议会会议以及解散议会的权力以及至高无上的否决权，可以通过内阁将议会否决的法律草案付诸实践；外事层面，国王有在内阁批准的情况下进行宣战和缔结国家条约的外交权力。可以看出，在上述时期内国王实权完全凌驾于立法、行政和司法之上，国家各机构均没有多少权力，是事实上国王权力的传达者和执行者。

阿卜杜拉一世去世后，王储塔拉勒·本·阿卜杜拉在1951年9月5日经由议会宣布正式成为约旦第二任国王。塔拉勒虽然在位时间只有仅仅一年，但其却是一位敢于变革和具有进步思想的国王。在当时阿拉伯世界政治形势变动的影响下，塔拉勒顺应时势，积极作为，于1952年颁布了较之前对国王权力有所削弱的新宪法，确立了政府对议会负责的原则。如1952年宪法规定：如果议会中有2/3的议员对政府不信任，内阁成员应该辞职；众议院由选举产生，参议院则继续由国王任命。1952年宪法对国王的权力进行了规范和削弱，使约旦的政治结构更加符合现实的发展需求，促进了约旦的政治改革进程，并沿用至今。然而塔拉勒·本·阿卜杜拉的身体状况每日愈下，1952年8月，约旦议会援引宪法中国王因病无法治理国家的情况下，议会有权召开会议，在确定国王因病无法继续执政时，有权将其废黜并确立他的继承人为新一代国王等条款，以多数决议废黜了塔拉勒·本·阿卜杜拉国王，确立他的儿子侯赛因·本·塔拉勒为约旦第三任国王，因侯赛因年幼，暂时成立了三人摄政委员会代行国王的权力。一年多以后，侯赛因年满 18 岁，正式加冕成为约旦王国第三任国王。

侯赛因就任国王后，认识到国王虽然在国内拥有至高无上的权力，然而保持王权稳固的关键支撑——军权并没有完全掌握在自己手中，由于约旦与英国的密切关系，致使约旦的军队事实上由英国人掌握，国王的实权受到英国的掣肘。为独揽大权，侯赛因开始了改造并建立由自己完全掌控的阿拉伯军队的进程。经过一系列措施，最终摆脱了英国对约旦军队的控制，实现了军队的“约旦化”，建立了属于国王和约旦的军事力量。此时，侯赛因身兼军政大权，成为事实上的三军统帅，随后采取了包括建立皇家卫队、启用哈希姆家族成员担任国家要职等行动，从而巩固了王权。

1999 年 2 月 7 日，侯赛因国王因病去世，同日其子阿卜杜拉·本·侯赛因二世就任约旦哈希姆王国第四任国王，持续至今。阿卜杜拉二世上台后第一要务就是巩固自己王权，确保约旦的稳定。一方面，面临王室以及家族内部的矛盾和国内政治经济困境等挑战，阿卜杜拉二世首先对王室进行了大力整顿，如剥夺了前王储哈桑的所有政治权力，赋以闲职。另一方面，阿卜杜拉二世提出“约旦优先”的政治愿景，表达出自己登基后建立符合约旦国家特征的政治共同体的意愿，其目的是超越民族、宗教、意识形态或部落等所有分歧，为民众提供坚守忠诚的基础。① 其次，改革军权，建立完全受其控制的武装力量。作为历任国王实权保证与国家稳定的军队是阿卜杜拉二世巩固其权力的重中之重。再次，阿卜杜拉二世提出了“政治稳定、经济改革、依法治国”的王国战略思想②，在政治上，扩大公民自由权；在经济上，推进经济自由化和私有化，所有议题均亲自负责，以此为目标推行新政。最后阿卜杜拉二世还不断扩大其权力。2016 年约旦通过宪法修正案，进一步扩大了阿卜杜拉二世的行政权力，该修正案赋予了国王可以进行多项任命，包括王储和摄政王，而无需首相或其他内阁部长签署皇家法令的权力。

---

① ［英］菲利普·罗宾斯：《约旦史》，叶如帆、曾湘琴译，东方出版中心，2020 年版，第 187 页。

② 王铁铮：《中东国家通史：约旦卷》，北京：商务印书馆，2005 年版，第 340 页。

表2-1　约旦国王权力在政治结构中的分布①

分类	等级结构	任命方式	权力	权力转换
行政	国王	世袭	1. 批准法律 2. 宣战与和平 3. 批准条约 4. 呼吁选举 5. 召开和结束立法会议 6. 解散议会 7. 任命总理、其他部长和参议院成员 8. 授予军衔和荣誉 9. 给予赦免	1. 如果君主不能履行他的职责，他可以任命一个摄政王或摄政王会议代替他统治 2. 如果君主被确诊患有精神疾病，立法机构可以投票罢免他
行政	首相	国王任命	1. 监督内阁 2. 共同签署君主法令 3. 管理国家内部和外部事务 4. 为国王提供建议	1. 被国王罢免 2. 辞职 3. 立法机关的不信任投票 4. 由立法机关弹劾并由高等法庭罢免
行政	内阁	国王任命	1. 协助签发君主法令 2. 管理国家内部和外部事务 3. 为国王提供建议	1. 被国王罢免 2. 首相被免职 3. 通过立法机关的不信任投票 4. 由立法机关弹劾并由高等法庭罢免
立法	参议院	国王任命	1. 以多数票通过法律 2. 以2/3的票数克服王室否决权 3. 质询 4. 通过不信任投票	1. 国王下令解散 2. 4年任期结束
立法	众议院	直接选举	1. 起草法律 2. 以多数票通过法律 3. 以2/3的票数克服王室否决权 3. 质询 4. 通过不信任投票	1. 国王下令解散 2. 4年任期结束，国王有权延长1或2年再进行选举

① "Constitutional history of Jordan," *Constitution Net*, https://constitutionnet.org/country/constitutional-history-jordan; "The Constitution of The Hashemite Kingdom of Jordan," *Refworld*,, https://www.refworld.org/pdfid/3ae6b53310.pdf.

续表

分类	等级结构	任命方式	权力	权力转换
司法	高等法院	由参议院议长、直接投票选出的3名成员和最高民事法院的5名最高级法官组成	应内阁或议会两院多数议员的要求解释宪法	失去或辞去职位时
	特别法院	由最高民事法院院长、其他2名民事法院法官和1名内阁任命的政府官员组成	弹劾部长	失去或辞去职位
	民事法院	国王任命	应首相的要求，解释任何未经法院审理的法律条文	被国王罢免
	宗教法院	国王任命	审理民事和刑事案件	被国王罢免

整体上而言，四任国王在位期间均致力于强化国王在国家治理与社会改革中的核心位置，均将军权视为国王实权的强有力保证，除上台后巩固王权之外，也通过宪法修正案继续扩大王权的边界，从而确保国王领导下的哈希姆家族对约旦的绝对统治权。如1960年议会通过宪法修正案，授予了国王有延长众议院任期的权力。1965年，明确了王位长子继承制原则，同时也强调必要时国王可以选择自己的任意一个兄弟为继承人。1974年、1976年和1984年议会三次通过宪法修正案，授权国王可以无限期推迟选举，并在内阁认为有必要修改宪法时有召开议会特别会议的权力。国王的权力也体现在主导并贯穿王国立法决策的始终。由国王任命的总理所领导的政府将所有立法草案提交众议院进行审议，众议院拥有批准、拒绝或者修改的权力，然而立法草案想要成为正式法律还必须经过参议院和国王的批准。众所周知，约旦参议院的议员由国王任命，因此本质上立法的决定权实为掌握在国王一人手中，因此议会的作用十分有限，成为国王实权的点缀。①

① 冀开运：《约旦史：一脉相承的王国》，三民书局股份有限公司，2019年版，第171页。

（三）王室：权力集合体

王室在约旦国家统治与社会治理中处于重要位置，也是约旦政治中的一个权力集合体。除了王后、王储、宫廷总管、宫廷大臣、国王侍从长、国王特别顾问、国王政治顾问、王宫首席发言人、国王私人秘书外，还包括王宫管理局等机构。国家安全委员会也属于王室机构。宫廷总管直接受命于国王，既是国王、中央政府以及其他机构之间联系的中轴，起到相应的联结各方的作用，也是沟通国王与人民的重要媒介。一般情况下，宫廷总管会出任政府首相、国民议会议长等关键职位。2009 年就任约旦王国首相的萨米尔·里法伊曾任约旦宫廷总管大臣。虽然宫廷总管在行政级别上与首相同级，但实质上的权力要高于首相。国王的顾问负责为国王提供各项事宜的咨询建议，深受国王信任，也拥有事实上的权力。2020 年上台的约旦现任首相兼国防大臣贝希尔·哈苏奈就曾经在王室担任过国王联络与协调顾问、国王政治顾问，以及兼任国王办公室主任。宫廷办公室是王室内的综合性权力机构，下设多个职能机构，涉及政治、经济、军事等领域，成员有典礼局局长、国王侍从长以及国王的各类顾问、司库等。除了宫廷办公室外，王室一般还设有各王室成员的个人办公室。当前约旦王室的主要机构有：宫廷办公室；拉尼娅王后办公室；努尔王太后办公室；王储办公室；穆罕默德·本·塔拉勒亲王办公室；哈桑·本·塔拉勒亲王办公室；萨尔瓦多·侯赛因公主办公室；费萨尔·本·侯赛因亲王办公室；阿里·本·侯赛因亲王办公室；哈雅公主办公室，其中当属王后与王储的办公室具有一定规模。

从王室内各类机构的功能上看，王室的权力涉及政治、经济、军事、宗教等国家与社会各相关领域，深度参与政府各部门的职能。从王室的权力结构来看，以血缘和姻亲为纽带的王室政治并非纯粹的君主专制，而是具有君主制与圣裔家族制的双重属性。王室成员的权力分散于国内外各类事务中，成员本身也成为其他国家在与约旦的对外交流中所重视的对象。2012 年 11 月，时任中国外交部副部长翟隽会见了来京出席有关国际会议的约旦亲王哈桑·本·塔拉勒，双方就中东地区局势、中约双边关系等交换了看法。2016 年 2 月，中国驻约旦大使潘伟芳到访王后办公室，表示愿同王后机构建立合作渠道、探讨合作方式，发挥中方在商贸、投资、技术等方面优势，促进双方的友好往来与合作共赢。2016 年 3 月，潘伟芳到访哈桑·本·塔拉勒亲王办公室，表示中国愿与约旦探讨加强民间合作的途径，更多造福两国人民，希望哈桑亲王继续关注和推动两国友好关系发展。2019 年 10 月，美国众议院议长南希·佩洛西率领美国众议院议员代表团到访约旦时与国王阿卜杜拉二世以及费萨尔·本·侯赛因亲王就中东地区形势举行了会晤。然而，王室过大的权力也成为约旦政治体系中容易招致批评的部分，"强王室弱政府"的权力格局在部分人眼中已经将约旦王室比作事实上的"影子政府"①，下设的各种委员会和职能机构劫持了各部委的职能和权力，实际上削弱了政府的权力，即便此举可以提高执政效率，避免过多程序限制。

二、行政权力下放

央地关系的演进本质上属于政治转型的范畴，是一个国家政治制度的具体组成部分。根据政治体制的不同，央地关系可以分为联邦制和单一制。联邦制是指国家的核心权力由联邦政府与地方政府共同分享的一种模式。在该模式下，除了涉及国家利益的外交与军事等权力归中央政府所有外，其他方面的权力均由宪法赋予，因此双方具有法理意义上的独立性，不属于上下级关系。单一制是指国家的核心权力主要掌握在中央政府层级，地方省、市等政府的权力来源于中央政府的授予，国家与社会的治理以首都为中心向四面辐射。因权力来源于中央政府，所以单一制下的中央政府在整个中央与地方的关系权力格局中占据主导地位，地方政府依附于中央政府，有上下等级之分，缺乏独立性，在某些时候，中央政府完全可以决定地方政府的存在与否。整体上而言，单一制要比联邦制更能有效影响和培育地方人民的日常生活和意识形态。

（一）约旦的央地关系

约旦的中央政府指的是国王领导下的内阁，包括首相和分管不同领域的部长组成。作为君主立宪制国家，约旦中央与地方关系属于单一制，权

① Nabih Bulos, "A royal feud has some Jordanians asking: Is this the monarchy we want?" *Los Angeles Times*, April18, 2021, https://www.latimes.com/world-nation/story/2021-04-18/jordan-monarchy-crisis-king-prince-reform.

力格局具体表现为集权制。单一制有利于维护哈希姆王国中央政府的权威，事实上有利于维护国王的权威。同时，在不同政体的国家中，中央政府与地方政府的权力关系往往是决定政府总体资源配置和社会调控方式的决定性因素。[①] 单一制可以平衡各类资源在不同地区的分配，对于维持社会稳定具有重要作用。

在中央政府之下，约旦分为12个省，每个省内又分为若干可以称为市的行政区，从实际情况来看，约旦的地方政府主要指的是省政府。2015年《权力下放法》公布后，约旦政府才采用了一个由省和市两个不同级别组成的政府结构[②]。由内政部任命的省长在地方一级代表中央政府，尽管他们无权征税、立法或支出预算。然而，内政部对各省，包括位于其边界内的市镇拥有权力和权威，省长干预市政事务的程度似乎在很大程度上取决于内政部，如果愿意，任命省长的内政部可以在市政事务中拥有更大的权力。[③] 在王国内，权力集中于中央政府，地方的自主权非常有限。首先，地方政府的领导人并非独立选举产生，而是由中央政府任命。约旦12个省的政府领导人是由国王通过内政部任命的，作为中央政府权力在地方政府的延伸。其次，在国家与社会治理的事务权力方面，中央政府享有最高权力。以阿卜杜拉二世为权力核心的中央政府掌握立法、行政和司法的最高权力。同时，涉及国防武装力量等方面的军事权力也紧紧掌握在国王手中。尽管约旦不是一个军事政权，但自该政权出现以来，它一直依靠武装部队作为其主要支柱。[④] 最后，财政权是中央政府与地方政府权力格局中除了人事任命权和事务管理权之外另一重要组成部分。约旦的税收和支出预算均掌握在中央政府手中，财政部负责相关法律政策的制定和印花税的征收，海关总署负责关税征收，所得税和增值税由财政大臣直属的所得与增值税总局征收，每个省的预算由内政部在行政和投资委员会的参与下集中编制，所有城市都受到严格的预算限制，并通过一系列融资机制受到中

---

① 张庆：《墨西哥中央——地方权力关系研究：发展路径与动因机制》，北京：时事出版社，2017年版，第24页。

② Mohammed Taamneh et al., "Provincial governors and their role in local gover - nance and development in the Jordanian context," *Joural of Public Affairs*, Vol. 19, No. 1, 2019, p. 4.

③ Janine Clark, "Municipalities Go to Market: Economic Reform and Political Contestation in Jordan," *Mediterranean Politics*, Vol. 17, No. 3, 2012, p. 363.

④ Curtis R. Ryan, The Armed Forces and the Arab Uprisings: The Case of Jordan, *Middle East Law and Governance*, Vol. 4, No1, 2012, p. 160.

央政府的密切控制。[1] 中央和地方的财政体制，表面上是财权和事权的分配，实际上是权力的分配，而且财政权力也极大地影响到政府的行政、人事等权力的强弱。[2] 从全球的趋势来看，在单一制的中央与地方政府体制下，财政分权的改革与实践从未间断。就约旦而言，虽然中央政府掌握集中的财政权，但是为了减少地方财政赤字和增强地方发展的灵活性，也不断进行分权改革。例如，2017 年 8 月约旦颁布《分权法》之后，财政部与美国国际开发署合作制订了一项在约旦实施财政分权的计划。该方案采用一套三年路线图，包括为地方政府制订全面的培训计划、审查并提高预算上限和在各省部署内部审计程序等内容。

（二）权力下放的进程

自约旦建国以来，国王集军政大权于一身。在 2013 年之前，政府首相由国王任命，然后国王与首相“商议”并确立内阁人选，然而由于反对派的抗议加剧，国王被迫向国民议会下放了部分权力，将国王独自确认首相人选调整为国王和国民议会共同协商。与国王的权力随着国内形势上下变动相比，约旦政府的权力下降贯穿于阿卜杜拉二世登基以来的国家政治发展进程之中。政府的权力下放是将公共服务的权力和责任转移到地方政府，因为地方政府更贴近民众，更加了解当地的发展需求。一般来讲，权力下放涉及三方面内容：政治权力的下放，是指政治权力转移到由选举产生的机构中，或由选举产生的机构进行监督；财政权力的下放，是比较系统的分权形式，涉及将资源分配的权力由上而下让渡到地方政府手中；行政权力的下放，旨在将提供特定公共服务的决策权和责任从中央政府转移到其他级别的政府或机构。一直以来，约旦的政治、经济和行政等均由中央政府指导，直到 2015 年《权力下放法》和新修订的《市政法》批准通过，才迈出了重要的一步，反映了约旦政府致力于在国家以下各级政府建立民众有效参与和为实现《约旦 2025 愿景》中建立高效国家并在地方一级的决策过程中适当赋予公民权利的目标。

自 20 世纪 90 年代以来，约旦王国一直在进行持续的权力下放。然而，

---

① Camille Abescat, “Municipal Debt and Financial Dependence in Jordan: The Case of Zarqa,” October 23, 2019, *Jadaliyya*, https://www.jadaliyya.com/Details/40084.

② 周飞舟、谭明智：《当代中国的中央地方关系（社会发展经验丛书）》，北京：中国社会科学出版社，2016 年版，第 6 页。

直到2005年，阿卜杜拉二世国王才正式宣布了权力下放计划。经过多年的探索，2015年，旨在实现权力下放的法律才得以通过生效。约旦权力下放改革由《权力下放法》和新修订后的《市政法》组成，2017年，权力下放目标才得以落到实处。需要指出的是，约旦权力下放的重点是省级。据约旦新闻社（Jordan News Agency，Petra）报道，2021年9月，约旦参议院议长费萨尔·法耶兹（Faisal Fayez）领导的一个联合委员会批准了众议院提交的地方行政法草案。该委员会表示，该法律草案旨在改善地方议会和市政当局的管理和监督权。根据相关法律规定，一个技术执行机构将监督市政和地方议会决策的质量。除旨在加强权力下放之外，该法律也试图提高公众对决策的参与程度，据悉将设立一个培训和发展研究所。该培训和发展研究所，以提高地方负责人和成员的能力。

根据《权力下放法》，约旦的12个省设立两个委员会，即执行委员会和省议会。执行委员会由省长全权任命和主持，还包括副省长和三名省市执行主任。执行委员会的职能包括：制定公共服务相关规划、起草省政府预算以及与其他相关机构进行协调。省议会是在此之前存在的协商委员会的替代方案，旨在扩大地方参与，虽然议会成员多数由选举产生，成员数根据不同省份的人口比例确定，但是其中15%的席位必须由内阁任命、15%的委员会成员需留给女性。最后由所有委员会成员共同选举出委员会主席、副主席及其助理。省议会没有立法权，其职权仅限于审批战略规划和预算，以及执行委员会提交的各类服务于投资项目的提案。此外，省议会还具有监督支出和提出新的投资项目并讨论的权力。如果执行委员会和省议会之间出现矛盾，此问题将交于由双方委员会共同组成、由省议会领导的一个组合型委员会进行处理。该委员会的职责是聆听民众诉求，明晰地方发展需求，然后向议会报告。从中可以看出，《权力下放法》并没有将权力事实上下放到民选的省议会，这些决策权仍掌握在内阁、省长以及执行委员会手中。在市一级，根据《权力下放法》和修订后的《市政法》，市议会被改革为间接选举产生的机构，并新设由选举产生的地方议会，其目的是充当公民和市议会之间的桥梁，扩大民众的政治参与。此外，《市政法》也将具有投票权公民的年龄必须年满19岁的要求下降至18岁，从而进一步扩大了选民基础。市议会由市长主持，职责包括批准预算、进行需求评估和向省一级的执行委员会提出发展建议，民选产生的地方议会可以就地方发展的各项议题向市议会提出自己的建议。

约旦的权力下放除了由国王下令、自上而下进行外，也有外部力量的参与。以欧盟和联合国为代表的国际组织在权力下放进程中扮演了提供政策建议指导、提供资金以及监督实施的角色，是约旦政治现代化改革框架内实现权力下放的外生性辅助力量。2017 年，联合国开发计划署实施了一项由欧盟资助为期 3 年的权力下放和地方发展支持计划（DLDSP），该计划与约旦内政部合作，总体目标是增加公民对地方发展决策的参与，通过适用《权力下放法》和新修订《市政法》中的有关国家和地方合作的内容，支持采用有关权力下放的监管框架，并加强以省为基础的机构在战略规划、预算分析和监测方面的能力，以有效管理和指导权力下放改革的实施。2019 年 7 月，在该项目的支持下，联合国开发计划署与约旦内政部、约旦大学合作设立了地方行政与发展硕士课程，设立奖学金，向公民社会组织、内政部、市政事务部、政治和议会事务部以及规划和国际合作部等机构开放申请。新课程旨在训练在权力下放进程中具有实权主体的政府人员能够将权力下放和地方发展过程中经过测试的国际见解和方法应用于他们的具体实践之中。2020 年项目到期后，欧盟继续资助 500 万欧元来与约旦政府合作，在阿杰隆省、亚喀巴省、扎尔卡省、伊尔比德省、马德巴省和塔菲拉省寻求通过改进问责制以及高效的决策和实践来加强地方治理的能力，续签的新项目为期 54 个月至 2024 年 12 月结束。除欧盟外，美国国际开发署和德国弗里德里希－艾伯特基金会（FES）等也协助推进了约旦的权力下放进程。

20 多年以来，约旦权力下放从计划到批准再到施行，经历了较为漫长的发展历程，然而就《权力下放法》和修订后的《市政法》来看，所谓的权力下放更多的是体现了地方有限参与决策过程以及部分非重要领域权力的下放。虽然权力下放产生了由人民选举的省议会，但是几乎没有赋予议会任何权力，议会没有立法权，议会采取的任何措施都有可能被参议院拒绝，而参议院由国王任命，议会只能行使批准由执行委员会提交的各种项目的权力，而由省长全权任命的执行委员会却有权决定该省的发展。尽管政府成立了一个下设 7 个小组委员会部长级委员会以支持权力下放，但当省议会成员提出多渠道协调的挑战时，几乎无法获得支持。[①] 而法律也没有赋予省议会和地方议会诸如税收权等能够增加收入的权力，这将导致地

---

① Rana K. Elakhal, "Fiscal Decentralization in Practice: Jordan's Nascent Experience," *USAID*, February 2019, p. 55, http://pdf.usaid.gov/pdf_docs/PA00W962.pdf.

方政府不得不依赖于中央政府，从而缺乏独立性。作为君主立宪制国家，约旦政府的权力下放始终脱离不了王权的影响，政府权力下放的本质上应包含王权下放，然而约旦的权力下放脱离了政治权力管理所需要的理性、透明度和系统性知识。①

可以预见的是，虽然约旦将继续在国际组织的辅助下进行包括权力下放在内的政治现代化进程，但是并不会完全遵从西方民主政治的权力调整模式，背后的原因除权力的下放要以维护世袭王权为前提之外，传统部落精英为部落换取政治和经济利益来作为支持王室的条件也是约旦政治改革中不小的阻碍。在约旦，传统部落成员认为国王和皇室的权力是其部落权力的外衍，是传统权力的象征，因而将支持和维护王室和国王作为在现代社会保持部落中兴的有效途径。②

（三）权力下放的政治逻辑

约旦的权力下放具有一系列政治与经济目标。在政治方面，权力下放旨在凸显对民众负责的态度和扩大民众参与地方的决策。在经济方面，为民众提供高效的公共服务以及平衡不同地区的利益偏好是主要着力点。然而，在政治经济目标之下，约旦国王权力下放以及王权治下的政府权力下放从本质上是为了维护以国王为首的王室沿袭权力的稳固与可持续性。一方面，王权下放是为了在“圣裔”的基础上强化其统治国家的合法性来源。无论是在约旦国内，还是在伊斯兰世界中，即便是约旦反对派穆兄会都认同特殊的家族背景可以构成约旦王室持续统治的合法性基础。③

外界对约旦政治的自由度评价是有争议的。④ 威权政体始终无法回避的问题就是领导人的合法性问题，由于缺乏程序合法性，所以更多地依赖于执政能力合法性，比如，时刻关切民意以及与民众互动过程中不断进行的政治体系改革。约旦国王以及王室的统治合法性除了传统继承以及“圣裔”家族的加持外，力求最大限度代表人民成为其主要着力点，以主动吸

---

① ［美］贾恩弗朗哥·波奇：《国家：本质、发展与前景》，陈尧译，上海：上海人民出版社，2007 年版，第 77 页。

② 李茜：《约旦现代化进程研究》，北京：社会科学文献出版社，2021 年版，第 181 页。

③ 章远：《约旦政治发展进程中的政党动员困境》，载《比较政治学研究》，2018 年第 2 期，第 92 页。

④ “Jordan：Freedom in the World 2021 Country Report,” *Freedom House*, 2021, https://freedomhouse.org/country/jordan/freedom-world/2021.

取不同阶层、政党、宗教和部落等社会群体声音为具体操作路径，然而其成效却不如预期。值得一提的是，无论是专制还是非专制，约旦王权是以制度化方式向社会渗透、与社会互动并在其领土范围内有效贯彻其政治决策。[①] 自 1999 年 2 月阿卜杜拉二世统治持续至今，约旦三次成立政治改革委员会，目的是减少国王专权所引发的外界压力和促进政治体系靠近主流现代化模式。

2005 年，阿卜杜拉二世下令成立了国家议程指导委员会，目标是为未来 10 年约旦的政策制定指导方针，由 26 名成员包括前总理、部长、参议员、议会成员、活动家、学者和商人等组成，然而各行各业汇集的建议并未得到有效实施。2010 年后，面对公众要求改革政治体系的压力，阿卜杜拉二世于 2011 年下令成立全国对话委员会，该委员会的任务是提出新的选举法和政党法。委员会由 52 名代表该国所有政治团体的成员组成，期间共有 16 名委员相继辞职，而关于制定新选举法的建议也迟迟未落地。

2021 年 6 月，阿卜杜拉二世下令成立皇家政治体系现代化委员会，该委员会的任务是提出新的选举和政党法草案；研究与这两项法律和议会工作机制相关的必要宪法修正案；并就制定规范地方行政的立法、扩大决策参与以及创造有利于青年和妇女积极参与公共生活的政治和立法环境提出建议，委员会由来自不同政治、意识形态和部门背景的 92 名成员组成，目前该委员会的实际作用并不明朗。值得一提的是在 2021 年 7 月份，该委员会一成员因为此前发表了宰牲节献祭，被认为是反伊斯兰的言论而被迫在公众压力下选择辞职，由此可见该委员会对其成员的言论具有严格的要求。

另一方面，统治者试图巩固和扩大权力是政治学中恒久不变的规律，王权下放遵循王权最大化与社会反弹最小化之间的平衡逻辑，也是历代国王渲染和推进约旦民主化的重要组成部分。约旦民主化始于 20 世纪 90 年代的第三任国王侯赛因 · 本 · 塔拉勒统治末期，是受第三波民主化浪潮的影响。侯赛因国王为了保持国内政治稳定，以及取得西方的支持，接受了西方宣扬的民主，采取了一系列措施，开始逐渐下放政府权力、扩大政治参与，但形式大于实质。

约旦民主化进程的基础是维护君主的权威和尊重宪法，民主化的过程

① 包刚升：《政治学通识》，北京：北京大学出版社，2015 年第 1 版，第 123 页。

中国王及其政府虽然同意让渡部分权力，但是不能破坏国王与王室的统治权，不能削弱哈希姆家族对国家的控制力，本质上来讲是寻求王室权力最大化与民众政治参与最小化之间的平衡。近年来，约旦反复陷入权力下放与权力扩大的矛盾循环中。2011 年 6 月，西亚北非局势动荡席卷中东时，约旦国王为了应对国内压力和避免卷入混乱，同意让渡部分权力，承诺将改革选举制度和内阁产生方式，未来的内阁将由经选举出来的议会多数派组建，而非由他直接任命首相等内阁成员，民选内阁鼓励所有政党积极参与议会选举，并研究修宪的可能性。然而 2016 年，约旦议会通过新的宪法修正案，授予阿卜杜拉二世任命议长和参议院成员、主席和宪法成员的唯一权力，不需要首相的任何副署，该修正案大大增加了国王的权力。此外，现行的 1952 年《宪法》规定国王在行使权力时不承担任何责任和不接受任何问责。在程序上，国王通过任命的内阁行使职权，内阁需要对国民议会负责，实则在实践中，国王行使权力的方式有效的规避了宪法框架内对国王实权的制衡。行政机关（即国王、王室、首相和内阁）是主要的政策机构，执行指令从它向外辐射，权力下放并没有改变这一现实。①

三、强王权弱内阁的行政组织形态

行政组织是国家与社会中不可或缺的重要组织形态。一般来讲，行政组织有广义与狭义之分。广义的行政组织是指为了达到共有目标而承担执行属性职能的组织系统，除了包括各类负有管理职能的组织系统外，如政党、社会团体、企事业单位等，也包括整个国家的行政机关、立法机关、行政机关内具有执行性职能的单位。狭义的行政组织指国家的行政机关，是依据宪法和法律，贯彻统治者意志的国家权力执行机关。为了对约旦行政组织结构有较为清楚的了解，本段将从狭义概念切入。政治行政领导部门在政治交流中发挥着中心作用，而其中的最高领导人则起着关键性作用。②

---

① Jordan Country Report 2020, https://www.bti-project.org/en/reports/country-report-JOR-2020.html

② ［美］加布里埃尔·A. 阿尔蒙德、小 G. 宾厄姆·鲍威尔著：《比较政治学——体系、过程和政策》，曹沛霖等译，上海：东方出版社，2007 年版，第 275 页。

（一）约旦的行政组织架构

根据约旦宪法第26条规定，行政权属于国王，国王根据宪法的规定，通过大臣行使他的权力。约旦的政府实行议会内阁制，行政组织即是对国王和议会负责的内阁及其下属机关，负责贯彻国王的意志，执行宪法和议会的各项政策与决定。从横向看，行政组织内部存在着不同的部门划分，按照不同领域管理与之相关的事务，包括国王、首相和内阁、各部委。国王作为国家元首，独揽行政大权。

2016年，通过的宪法修正案相对地扩大了国王的行政权力，国王拥有王储、首相、军事领导人、宪法法院法官、参议院成员以及内阁部长的唯一任命权。宪法允许国王解散国民议会并将众议院选举推迟两年。国王还可以通过宪法机制绕开议会，宪法机制规定内阁在议会不举行会议或者解散时发布临时立法，而法律只有经过国王的批准后才具有效力，虽然国民议会的2/3可以拒绝，但是国王牢牢掌控议会，而且国王还可以发布不受议会审查的皇家法令。可以修改立法部长理事会负责管理国家的所有内部和外部事务——他们的职责由内阁制定并经国王批准的条例确定。

首相领导内阁，部长的人数根据需要而定。任何大臣都可以被委任为一个或多个部，并负责该部权限范围内的一切事务。内阁做出的决定必须由首相和每一位部长签署，并经国王批准。首相和内阁就公共政策共同向下议院负责，每个部长就自己的部门向众议院负责。自阿卜杜拉二世登基国王以来，约旦的16届政府首相如表2－2所示。约旦内阁总共设有24个部委。包括：高等教育和科学研究部；财政部，下设海关司、所得税司、总预算司、土地和测量司、一般供应司、一般销售税司、约旦投资公司和自由区公司；外交和侨民部，下设巴勒斯坦事务部；工贸部，下设公务员消费司、约旦标准和计量学院、约旦企业发展司、公司控制部；内政部，下设公安局、公民身份和护照司；司法部，下设约旦司法学院；地方行政部，下设城乡发展银行；规划与国际合作部，下设统计司；公共工程和住房部，下设住房和城市发展司、政府招标局；社会发展部，下设家庭与儿童局、社会保护局、残疾人事务局、地方社会发展局、贫困监测和社会保障局；旅游和古物部，下设古物司；交通运输部，下设约旦气象局、约旦汉志铁路司、陆路运输管理委员会、约旦海事委员会、民航管理委员会；水利部，下设约旦河谷管理局、水务局；劳动部，下设社会保障司、职业培训司、社保投资基金、发展与就业基金；卫生部，下设约旦食品和药物管理局；农业部，下设国家农业研究中心、农业信贷公司、约旦合作公司；Awqaf 伊斯兰事务和圣地部，下设 Awqaf 管理发展司、天课基金理事会；数字经济与创业部，下设邮政储蓄基金、电信监管委员会；文化部，下设皇家文化中心、国家图书馆司；能源矿产部，下设能源和矿产监管委员会；教育部；环境部；政治和议会事务部；青年部。除了各大部委，在国家层面，约旦还设有 38 个政府实体机构。包括：安曼商会；安曼证券交易所；廉政与反贪委员会；亚喀巴经济特区管理局；约旦审计局；约旦中央银行；公务员事务局；存款保险公司；配电公司；众议院；约旦商会；约旦通讯社——佩特拉；约旦邮报；约旦证券委员会；约旦护理委员会；阿卜杜拉二世国王卓越中心；立法意见局；国家电力公司；皇家哈希姆法院；孤儿发展基金会；皇家哈希姆文献中心；皇家约旦航空；皇家约旦地理中心；皇家科学学会；证券存管中心；最高法官部；科学技术高级委员会；约旦参议院；安曼工业商会；开斋节总署；约旦工业地产公司；约旦投资委员会；大安曼市政府；约旦自由区和开发区集团；综合情报部；约旦旅游局；约旦旅游局；公共行政学院。

表 2－2　阿卜杜拉二世登基以来约旦的历任首相

姓名	任期	所属党派
法耶兹·塔拉瓦奈 (Fayez al－Tarawneh)	1998 年 8 月 20 日—1999 年 3 月 4 日	无党派
阿卜杜勒·拉乌夫·拉瓦比德 (Abdelraouf al－Rawabdeh)	1999 年 3 月 4 日—2000 年 6 月 9 日	无党派
阿里·阿布·拉吉卜 (Ali Abu al－Ragheb)	2000 年 6 月 9 日—2003 年 10 月 25 日	无党派
费萨尔·法耶兹 (Faisal al－Fayez)	2003 年 10 月 25 日—2005 年 4 月 6 日	无党派
阿德南·巴德兰 (Adnan Badran)	2005 年 4 月 6 日—2005 年 11 月 27 日	无党派
马鲁夫·巴希特 (Marouf Suleiman al－Bakhit)	2005 年 11 月 27 日—2007 年 11 月 25 日	无党派

续表

姓名	任期	所属党派
纳迪尔·扎哈比 (Nader al - Dahabi)	2007 年 11 月 25 日—2009 年 12 月 14 日	无党派
萨米尔·里法伊 (Samir Zaid al - Rifai)	2009 年 12 月 14 日—2011 年 2 月 9 日	无党派
马鲁夫·巴希特 (Marouf Suleiman al - Bakhit)	2011 年 2 月 9 日—2011 年 10 月 24 日	无党派
奥恩·肖卡特·哈苏奈 (Awn Shawkat Al - Khasawneh)	2011 年 10 月 24 日—2012 年 5 月 2 日	无党派
法耶兹·塔拉瓦奈 (Fayez al - Tarawneh)	2012 年 5 月 2 日—2012 年 10 月 11 日	无党派
阿卜杜拉·恩苏尔 (Abdullah Ensour)	2012 年 10 月 11 日—2016 年 6 月 1 日	无党派
哈尼·穆勒吉 (Hani Fawzi Mulki)	2016 年 6 月 1 日—2018 年 6 月 4 日	无党派
奥马尔·拉扎兹 (Omar Razzaz)	2018 年 6 月 4 日—2020 年 10 月 12 日	无党派
贝希尔·哈苏奈 (Bisher Khasawneh)	2020 年 10 月 12 日至今	无党派

从纵向看，约旦的行政组织结构包括中央内阁、省级政府和地方市级政府等，构成金字塔式的管理体系。除了中央内阁，约旦以安曼为首都，全国共划分为 12 个省，分别是安曼省、伊尔比德省、马安省、扎尔卡省、拜勒加省、马弗拉克省、卡拉克省、塔菲拉省、马德巴省、杰拉什省、亚喀巴省、阿杰隆省。每个省由一名省长领导。省长由国王通过内政部长任命，他们在各自的管辖范围内维持法律和秩序。地方政府是执行内阁决定的执行机关。本质上，这些省是中央政府的延伸，除了首都安曼外，其他地区的省长不仅需要提供公共服务，还负责批准地方当局的预算和支出。省长有权根据地区需求优先考虑和推进政策议程。然而，与部长级管理者一样，他的角色主要限于执行中央政府的决策。地方一级由直辖市组成，

其作用相当于主要的镇区，约旦有93个直辖市，不包括首都安曼市。其中港口城市亚喀巴位于约旦国土最南端，西北部与以色列的埃拉特市相连，东南部与沙特阿拉伯接壤，西南部与埃及的西奈半岛隔海相望，是约旦唯一的出海口，距首都安曼300千米，自古以来就是中东地区的重要商贾之地，具有十分重要的战略位置。虽然在行政划分上市一级政府属于约旦行政组织的构成部分，但是严格来讲只能算作“准构成部分”。1955年第29号《市政法》及其后来的修正案规定了领土、职能和市政当局。根据约旦宪法第121条，市政事务由市政或地方当局管理。根据2007年的《市政法》，市政当局被视为当地服务提供者，它们不被视为具有更广泛地方责任的地方公共实体。然而，他们有权征收和收取有限范围的地方税费。2011年9月，约旦通过了一项新的《市政法》，政府允许在市级组织选举。市议会的所有成员和市长都是直接选举产生的。市政事务部负责选举，一个独立的选举委员会监督选举。可见，直辖市具有由某种自治色彩。整体上而言，地方当局几乎没有自主权，主要负责执行国家政策并确保中央和地方各级之间的有效沟通。

（二）行政组织的功能性张力

无论是纵向视角的行政组织结构还是横向的行政组织结构，约旦的行政组织结构需要发挥的功能具有内在的张力。一方面，既要广泛管理又要有所限制。行政机关肩负着根据国王的要求和体现宪法意志以促进国家和社会进步与发展的重任，角色定位要求其管理和服务必须涵盖事关国王与全体国民利益的方方面面，例如皇室、宗教、政治、安全、经济、外交、军事、教育、医疗、文化、科技、社会福利等领域，约旦内阁领导的24个部委及其下设部门囊括了社会管理的方方面面。然而，行政机关的管理又必须是有限的。

首先，行政机关的功能应该是需求推动型。即有需要时应该有所作为。例如在推动执行市场经济方面，行政机关的角色非常重要。

约旦虽然是中东地区最小的经济体之一，但是在地区经济自由度中排名靠前，属于发达市场经济行列。约旦实行自由市场经济，采取由私营部门领导的经济发展模式。与其他阿拉伯国家不同的是，约旦从未对经济实行过国有化，将私人企业收归国有，从未搞过计划经济。[①] 除了政府在推进私有化改革与规范市场发展外，行政机关很少干涉经济自由发展。

其次，任何行政机关的能力都有薄弱的一面，受限于自身实力与政治文化，不可能对国家中的任何事物都形成有效的管理，也不可能确保不会犯错。例如2009年，面对民众越来越多对政府不作为的批评，约旦国王阿卜杜拉二世宣布解散议会，并下令在预定日期前两年提前举行大选。2021年2月，约旦内政部长和司法部长因违反抗击新冠肺炎疫情预防措施而辞职。

另一方面，既要保证行政机关的稳定性又要适应新的情况而不断变化。就像国家在国际体系中的第一要义是生存一样，任何类型国家中行政机关的职能也具有学理意义上的无差别性，都起着维护统治者利益和满足社会公共服务需求的功能，因此要求行政机关开展工作具有一定的稳定性、连续性和有效性。但是面对不断变化的国内外形势，行政机关的职能需要随着社会政治、经济、文化等的变化相向而行，在具体实践中不断地调整改进，以期与国内外环境相适应，从而满足社会管理需求。自阿卜杜拉二世登基后，截至到2022年9月，国王任内已经更换了16届政府，除内阁更迭频繁外，其行政职能的变化调整也从未间断。(见表2－3)

表2－3　内阁职能调整

时间	时任政府	内容变化	性质
2001年6月	阿里·阿布·拉吉卜（第3届）	重新设立高等教育和科学研究部	新任内阁
2001年10月	阿里·阿布·拉吉卜（第3届）	取消新闻部和青年体育部，由新成立的新闻最高委员会和青年最高委员会代替	内阁改组
2004年10月	费萨尔·法耶兹（第4届）	（1）恢复文化部 （2）新设公共部门发展部	内阁改组
2011年7月	马鲁夫·巴希特（第9届）	（1）公共事务改革和政治发展拆分，由两名大臣分任 （2）新增经济事务国务大臣	内阁改组

① 王林伶：《约旦经贸文化》，北京：社会科学文献出版社，2017年版，第99页。

续表

时间	时任政府	内容变化	性质
2012 年 10 月	阿卜杜拉·恩苏尔（第 13 届）	（1）重新引入供应组合，这一政策在 1998 年作为自由市场政策的一部分被取消 （2）投资组合合并 （3）教育和高等教育部门拆分 （4）取消妇女事务部	新内阁
2019 年 5 月	奥马尔·拉扎兹（第 15 届）	新设地方行政大臣、数字经济和创业大臣	内阁改组

行政组织深受自然环境与社会环境的影响与形塑。在社会环境中，一国的政治制度决定了该国行政机构的性质与类型，其中国体决定了行政组织的性质。一般来讲，封建主义、资本主义和社会主义等国体决定了相对应的行政组织性质。自奴隶社会以来，不同历史类型的国家中行政组织的性质之所以不断地发生变化，最终根源固然是社会经济基础的变化，但直接原因则在于社会基本政治制度，即国体的变化。①

（三）服务于国王和王室

约旦行政机关本质上属于服务于以国王为核心的“圣裔家族”的统治阶级，虽然也有公共服务的基本属性，但是基本性质是为国王服务。国体决定行政组织基本性质的同时，政体决定了行政组织的具体组织形式和在国家机构中的地位。约旦宪法规定哈希姆王国是君主立宪制国家，而从君主立宪制的学理分类看，约旦属于比较特殊的二元制君主立宪制，另一种是议会君主制，比如英国二元制君主立宪制的约旦除了世袭君主为国家元首、君主任命内阁成员、政府对君主负责和议会行使立法权但君主有否决权等特征外，国王的权力还带有君权神授的色彩，即“圣裔”作为权力的合法性来源。但是约旦并非属于像沙特、卡塔尔等君主专制国家行列，其政体中带有一些民主成分，比如地方民众具有部分参政议政的权利。在二元制君主立宪制的国家，行政机关管理模式采取内阁形式，政府的更迭及其改组要以国王为基础，而非议会。约旦近年来政府频繁更迭与内阁改组

① 傅明贤主编：《行政组织理论》，北京：高等教育出版社，2000 年版，第 169 页。

并不体现内阁对议会负责，而是先要对国王负责，其次对议会负责。

除了行政机构本身呈现的特殊性外，约旦行政组织结构的特殊性还表现为行政机关在整个国家权力体系中的超越地位和分立与融合的权力划分，即与立法机关和司法机关相比之下的角色定位。在任何国家，只要存在政府，就有可以区分为行政、立法和司法的三大职能体系，而政府机构职能的区分则是西方政治学中分权学说的政治实践，也构成了我们了解政府如何运行的具体呈现。分权学说最早可以追溯到古希腊时期由亚里士多德提出的政体三要素论，他将政府权力划分为行政、审议和立法，此后直到 17 世纪末，三权分立正式由孟德斯鸠系统阐述。作为当今世界资本主义民主国家广泛采用的制度，主要原因在于三权分立可以防止国家权力滥用，有效维护公民的权利。在约旦，行政机构的权力和重要性要高于立法和司法部门。行政部门的核心领导层包括国王、首相、内阁以及部委，其中国王的行政权力包括批准和颁布法律、指导法规的制定、海陆空三军的最高统帅以及宣战、缔结和平、批准条约和协定。首相、内阁以及部委均是以贯彻国王统治为第一要义。在与司法机关的关系方面，约旦宪法规定的司法独立原则与事实上行政权凌驾于司法权之上的现实成为约旦行政组织结构中的行政机关特殊地位的写照。根据约旦宪法第 97 条，法官是独立的，在行使其司法职能时，他们不受法律以外的任何权力的约束。约旦司法体系包括法院与检察院。法院有三种类型：民事法院、特别法院（包括国家安全法院、国家军事法院、警察法院、重大刑事案法院、海关法院）和宗教法院。然而，国王可以通过法令任命和罢免法官，而且，实际上由宫廷任命的高级司法委员会负责管理法官的任命、晋升、调任和退休。更贴切的形容是如约旦公共部门发展部长哈瓦尔德（Khleef Al Khawaldeh）曾称作的那样，“约旦的政治体系是建立在灵活的三权分立的基础上的，让他们在融合中发挥作用”。[①]

① Dana Al Emam，“Jordan's political system based on flexible separation of powers — Khawaldeh，” *The Jordan Times* May 4，2016，https：//jordantimes. com/news/local/jordans - political - system - based - flexible - separation - powers - %E2%80%94 - khawaldeh.

第三章　王室以外的权力平衡

作为平衡王室的力量，约旦的议会制度起步较早，1928 年 4 月，英国委任统治期间起草了外约旦第一部宪法——《组织法》。该宪法规定外约旦为世袭君主制国家，通过选举产生立法委员会。1929 年约旦选举产生了由 16 名成员组成的第一届宪法委员会，职能主要是咨询。[①] 历经 5 届立法委员会后，1946 年外约旦获得独立，颁布了采用两院制的新宪法。新宪法规定，国民议会由选举产生的众议院和国王任命的参议院组成，其中众议院包括 40 名成员，参议院包括 20 名成员。[②] 次年选举产生了第一届国民议会。1948 年第一次中东战争爆发，1950 年约旦河西岸并入约旦哈希姆王国，居住在约旦河以西约 50 万巴勒斯坦人极大地改变了该国的选举结构。1950 年举行了第二届议会选举，议会席位增加了一半，西岸获得了平等的选举代表权。然而议会在此期间拥有的权力仍然相当有限，既没有立法权。也没有实际的监督权，主要职能是通过行政当局提交的法案，或就公共问题进行讨论。

1952 年宪法的颁布是约旦议会政治的转折点，该宪法第一次要求政府对约旦民众负责，并一直沿用至今。宪法第三章第 25 条规定了议会的权力归属，即约旦立法权属于国民议会和国王，国民议会由参议院和众议院组成。此外，宪法第六章还系统阐述了议会的结构及功能。1954 年的宪法修订赋予了议会对内阁及其成员进行信任投票的权力。[③] 1967 年第三次中东

---

① Mohammad Al – Momani, Khalid Issa Aladwan and Mohammed Torki Bani Salameh, "The Evolution of Jordan's Parliamentary Institution and the Impact on Political Reform: A Critical Review," *Polifical Science Department*, *Yarmouk University*, October 2020.

② Amin Ali Alazzam, "Political participation in Jordan: The impact of party and tribal loyalties since 1989," Ph. D. Disscrtation, England: Durham University, 2008, p. 32.

③ "The Constitution of the Hashemite Kingdom of Jordan," *The Jordanian Parliament*, http://www.parliament.jo/node/137.

战争之后，以色列占领了约旦河西岸，该国的议会生活又经历了一次巨变。战争爆发前两个月所选举出的议会成为之后20年约旦最后一次投票选举产生的议会。1974年约旦承认巴解组织是巴勒斯坦人民的唯一合法代表，由此产生了约旦河西岸议员的代表权问题，对此侯赛因国王下令解散众议院，之后约旦议会基本被冻结。从1978年到1984年执行议会职能的是“全国协商委员会”，1984年侯赛因国王下令解散该委员会，召集组建第10届议会，其中大部分成员是1967年议会成员。1989年11月，随着南部抗议的蔓延，约旦举行1967年中东战争以来的首次大选，产生第11届众议院。1993年8月，约旦再次修改选举法，产生第12届议会。1997年选举产生第13届议会。第14届、15届、16届、17届、18届、19届议会分别于2003年、2007年、2010年、2013年、2016年、2020年选举产生。

一、国民议会和立法权归属

（一）国民议会立法程序及职能

根据现行宪法，议会与国王分享立法权。一项法律草案在成为正式法律之前要经过不同的阶段：

第一步是提出法律草案：草案一般由政府提出，宪法第95条规定，参众两院10名或10名以上议员也可提出法律草案建议，[①] 之后提交众议院专门委员会征求意见，如通过则可交政府将其制成法律草案，并向本届或下届议会提交，未通过则不得再次向本届议会提交。

第二步是对法律草案的审议和批准：众议院对提交的法案进行讨论得出整体意见，获得批准后，由众议院议长提交给参议院进行辩论和表决。如果表决通过，则该法案将由政府递交国王，国王可通过皇家法令的形式给予批准，并最终在政府公报上发布；若拒绝批准，则需附上拒绝理由后将之返给议会。如果两院不能就一项法案达成一致意见，则在参议院议长的主持下举行两院联席会议。会议期间，有争议的问题可通过2/3多数票通过。值得注意的是，当国王将草案退回众议院时，如果两院联席会议以

① “The Constitution of the Hashemite Kingdom of Jordan,” *The Jordanian Parliament*, http://www.parliament.jo/node/137.

2/3 多数推翻国王的决定，该法案将成为一项议会法案，也就是说国民议会在宪法层面能够凌驾于国王之上。①

除立法职能外，国民议会还执行监督职能，包括行政监督和财政监督。前者是指监督政府管理国家事务及开展工作的合法性，使其符合国家现行宪法和法律法规，从而维护和实现公共利益。财政监督具体包括参与批准国家预算草案、监督税收、依法批准在该国投资矿产等与公用事业相关的每项特许权合同以及监督国际资金的汇入或可能损害约旦人权利的各项经济协议。②

国民议会主要通过宪法和两院内部制度规定的几种方式行使监督职能，总结如下：

提问：议员有权向首相或部长提问，了解、核实属于其管辖范围内的任何事项，确定某项日程中是否发生违反宪法、损害公共利益的行为。部长必须在规定时间内以书面形式进行回复。

质询：议员可以向部长提出质询，让后者对其在国家事务中的行为负责。部长接到通知后必须在两周之内以书面形式答复，当议长认为情况紧急时可要求缩短期限。质询比提问更有分量，对部长也更具威胁性。

共同讨论：议员可以就与公共事务有关的话题与政府展开对话、交换意见，可由 5 名或更多议员提出。一方面可通过审查政府的政策履行两院的职责，另一方面通过讨论加强了立法机构与行政部门的沟通，丰富对这一话题的意见。一般在共同讨论结束后，参议院议长须将结果提交首相。

建议和希望：任何两院议员都可对政府工作提出建议与希望。

请愿和申诉：议会能够接收公民个人或有关公共问题的请愿和申诉，这是每个约旦人的权利。

除上述共同的监督方式外，参众两院在权力配置方面也存在一些差别。例如参议院拥有解释宪法的权力，宪法第五章第 60 条中规定宪法解释委员会由 3 名参议院成员和 5 名法官组成，参议院议长担任主席。宪法解释委员会主要有两个职能：一是解释宪法文本，平衡立法和行政当局可能会产生的争议。二是审判对部长的指控。当部长受到众议院指控后，如果

① "Politics of Jordan," *Fanack.com*, July 9, 2020, https://fanack.com/jordan/politics-of-jordan/.

② "The Senate of the Hashemite Kingdom of Jordan," http://senate.jo/content/84.

情况属实，委员会应将其提交检察院进行刑事审判。① 众议院同样享有参议院没有的一些权力，如弹劾和信任投票，当众议院以 2/3 多数提出对部长的指控，受指控的政府部长应被停职，直至案件得到解决。众议院还可对整个内阁或某位大臣进行信任投票，如果以绝对多数通过不信任案，那该内阁或大臣将辞职。②

两院都设有多个常设委员会，如法律委员会、财政委员会、外交委员会、行政委员会、教育文化和青年委员会、卫生和环境委员会、劳动和社会发展委员会等。各委员会委员经两院选举产生，任期两年。委员会一般不超过 11 名成员，并且成员不允许在两个或两个以上的委员会任职。两院也可以成立其他常设或临时的委员会，并确定其职责。以下条件者不能担任两院议员：非约旦人；具有外国国籍；破产者；被监禁者；因非政治罪行而入狱超过 1 年以上者；精神病患者；与国王有某种亲缘关系者；与政府部门具有经济利益者。③

总的来说，作为约旦立法中心环节的参众两院大致享有平行且同等重要的权力。两院有权接受、否决或修改政府提交的任何法律草案，一项法案的出台必须得到两院的批准。两院有不同意见时举行的联合会议可以说是约旦立法工作的主要特征之一，促进了两院之间进行建设性和负责任的对话，确保能够制定平衡、合理、清晰和服务于公共利益的法律。

（二）新世纪以来约旦历次选举选情

20 世纪 80 年代末，伴随着议会生活的重新开启，约旦开始了政治自由化进程。在 1989 年的议会选举中，包括伊斯兰政党和左翼人士在内的反对派共获得 80 个议会席位的一半以上，其中伊斯兰行动阵线占到 34 张选票。这次选举成为该国历史上政治自由化最重要的时期，议会发展成为国家政治发展的中心。④ 但这一进程很快停滞不前，1993 年政府通过了限制反对派力量的选举法，即不可转移单票制，也称为一人一票制（Single Non

① "The Senate of the Hashemite Kingdom of Jordan," http://senate.jo/content/84.

② "The House of Representatives of the Hashemite Kingdom of Jordan," https://representatives.jo/Default/Ar.

③ The Constitution of the Hashemite Kingdom of Jordan, *The Jordanian Parliament*, http://www.parliament.jo/node/137.

④ Marc Lynch, "Jordan, Forever on the Brink", *POMEPS Briefing* 11, May 9, 2012, https://pomeps.org/wp-content/uploads/2012/05/POMEPS_BriefBooklet11_Jordan_Web.pdf.

– transferable vote，SNTV）。在一人一票原则下，约旦举行了1993年和1997年两届选举。1999年阿卜杜拉二世国王继位，由于地区局势动荡，原定于2001年的第14届大选被推迟了两年。

1. 第14届议会选举情况

2003年2月26日，阿卜杜拉二世国王颁布了一项皇家法令以组织议会选举，根据2001年7月修订的选举法，保留了一人一票制度，选民投票年龄从19岁降低到18岁，并且调整了选区数量，从20个增加到45个。此外，还对妇女和少数群体采取了配额制度，首次将女性代表的配额增加到6个议会席位，并为基督教徒保留了9个席位，为车臣人和切尔克斯人保留了3个席位，总议席由80席增加到110席。① 具体选区、席位占比如下：安曼7个选区23个席位（包括1名基督徒，2名切尔克斯人和车臣人），伊尔比德9个选区16个席位（包括1名基督徒），巴尔卡4个选区10个席位（包括2名基督徒），卡拉克6个选区10个席位（包括2名基督徒），马安3个选区4个席位，扎尔卡4个选区10个席位（包括1名基督徒，1名切尔克斯人或车臣人），马弗拉克1个选区4个席位，塔菲拉2个选区4个席位，马达巴2个选区4个席位（包括1名基督徒），杰拉什1个选区4个席位，阿杰隆2个选区4个席位（包括1名基督徒），亚喀巴1个选区2个席位，巴迪亚3个选区9个席位。②

2003年6月举行的选举中，有765名候选人竞争110个席位。其中包括54名女性候选人，但她们当中没有一个成功直接当选，有6名是通过配额制度才成为议员。③ 当时约旦国内31个政党中只有10个参加了选举，最终包括17位“伊斯兰行动阵线”（Islamic Action Front）成员和5名独立的宗教人士赢得席位。④ 可以说选举法的修改并没有影响选举结果，部落首领、工商界人士以及支持职权的独立人士赢得了席位中的大多数。值得注意的是，该次选举投票率达到58%，是约旦历史上投票率最高的一次选举。

① “JORDAN Parliamentary Chamber: Majlis Al – UmmaELECTIONS HELD IN 2003,” *Inter – Parliament Union*, 17 June, 2013, http://archive.ipu.org/parline – e/reports/arc/2163_03.htm.

② 唐志超：《约旦》，北京：社会科学文献出版社，2006年版，第107页。

③ JORDAN Parliamentary Chamber: Majlis Al – UmmaELECTIONS HELD IN 2003,” *Inter – Parliament Union*, 17 June, 2013, http://archive.ipu.org/parline – e/reports/arc/2163_03.htm.

④ Ryan Curtis R. and Jillian Schwedler, “Return to democratization or new hybrid regime? the 2003 elections in Jordan,” *Middle East Policy*, Vol. 11, No. 2, 2014, p. 153.

2. 第15届议会选举情况

2005年安曼发生的恐怖袭击案以及2006年哈马斯在巴勒斯坦的选举成功深刻影响了该国下一届的选举形势。2007年3月28日，阿卜杜拉二世国王颁布皇家法令，在众议院选举之前解散议会，随后将选举日期定为11月20日。在2007年11月选举产生的第15届议会中，“伊斯兰行动阵线”共有22名成员参与竞选，但只赢得了110个议会席位中的6席。而部落和亲政府候选人则赢得了议会席位中的绝大多数，国王加强了对约旦议会的控制。除此之外，议会仍为少数民族保留了席位，其中基督徒分配了9个席位，切尔克斯人和车臣人获3席，妇女则获得6席。该次选举见证了妇女参与方面的重大转变，尤其是女性候选人数量的增加。在总共885名参加竞选的候选人中，有199名是女性，占候选人总数的22.4%，比上一次选举增加了4倍左右，有一位在配额之外成功当选，共占有7席。[①] 大多数女性候选人作为独立人士参与竞选，承诺为女性争取包括工作自由在内的基本权利。

3. 第16届议会选举情况

为了回应公众对2007年大选结果的不满，2009年议会任期过半时，阿卜杜拉二世国王以立法不力、未能解决贫困和失业问题为由提前解散了议会。经过多方期待，政府于2010年5月发布了新的临时选举法。新法律引入了一种独特的选区划分制度，该国的主要选区被划分为“虚拟”的分区，其数量相当于分配给该分区的席位数量。但新法律保留了单一的、不可转让的投票制度。此外，众议院席位从110个增加到120个，其中为安曼、伊尔比德和扎尔卡等人口稠密地区增加了4个席位，妇女则增加了6个新的配额席位。最后，新选举法还对包括购买选票在内的选举欺诈实施了更严厉的处罚以提高选举程序的透明度和公正性。[②] 约旦政府首次允许250名国际观察员监督选举。[③]

2010年11月，约旦举行第了16届国民议会众议院选举，共有763位

---

① Amin Ali Alazzam, “Political participation in Jordan: The impact of party and tribal loyalties since 1989,” p. 164.

② “Final International Electric observation report on the Jordan Parliament Electronics,” *National Democratic Istitute*, November 9, 2020.

③ IJORDAN Parliamentary Chamber: Majlis Al - Umma ELECTIONS HELD IN 2003,” *Inter - Parliament Union*, 17 June, 2013, http: //archive. ipu. org/parline - e/reports/arc/2163_03. htm.

候选人参选，包括134名女性。[①] 该次选举中约旦国内最大的反对党“伊斯兰行动阵线”以“政府缺乏真正的政治改革愿望”和对选举法的持续担忧为由，宣布进行抵制，其中7名成员以独立人士的身份参加竞选。新议会包括37名现任议员和83名首次当选的议员，更替率接近70%，反映了公众对前届议会的普遍不满。新当选的议员中仍然是与政权有密切联系的部族首领和传统家族的独立人士占据绝大多数名额。此外，女性选举迎来了又一个进步，获得了13个席位，几乎是上届议会的两倍。值得注意的是，引入的新选区划分制度并未改变约旦不成比例的选区情况，虽然为安曼等大城市增加了几个席位，但是比起这些地区的人口总量依然相差甚远。例如，卡拉克的一个农村地区平均每7555名选民选出一个候选人，而伊尔比德的一个地区则超过46000名选民才能有一个席位。[②] 这导致了城市选民主要是巴勒斯坦裔选民的代表性不足，而西岸的约旦人却在议会中占主导地位，从而进一步加剧了约旦公民政治参与的冷漠感。

4. 第17届议会选举情况（2013）

伴随着西亚北非局势动荡，约旦全国各地出现街头抗议活动，呼吁对政治制度进行结构性改革。公民对国家机构，特别是议会失去了信心。这促使约旦政府采取了一系列措施，包括成立一个由不同政治势力组成的全国对话委员会。该委员会提出成立一个具有财务和行政独立权的部门的独立选举委员会，其目的是在公平和机会平等的原则下监督选举进程，使其更加自由、公平和透明。2011年12月，独立选举委员会（IEC）正式成立，引入了新的选举程序，包括允许公民和国际观察员加入，并赋予选民自愿选择选区和投票中心的权利。

2012年6月，约旦通过了一项新的选举法，结束了之前选举法的虚拟选区制度，并将一人一票制度改为一人两票制。一票投给本地选区的候选人，另一票投给全国政党名单候选人。此外，众议院席位总数由120席升至150席，其中123个席位由地方选区直接、无记名普选产生，包括为少数民族保留的席位，其中基督徒9个席位，切尔克斯人和车臣人3个席位，以及女性15个席位，其余27个席位是在全国范围内通过名单比例代表制

① “Final International Electric observation report on the Jordan Parliament Electronics,” *National Democratic Istitute*, November 9, 2020.

② “JORDAN Parliamentary Chamber: Majlis Al – Umma ELECTIONS HELD IN 2003,” *Inter – Parliament Union*, 17 June, 2013, http://archive. ipu. org/parline – e/reports/arc/2163_03. htm.

进行分配[①]。2013 年 1 月 23 日，在独立选举委员会的主持下约旦举行了第 17 届议会选举，来自国际和国内的 7000 多名观察员监督了这次选举。约旦国内共有 1484 名候选人参加竞选，其中地方选区的候选人总数为 661 人，包括 549 名男性和 112 名女性；国家范围的 61 份登记名单中有 738 名男性候选人和 85 名女性候选人。[②] 根据独立选举委员会的规定，每个名单上至少有 9 名候选人，因此该次选举登记的候选人人数远远超过前两次选举，尤其是女性候选人创历史之最，并最终赢得了 18 个席位，比配额多出 3 个席位，其中 2 位直接在选区获胜，剩下 1 位赢得了一个国家名单席位。就政党而言，在 27 个分配给 22 个不同政党的国家名单中，伊斯兰中间党（Islamic Centre Party）获得 3 个席位，约旦强大党（Stronger Jordan）、祖国党（The Homeland）、全国联盟党（National Union Party）各获得 2 个席位，其余 18 个政党各获得一席。[③] 值得注意的是，巴勒斯坦裔候选人在选举中赢得席位的百分比有所增加。2010 年，巴勒斯坦约旦人只赢得了 19 个席位，约占议会的 15%，而在 2013 年他们赢得了 30 个席位，包括 9 个国家名单席位，占总席位的 20%。[④]

该次选举既展示了约旦取得的一些进展，也表明了其需要继续改革的漫长道路。积极的影响主要体现在约旦历史上首次成立独立选举委员会，此外，新的选举法根据比例名单在全国范围而非地区选区分配 27 个席位，这在某种程度上发展了基于公民身份的国家层面议会的潜力。然而，新选举制度并没有解决约旦选举体制的根本矛盾。一方面，一人一票制度继续存在，主要反对党“伊斯兰行动阵线”抵制了这次选举，因此除少数政党成员外，此次当选的候选人依然多为代表部族利益和传统家族的独立人士。而新规定的 27 个国家名单席位并没有完善的制度能够鼓励政党参与其中。另一方面，选区划分不平等问题依然没有得到解决。例如，安曼的 11.2 万名选民拥有一个议会席位，而巴尔卡省农村地区每 4 万名选民就能

---

① “Observation of the early parliamentary elections in Jordan,” Parliamentary Assembly Assemblée parlementaire, September 20, 2016.

② “Jordan's 2013 elections: A further boost for tribes,” *Norwegian Peace – building Resource Centre*, March 2013, https://www.files.ethz.ch/isn/162496/3cfcb191c3644dd32cda0c2c3431d149.pdf.

③ “JORDAN Parliamentary Chamber: Majlis Al – UmmaELECTIONS HELD IN 2003,” *Inter – Parliament Union*, 17 June, 2013, http://archive.ipu.org/parline – e/reports/arc/2163_03.htm.

④ “Jordan Parliamentary Elections,” International Republican Institute, January 23, 2013.

够得到一个席位。①

5. 第18届议会选举情况

2016年的议会选举被认为是约旦议会选举历史上的一个重大转折。新颁布的选举法改变了自1993年以来基于不同版本实施的一票制，首次实行公开比例名单制。根据新制度，候选人必须通过地区一级的名单进行登记，每个名单上至少有3名成员，最多不能超过各自选区的现有席位数，通常最多为10个。选民可以投票给所选名单上的全部候选人，也可投给一个名单上的不同候选人，因此，通过开放名单制度，不同名单之间以及每个名单的候选人之间存在竞争。②

此外，约旦最大反对党“伊斯兰行动阵线”在持续抵制选举9年后再次参与其中。新选举法还将众议院的席位从150位减少到130位，选区从45个减少到23个，为女性保留15个席位。具体选区、席位占比如下：安曼5个选区29席位（包括1名基督徒，2名切尔克斯人和车臣人），选民人数达到1557385人，占选民总数的37%，占众议院席位的22.3%，伊尔比德4个选区20席位（包括1名基督徒）选民人数达到748752人，占选民总数的18.1%，占众议院席位的15.4%。扎尔卡2个选区13席位（包括1名基督徒，1名切尔克斯人或车臣人），选民人数达到581007人，占选民总数的14.1%，占众议院席位的10%。除此之外的省份都是单独的一个选区，其中巴尔卡选区（包括2名基督徒）和卡拉克选区（包括2名基督徒）都分配了11个席位，占众议院席位的8.5%。马安选区、马弗拉克选区、塔菲拉选区、马达巴选区（包括1名基督徒）、杰拉什选区、阿杰隆选区（包括1名基督徒）等各占有5个席位，占众议院席位的3.84%。最后，亚喀巴选区和巴迪亚北部、中部、南部3个贝都因选区各分配4个席位，占众议院席位的3.07%。可以看出，新选举法赋予3个主要省份共62个席位，占众议院席位的47%，而在这些省拥有投票权的选民占全国选民的69.9%，比正常配额少22.9%。③

在随后于2016年9月20日举行的第18届议会选举中，共有149万多

① “Jordan Parliamentary Elections，” International Republican Institute，January 23，2013.

② Anja Wehler－Schoeck，“Parliamentary Elections in Jordan：A Competition of Mixed Messages，” *Dis：orient* https：//www.disorient.de/magazin/parliamentary－elections－jordan－competition－mixed－messages.

③ Manjari Singhr，“Parliamentary Election in Jordan，2016，” *Contemporary Review of the Middle East*，Vol. 4，No. 3，2017，p. 312.

名选民参加了选举，而该年有投票资格的选民高达410多万，投票率仅为36%，这与新选举法规定约旦海外居民不再有投票权有关。其中女性占到52.9%，男性占47.1%，有5名女性因配额制而获得女性专属席位，使得女性在众议院总席位达到20位，比上一届议会多出2位。反对党“伊斯兰行动阵线”联合国内少数族群共同组建国家改革联盟（National Coalition for Reform，NCR），该联盟只赢得130位席位中的15位，其中“伊斯兰行动阵线”赢得10个席位。其他8个政党：国民大会党（Zamzam）5个、民族潮流党（National Current）4个、伊斯兰中间党（Islamic Centre Party）5个和正义与改革党（Justice and Reform Party）2个，社会复兴党（Arab Socialist Ba'ath）、共产党（Communist Party）、国家联盟党（National Union）、约旦统一阵线（Al - Awn）和公民联盟党（Civil Alliance）各赢得1个席位（合计赢得20个席位）。[①] 可以看出，反对派力量在议会中仍然是少数，大多数新当选的议员不是有部落背景的个人，就是商界等独立人士，与过去20年来的情况如出一辙。

6. 第19届议会选举情况

约旦第19届议会选举于2020年11月10日举行。然而，新冠肺炎疫情、经济衰退和社会动荡，特别是教师和政府之间的紧张关系等都给议会选举蒙上了阴影。约旦政府采取全面封禁迫使企业关闭，许多人失去了工作。根据美国统计局的数据，约旦失业率从2020年第一季度的19.3%上升到第三季度的23.9%。[②] 在此背景下选民更加关注基本生活需求，而不是选举投票。因此，在460多万合格选民中，只有29.9%的投票率，低于2016年的36%，[③] 这是十多年来最低的一次投票率。该次选举同2016年依据的选举法一样，共130个席位，115位采用公开名单比例代表制从23

① 更多关于独立选举委员会的内容参见："Independent Election Commission - Jordan," *Independent Election Commission - Jordan*, https://www.iec.jo/ar/%D8%A7%D9%84%D8%A7%D9%86%D8%AA%D8%AE%D8%A7%D8%A8%D8%A7%D8%AA-%D8%A7%D9%84%D9%86%D9%8A%D8%A7%D8%A8%D9%8A%D8%A9/%D8%A7%D9%84%D8%A7%D9%86%D8%AA%D8%AE%D8%A7%D8%A8%D8%A7%D8%AA-%D8%A7%D9%84%D9%86%D9%8A%D8%A7%D8%A8%D9%8A%D8%A9-2016.

② Suha Ma'ayeh and Rana F. Sweis, "Jordan's 2020 Parliamentary Election: Settling for the Status Quo," *KAS Studies on Jordan*, February 2021, https://www.kas.de/documents/279984/280033/Elections+Article.pdf/4504ba80-43e8-1e18-c5ef-0fd525b30e01?version=1.2&t=1614079882642.

③ Batool Al-Refaai, "Jordan elections: time to rebuild the trust?" *Global Partners Governance*, 18 February 2021, https://gpgovernance.net/jordan-elections-time-to-rebuild-the-trust/.

个选区中选出，其中包括了留给少数民族基督徒、切尔克斯人和车臣人的12 个席位，剩下 15 个席位则为女性保留。

这次选举中，由于对政党参与提供财政奖励，参加此次竞选的政党数量达到近年来最多，48 个政党中有 41 个参加了竞选，共有 389 名候选人，占竞选者总数的 23.2%，但只获得 12 个席位。与前一次选举相比，反对党“伊斯兰行动阵线”领导的国家改革联盟获得了 10 个席位，低于 2016 年的 15 个，而左派和民族主义政党没有获得任何席位。选举结果显示，“伊斯兰行动阵线”和他们的盟友赢得了 8.3 万张选票，占他们争取 14 个选区选票的 6.5%，明显低于 2016 年赢得的 15.7 万张选票及 11.6% 的占比。[①] 除此之外，在参选的 1674 名候选人中有 360 名女性，结果只有 15 名在配额数量内当选，低于上届议会的 20 名。[②] 可以说本届议会大多数当选议员依然为部落首领、商界人士以及支持国王的保守派。

表 3 – 1 新世纪以来约旦公民参与选举进程的情况

年份	2003	2007	2010	2013	2016	2020
人口（人）	5042538	5759424	6517912	7214832	8117564	10820644
登记选民（人）	2325496	2455686	2370000	2272182	4139612	4600000
选民占总人数的比率（%）	46.1	42.6	36.4	31.5	51	42.5
实际投票人数	1342999	1326070	1256100	1288043	1490200	1380000
投票率（%）	58	54	53	56.5	36	29.9

资料来源：根据 Inter – Parliamentary Union（IPU）、The International Foundation for Electoral Systems（IFES）、约旦独立选举委员会等机构的数据汇编而成。

① Suha Ma'ayeh and Rana F. Sweis, “Jordan's 2020 Parliamentary Election: Settling for the Status Quo,” *KAS Studies on Jordan*, February 2021, https://www.kas.de/documents/279984/280033/Elections + Article.pdf/4504ba80 – 43e8 – 1e18 – c5ef – 0fd525b30e01? version = 1.1&t = 1613472770769.

② Fida Nasrallah, “What Pandemic? Parliamentary Elections in Jordan at Any Price,” *Economic and Social Research Council*, June 10, 2021, https://www.idea.int/sites/default/files/what – pandemic – parliamentary – elections – in – jordan – at – any – price – en.pdf.

二、国王的参议院

根据现行宪法，国王根据皇家法令和宪法的某些要求任命参议员，并从他们当中选出议长。议员要求有一定的专业背景或出身，宪法第63、64条规定，参议员必须年满40岁，并且属于下列类别之一：首相、前任或现任大臣、大使或前任全权公使、前众议院议长、最高法院、普通法院和伊斯兰法院院长和法官、少将军衔及以上的退役军官，至少两次当选众议员的前议员，以及因对国家和民族做出贡献而获得人民信任的其他类似人士。[①] 除此之外，国王还决定参议员的辞职和罢免。参议院章程第（103）条规定，想要辞职的议员必须以书面形式向议长提交辞职报告，后者再提交给国王，国王将在两个月内重新任命空出来的席位。当国王在任命参议院成员后发现其存在失职情况，该成员资格将被取消。第（104）条进一步规定，被证明不称职的参议院议员资格并不会自动丧失，需经多数成员投票撤销，然后将决定提交给国王，等颁布皇家法令后才能正式批准撤销其成员资格，新任命的议员资格应延长至前任任期结束时。[②] 参议院人数（包括议长）不得超过众议院人数的一半。参议院议长的任期为两年，可以连任，没有上限。参议员任期为四年，可以连任。参议院应与众议院同时开会，如果众议院解散，参议院也将暂停。本届参议院有参议员65名，其中女性8名，参议长为费萨尔·法耶兹（Faisal Al – Fayez）。[③]

从实际掌握权力的独立性来看，参议院是国王权力的延伸。

在宪法层面，参议院和众议院、国王一起享有约旦全部的立法权，有权批准、拒绝或修改法律草案，以及通过提问、质询等手段来监督行政当局日常工作、财政预算甚至是解释宪法。但实际上参议院拥有的自主权力相当有限，某种程度上被看作是国王的私人议会，是其权力在立法领域的

① "The Constitution of the Hashemite Kingdom of Jordan," *The Jordanian Parliament*,, http://www.parliament.jo/node/137.

② "The House of Representatives of the Hashemite Kingdom of Jordan," *The Jordanian Senate*, http://senate.jo/.

③ "The Constitution of the Hashemite Kingdom of Jordan," *The Jordanian Parliament*,, http://www.parliament.jo/node/137.

延伸。这主要体现在以下三个方面：

首先，国王及其掌握的行政当局很大程度上塑造了参议院的组成，比如上文提到的国王拥有任命或罢免参议长和议员，以及接受他们辞职的权力。在此背景下，参议院通常被看作是国王及政府奖励部落首领和忠诚支持者的一种方式，而被任命的议员往往倾向于效忠任命他的对象。可以看到参议院始终支持国王的内外政策，其对国王在国民议会开幕式上发表施政演说的回应可以清楚地表明这一点。由此造成的直接结果是议员身份的转变，由具有独立身份的议员变为国王及行政部门在议会的代表。再加上参议院成员中的大多数人长期在政府工作，对行政权力有偏好，很容易成为议会内行政部门的有力工具，不能发挥其作为人民代表所具有的立法和监督作用。事实证明，参议院提交的大多数议案都采纳了政府在各种法律草案中的指示，受到行政当局相当大的影响。

其次，参议院与政府的关系较为缓和。不同于众议院与政府的关系，后者一般建立在权力平衡的基础之上，国王及由其领导的政府有权解散众议院，众议院同样有权对其进行信任投票。在与政府的关系中，参议院的立场往往更为温和。参议院在讨论政府政策和声明时，更多的是在政府有所不足的领域寻求建议和指导，而不是批评政府。正如前参议院议长发言，参议院与政府之间的关系起源于对公共政策的和谐、共识，而不是将其个性化。尽管有时存在意见上的差异，但双方一般都不会采取严格的立场或与对方发生冲突的方式。在政府与参议院议员之间举行的频繁会议上，参议院往往为政府提供支持改善约旦经济状况和政策方向的建议，而不是批评或反对政府。可以很明显地看到，自建国以来参议院和政府之间的关系没有出现过任何政治危机，这一点区别于众议院，后者与政府之间因为缺乏合作而多次被解散。

最后，根据宪法，参议院由不超过众议院议员总数一半的人组成，这一安排使得行政当局有权任命 1/3 国民议会成员，当议会需要绝对多数投票时，参议院被认为是解决立法和行政当局之间争端的机制之一。某种程度上可以应对选举产生的众议院中反对派对政权的挑战。

虽然权力有限，但不可否认的是参议院仍是约旦政治生活中不可或缺的部分。无论是在立法过程中，还是在具体法律草案存在分歧时举行的联席会议中，两院之间进行的差异性对话增强了立法机构的多元性，为立法和行政当局之间的关系增添了新的维度，阻止了单一议会控制立法程序。

除此之外，参议院在为立法程序提供必要建议和专业知识方面发挥了重要的作用，鉴于参议员大都是来自特定阶层的精英，具有行政、法律、军事等方面的经验和技能，这无疑能够加强约旦的立法程序，赋予其在组织国家和公共事务管理方面的合理性。

三、作用有限的众议院

约旦《1952年宪法》及2011年《宪法修正案》第62—96条规定了众议院的组成机制及议员必须满足的条件。根据宪法第67条，众议院应由根据选举法通过普遍、秘密投票直接选举产生的成员组成，选举法应确保以下原则：无记名投票；候选人观察选举过程的权利；对破坏选举的人实施惩罚；选举过程各个阶段的完整性。每届众议院从官方宣布大选结果之日算起，一届为四年，国王可将议会延长1—2年。众议院议长由议员在每届常会召开时选举，任期一年，至下一届常委会会议开始时为止，届时可连任。选举必须在众议院任期结束前的4个月内举行，如果由于某种原因被推迟，众议院将继续存在，直到选出新的议会。宪法第72条规定，众议院的任何成员都可以通过向议长提交信函的方式辞职，议长必须向议会提交辞呈，以决定是否接受议员辞呈。① 众议院第158条内部制度进一步规定，辞职的议员可在议会做出接受辞职的决定之前，以书面形式向议长撤回辞呈。一旦议会宣布接受辞职，议长将通知内阁空出来的名额。②

（一）众议院会议类型

根据宪法第73条和第78条，众议院会议召开一般有以下三种类型：③

1. 常委会：根据最新宪法修订案，众议院每年10月1日举行为期6个月的常委会。在宪法规定的某些条件下，国王可根据皇家法令推迟或延长常委会。

---

① "The Constitution of the Hashemite Kingdom of Jordan," *The Jordanian Parliament*, , http：//www. parliament. jo/node/137.

② Ibid.

③ "The House of Representatives of the Hashemite Kingdom of Jordan," *The Jordanian Senate*, https：//representatives. jo/Default/Ar.

2. 紧急会议：紧急会议一般在常委会休会后举行，由国王召开或应众议院绝对多数议员的要求，认为有必要讨论某项紧急法律草案或其他非法律问题，会期不限。皇家法令规定了会议的条款，在此期间众议院的作用仅限于其中提到的事项。

3. 特别会议：特别会议是在解散众议院和举行大选的情况下召开，众议院在解散之日起 4 个月之内召开特别会议。特别会议享有宪法规定的常委会的权限，但会期不得超过 9 月 30 日，以便召开第一届常委会。如果在 10 月和 11 月举行特别会议，则根据宪法第 73 条其将被视为第一届常委会。

（二）不稳定选举制度下被边缘化的众议院

选举制度作为实现代议制民主目标的手段之一，在众议院的产生和运作中发挥着至关重要的作用，并很大程度上决定着议会的有效性和合法性。自 1986 年重启议会政治以来，约旦的选举体制非常不稳定，每次选举都是根据不断修订的新的选举法进行的。可以说这些不断变化的法律影响了议会的组成，并对其独立性和履行宪法赋予的职能产生影响。从 1986 年到 2020 年约旦 9 次议会选举共颁布了 8 部选举法，尝试了以下四种不同的选举制度：

第一种选举制是多票制。1986 年约旦颁布第 22 号选举法，根据公开的候选人名单，公民能够获得与议会选区代表人数相匹配的票数。[①] 这种制度有助于削弱部落和家族从属关系，非常适合政党政治的发展。事实证明这一年根据该选举法进行的大选产生了一个相对强大的众议院，反对派获得超过半数选票，在监督和立法方面发挥了有效作用。

第二种选举制是单票制。1993 年 8 月，政府对选举制度进行调整，通过了《1993 年众议院选举补充法案》，开始实行“一人一票”的单记非让渡投票制度（Single Non - transferable vote，SNTV）。选民往往根据两个标准来选择候选人：一是候选人与政权的接近程度；二是依据家族或部落关系。支持与政权关系密切的候选人能让选民有机会获得政府的援助，而支持与选民有密切联系的候选人增加了他们直接受益于政权庇

---

① EHazem Suleiman Toubat, Emran Mahafzah and Hashim Ahmed BalaJ, “The Impact of the Electoral System on the Independence and Efficiency of the Jordanian House of Representatives,” *International Journal of Humanities and Social Science*, Vol. 9, No. 3, 2019, p. 59.

护的可能性。这种关系在约旦东部农村省份尤为普遍，他们构成了君主制度的坚实支柱。不可否认选民可能会同情或支持代表各种政治理念的候选人，但当他们只有一票时，结果往往更倾向于使其能够直接获益的候选人。就议员而言，选举成功能够带来商业利益和社会地位。例如，商业精英可能直接接触政府发放的公共合同并从中受益。[①] 从这个意义上说，进入议会是弥补经济劣势的一种方式，也是对他们选举忠诚的回报。议员们更加满足于利用议会这一平台获得国家资源，而不是为了加强立法和促进民主。除此之外，来自选民的压力要求候选人与政权保持良好关系来提供可靠的庇护渠道，这反过来给他们施加了巨大压力，要求其在议会中遵守政权规则，同样阻止了这一体系下议员们利用其在议会的地位反对政府。除了利用选举法操纵投票之外，选举制度还通过不公正地划分选区来保证议会中的多数席位。例如，安曼和伊尔比德既是约旦人口最稠密的地区，也是绝大多数巴勒斯坦裔居住的地方，但这两个城市获得的席位比一些农村地区要少很多。由此造成的结果是议会中的政党反对派人数大为减少，对议会中政权支持者和反对派之间的权力平衡产生了巨大影响。

总的来说，一人一票的选举制度使约旦东部农村选民基于部落和家族关系支持候选人，而不公正的选区划分是保证部落代表占据不成比例的议会席位的有效方式。这种结构上的缺陷阻碍了一个强大议会和权力制衡体系的发展，其结果是造就了没有实权且更为保守的议会，议会在组成上相对忠诚，而且通常不愿意行使其所拥有的相对有限的权力。

第三种选举制是两票制。随着政治现代化和民主化的缓慢推进，约旦在 2013 年 1 月的选举中引入两票制，一票投选区候选人，另一票投给全国选区名单，该名单将获得与其投票份额成比例的若干席位。批评者指出，在经历无数次示威游行和大量宪法修正案之后，该国选举生态一如既往地存在缺陷。[②] 首先是国家名单只占有众议院 150 席位中的 27 席，其次两票制并没有改变不公正的选区划分。结果是由部落主导的农村各省向立法机构输送了不成比例的代表，再加上亲政府的独立人士，控制了众议院中的

① Ellen Lust - Okar, "Reinforcing Informal Institutions through Authoritarian Elections: Insights from Jordan," *Middle East Law and Governance*, Vol. 3, No. 37, 2009, p. 8.

② Sean L. Yom, "Jordan: The Ruse of Reform," *Journal of Democracy*, Vol. 24, No. 3, 2013, p. 133.

绝大多数席位。可以说2013年初的政治局面看起来与“阿拉伯之春”之前并没有不同。议会仍然没有实权，它不能启动法律、改变预算或组建监督委员会来调查军方的行为。国王在政府和安全机构的协助下，决定着国内外所有的关键政策。

最后一种是混合比例代表制。2016年约旦将两票制改为单一选区混合比例代表制，即选区推出候选人名单，选民对其支持的候选人投下一票。这项法律是1993年以来约旦议会选举方面的一项重大突破。它包括以下优点：一方面，放弃了一直以来的一票制，改用开放的比例代表名单制度。理论上加强了政党在议会中的代表性。另一方面，名单可以跨越省份，除了3个大省之外，其余9个成为单一选区，新的分区结构会促使选民和候选人以更开放的思维看待选举，放弃部落或小规模地区、家族限制。[①] 然而，这项法律在实践中受到诸多批评，因为它是一个开放的而不是封闭的比例制度，其在候选人名单之间造成了内部竞争，对政党发展没有显著帮助。更重要的是，虽然废除了“一人一票”原则，但多年以来形成的选举生态使得选民仍然倾向于投票给认为对其有帮助的候选人。

综上所述，约旦的选举制度虽然一直在修订，但多年来形成的选举生态以及选举法本身存在缺陷，构成复杂，使其成果依然不甚乐观。例如，不公正选区的划分，使得选民更倾向当地部落支持的候选人，而不是整个国家范围内在政治平台上参与竞选的候选人。在最近两届的众议院选举中，经济疲软、物价上涨、行政和金融腐败、贫困和失业已成为选民主要关切的政治问题。这种情况下，大多数选民倾向于能够提供种种服务的地方候选人，议会更像是一个缺乏连贯议程的地方精英辩论场所，而不是在国家一级真正代表约旦人民的政治议程机构。这种“服务导向”的议会是以国家整体政治作用的牺牲为代价的，不仅强化了基于部落和地方身份的偏袒和裙带关系，更影响了约旦公民身份的建构，阻碍了正义和公平的实现。

① Mohammad Al - Momani, Khalid Issa Aladwan and Mohammed Torki Bani Salameh, “The Evolution of Jordan's Parliamentary Institution and the Impact on Political Reform: A Critical Review”.

表 3－2　1986 年以来约旦议会选举制度的演变及特点

年份	选举制度	选举法	特点
1989—1993	多票制	1986 年第 22 号选举法	“伊斯兰行动阵线”成为议会中最大的反对派政党
1993—1997	一票制	1993 年第 15 号选举法	议会中反对派人数大大减少
1997—2001	一票制	1997 年第 24 号选举法	“伊斯兰行动阵线”抵制了选举
2003—2007	一票制	2001 年第 34 号选举法	首次为女性分配 6 个名额；到目前为止的最高投票率
2007—2010	一票制	2007 年第 34 号选举法	实行虚拟选区
2010—2012	一票制	2010 年第 9 号选举法	邀请了国际观察员；“伊斯兰行动阵线”抵制了选举
2013—2016	两票制，一票投选区候选人，另一票投全国选区名单	2012 年第 25 号选举法	成立独立选举委员会；“伊斯兰行动阵线”抵制了选举
2016—2020	混合比例代表制	2016 年第 6 号选举法	引入比例代表制；“伊斯兰行动阵线”与少数族群联合参加竞选

资料来源：根据 Mohammad Al－Momani，Khalid Issa Aladwan and Mohammed Torki Bani Salameh，“The Evolution of Jordan's Parliamentary Institution and the Impact on Political Reform：A Critical Review，” Polifical Science Department，Yarmouk University，October 2020 编制。

四、西方议会文化在约旦的体现及偏离

1946 年约旦独立时颁布第一部宪法，确立了议会制。70 多年来议会民主制在约旦的发展虽然比较曲折，但其朝向议会民主制度发展的趋势并没有停止。就西方的议会文化而言，议会制民主一般涉及两方面：一是议会机构本身的运作状况；二是议会机构与人民群众、国家机关的关系。典型“议会制民主”的基本原理可归纳如下：按照宪法规定的“主权在民”原则，经过普选产生行使人民所委托的权力的代议机关，按照宪法或议会法所规定的议会构成、内部组织、议事规则等规定，议会进行议定法律及其

他事项的活动，按照宪法等法律的规定，议会行使立法权、财政权、监督权等权力。[①] 可以说在宪法框架内，承认人民是权力的来源，定期选举、议会运作程序化等都能够被视为约旦走向代议制民主和真正议会改革的积极步骤。

（一）人民要素

首先，承认人民是权力的来源。建国后不久约旦颁布了1952年宪法，该宪法直到今天仍然有效，且更加民主。1952年宪法受到西方民主国家特别是比利时宪法的强烈影响，包括了很多以前宪法中没有提到的规定和条款。[②] 例如，将约旦政权定性为议会世袭制君主国家，遵循三权分立的原则，赋予议会和国王立法权。更重要的是首次承认人民是一切权力的来源，是国家的基本组成部分，所有约旦公民在法律面前一律平等，不因种族、语言或宗教在权利和义务方面受到歧视。[③] 这种从宪法上确认权力来源于社会共同体是代议制民主思想的前提。正如密尔在其经典著作《代议制政府》中所言，显然能够充分满足社会所有要求的唯一政府是全体人民参加的政府，只有容许所有的人在国家主权中都有一份才是终究可以向望的。[④] 约旦宪法的规定彰显了宪法哲学中的民族主体，使国家权力从法理上归位于宪法统率之下，符合代议制民主的首要原则。

其次，举行周期性的选举是西方议会文化在约旦的另一个重要表现。现代议会制度下，议会的社会基础来自自由的、周期性的和竞争性的选举，在此基础上产生的公共权力才具有合法性。从1947年起约旦实行两院原则的议会制，其中众议院由选举产生，宪法规定选举要考虑到少数群体的适当代表性。[⑤] 随着政治民主进程的加快，约旦逐步确立了较为完善的选举制度。根据选举法的规定，约旦议会每四年举行一次大选，方式为普

---

① 庞仁芝：《浅析发达资本主义国家“议会制民主”面临的挑战》，载《世界经济与政治》，1994年第7期，第26页。

② Mobammed Torki Bani Salameh and Axzam Ali Ananzah, “Constitutional Reforms in Jordan: A Critical Analysis,” *Digest of Middle East Studies*, Vol. 24, No. 2, 2015, p. 142.

③ “The Constitution of the Hashemite Kingdom of Jordan,” *The Jordanian Parliament*, , http: //www. parliament. jo/node/137.

④ ［英］约翰·密尔：《代议制政府》，汪瑄译，商务印书馆，1993年版，第55页。

⑤ Amin Ali Alazzam, “Political participation in Jordan: The impact of party and tribal loyalties since 1989, ” p. 49.

遍、秘密和直接选举。① 除此之外，约旦每次选举前都进行选举法的修订。选举法和选举制度的不断变化表明，约旦承认民主价值观，并希望将其纳入政治改革进程中，以尽可能容纳社会中的不同身份者。在这种情况下，近年来的议会选举容纳了包括伊斯兰教徒、妇女、少数民族、独立人士和部落等在内的大多数行为者，可被视为议会制民主过程中有限的成功。

最后，约旦在议会政治发展中形成一整套议事程序。亨廷顿在《变化社会中的政治秩序》中写道，复杂社会里的政治共同体依赖于该社会政治组织和政治程序的力量。② 由此可见，现代议会政治在某种程度上表现为程序政治。在一个由不同背景、不同利益群体组成的议会中，规则和程序是发生意见分歧时所必需的。约旦宪法及参众两院内部规章制度系统地规定了各个议事单位的组成和职责，具体的时间安排，完整的立法程序以及监督和问责的办法等等，这些都体现了现代议会的程序原则，保证了现代代议制的良好运行。

（二）有限改革

西亚北非局势动荡以来，约旦加快改革的进程，修订了多部法律，其中大部分有关政治改革，而议会权力的改革在其中占据很大一部分。以 2011 年宪法修正案为例，42 项修正案中有 13 项与议会有关，修订后的宪法在一定程度上平衡了约旦的立法和行政权力。例如宪法修正案第 69 条调整众议院议长的任期为两年而非一年，第 78 条第 3 款将会期从 4 个月延长到 6 个月。除此之外，在宪法第 84 条修正议会中会议决定只需要简单多数，而不是像之前需要 2/3 多数。第 94 条规定议会解散期间颁布的临时法律必须在未来两届议会中得到审查和批准。③ 过去只有国王才能任命首相和内阁，而 2012 年通过的宪法修正案赋予议会更多权力，规定在任命新政府前国王要与立法机构协商。宪法修正案强调通过巩固分权与制衡原则激活议会权力，为约旦民众扩大政治参与和决策以促进民主进程提供了机会，是约旦历史上一个重大的步骤，也向现代议会民

① "The Constitution of the Hashemite Kingdom of Jordan," *The Jordanian Parliament*, http://www.parliament.jo/node/137.

② ［美］塞缪尔·P. 亨廷顿著：《变动社会中的政治秩序》，王冠华、刘为等译，上海：上海人民出版社，2008 年版，第 10 页。

③ Mohammad Al-Momani, Khalid Issa Aladwan and Mohammed Torki Bani Salameh, "The Evolution of Jordan's Parliamentary Institution and the Impact on Political Reform: A Critical Review".

主政治更进一步。

（三）西方议会文化在约旦的偏离

从理论上讲，约旦议会政治所体现的承认人民是权力的来源、定期选举、议会运作程序化等都符合西方议会民主的基本原则。然而，多年的实践与理想之间的差距十分遥远，约旦议会制度从确立那一天起就暴露了结构性弊端，即行政权力对立法权力的侵蚀。约旦大部分政治权力掌握在行政部门而不是议会手中，议会和政府之间的权力不平衡使其受制于后者，缺乏独立运作的能力，结果往往成为行政部门的追随者，对国家的民主制度及公民个人权利和自由产生负面影响。这主要体现在以下三个方面：

其一，宪法赋予议会正式权力的局限性。约旦议会虽然合法，但总体上没有能力。一方面，议会并不参与政府的组建过程，一般由国王任命首相，然后首相自由组阁。议会可以通过不信任投票使内阁解散，但是这一权力在现实中仍然是理论性的。自 1989 年约旦重新启动议会以来，由于议会议员不信任投票而解散的内阁屈指可数。另一方面，议会的主要权力之一是启动立法，但法律草案往往由内阁提出，即便宪法规定参众两院 10 名或 10 名以上议员也可提出法案建议，但法律起草之后必须得到行政部门和非选举产生的参议院的批准。而参议院是由国王任命的，几乎不会投反对票。可以说自建国以来，大多数议员的作用仅限于满足参加议会关于信任投票问题的协商，在行使立法和议会监督等宪法权力方面进展很小。由此可见，约旦议会在立法和整个政治制度中发挥的作用非常有限，议会作用更多的是检查和批准政府通过法律的能力，而不是作为独立的立法部门得以运行。

其二，约旦的立法机构受制于国王的最终权力。名义上约旦实行权力的分配与制约，但君主保留了大部分实权，其通过几种方法参与议会立法过程，包括提出立法提案，延长立法会议，在既定的常会之外召开紧急会议和特别会议，以及通过由首相和大臣签名的皇家法令解散众议院、推迟议会选举。在立法机构缺席的情况下宪法授权行政当局可以发布临时法律，以应对国家可能面临的特殊情况。① 这些法律为了保证连续性有时并不需要提交议会审查。如果议会解散时间较长，将导致没有监督和问责的

① “The Constitution of the Hashemite Kingdom of Jordan,” *The Jordanian Parliament*, http://www.parliament.jo/node/137.

行政权力进一步膨胀。

其三，行政部门可以对选举进程和政党参与施加影响。议会、选举、政党作为代议制民主的三大支柱，三者紧密相连。选举规则通过在人口中分配席位可以影响立法机构的组成，多个强大政党的存在增强了立法机构履行其职能的能力。强势政党在选举期间动员民众，影响选民偏好，并且能够在立法部门之间协调立法和行政监督工作。也就是说，选举制度和政党不仅影响立法机构的组成，而且在立法机构能否对行政部门有效监督方面发挥着关键作用。而在约旦，行政当局通过不断修订选举法和政党法限制反对派的力量，产生的往往是一个顺从的立法机构，无论其正式权力范围如何，都不太可能给政权带来太多麻烦。

正如前文所言，政府一直在不断修改选举法，设计更符合其统治战略的选举规则，以便选出忠诚的议会。选举制度对约旦政权而言，只是维持其统治的一种手段，而不是实现国家民主化的途径。具体来看，临时选举法往往通过操纵投票和不公正的选区划分干预众议院的组成。就前者来说，一人一票基本原则的长期存在以及由此形成的选举生态某种程度上决定了选民的投票惯性。因此，即便颁布了新的选举法，废除了一票制，选民依然会将票投给部落和同政权关系密切的候选人。部落联系和亲属关系仍然主导着约旦的政治文化，是约旦民众参加议会选举的主要动机。至于选区划分，虽然选举法对选区进行了多次调整，但每次都不公平地将代表席位倾向农村地区，而不是城市地区。前者构成了君主统治的坚实基础，后者是巴勒斯坦裔约旦人密集居住的地区。可以说选区划分不仅对议会组成产生重大影响，更关涉到约旦身份政治这一痼疾。尽管官方承诺会进行改革，但最新几轮的选举看起来只不过是在不断重复着之前的历史。

无效的议会降低了公民对该机构的信心。以最近第 19 届议会选举为例，根据现行选举法，拥有 440 万人口、占总人口 42% 的安曼在议会中拥有 28 个席位，拥有 150 万人口、占总人口 14.3% 的扎尔卡拥有 12 个席位。而卡拉克拥有 35 万人口，占总人口的 3.3%，在议会中却占有 10 个席位，人口近 3 万、占总人口 1% 的塔菲拉镇在议会中也占有 4 个席位。可以看到议会席位比例较为失调，这一定程度上解释了城市地区投票率历来很低的现象。在 2020 年的选举中，安曼第三选区仅为 11.7%，扎尔卡第一选区为14.8%。[1] 作为公众对政治进程信任的一个关键指标，投票率较低意味着该国城市地区选民并不认为参与投票选举是进行变革的有价值的方法。约旦缺乏政治参与热情给议会带来两大挑战：一方面这显然降低了议会的代表性；另一方面社会上普遍存在对议会缺乏信心的文化，阻碍了约旦进行更深一步的政治改革。

颁布政党法是约旦执政精英干预政党发展的重要手段。1952年宪法规定了公民组建和参加政党的权利，1955年《政党法》重新确认了这一点，1957年政府宣布戒严令，政党被禁止，直到1992年颁布新的《政党法》才正式解除戒严令，政党再次合法化。在一个明显旨在削弱政党作用的体系存在了近30年后，约旦政党已经很难将自己展示为该国政治体系中的强大角色。[2] 虽然精英们被赋予组建政党和参与议会的权利，鉴于组建一个拥有议会多数席位的政府需要过渡期，在此期间，各政党要准备切合实际的政治方案，满足公民的需求和愿望。然而，受限制的新闻自由使任何潜在的新政党难以向选民表达他们的理念，更别说是反对政府政策的政治信息。这使得该国的政党仍然处于弱势地位，其特点是分裂与碎片化，无法实现有效的动员。

此外，选举法也一贯限制政党的参与。当伊斯兰主义者在1989年的选举中表现强劲后，政府通过了一人一票的选举法，取代了选民有权获得与分配给他们选区议会席位一样多的选票制度，这意味着在国家平台上竞选的候选人很难获得席位，政党或选团名单不会再出现在选民的考虑之内。为了进一步打压议会中的反对党，选区划分也被视为一种有效的策略，作为约旦最大的政党同时也是最大的反对党“伊斯兰行动阵线”的主要据点在城市地区，相较于农村部落省份，城市获得更少的人口比例代表。正如学者阿贾尔马（Ajarmah）所言：“部落主义的现象持续高涨，并在选举舞台上占据主导地位，因此一些政党的利益只有在部落

---

① Suha Maayeh and Rana F. Sweis, “Jordan's 2020 Parliamentary Election: Settling for the Status Quo,” *KAS Studies on Jordan*, February 2021, https://www.kas.de/documents/279984/280033/Elections + Article.pdf/4504ba80 - 43e8 - 1e18 - c5ef - 0fd525b30e01? version = 1.1&t = 1613472770769.

② “Arab Political Systems: Baseline Information and Reforms - Jordan,” *Carnegie Endowment for International Peace*, March 6, 2008, https://carnegieendowment.org/2008/03/06/arab - political - systems - baseline - information - and - reforms - pub - 16918.

背景的帮助下才能获得。”① 可以说部落成员主导着约旦的议会生活，除了“伊斯兰行动阵线”之外，约旦的政党只履行一项职能，那就是给政治贴上民主的标签，并为在其中工作的人带来一些利益。

表3－3 “伊斯兰行动阵线”和约旦选举

年份	总席位	伊斯兰行动阵线赢得席位
1989	80	22
1993	80	17
1997	80	抵制
2003	110	16
2007	110	6
2010	110	抵制
2013	150	抵制
2016	130	同少数族群组建成国家改革联盟，共获 15 席
2020	130	同少数族群组建成国家改革联盟，共获 10 席

资料来源：根据 Inter－Parliamentary Union（IPU）、The International Foundation for Electoral Systems（IFES）汇编而成。

约旦历史上不稳定时期塑造了其政治制度的基本轮廓，导致议会政治受到限制，这种政治气候直到如今都没有改变。历史上约旦发生过多次动乱，动乱后国王的首要任务是恢复国家的稳定和秩序，加强对政府机构的控制，而保证议会的顺从是这一战略的一部分。具体来说，这一过程首先通过召开和解散议会来实现，之后颁布宪法修正案将国王解散议会的权力制度化。在 20 世纪 60 年代末和整个 70 年代约旦同巴解组织的对抗中，侯赛因国王于 1976 年修订了宪法第 73 条，授予其在某种情况下解散议会的权力，② 修正案为约旦政权在议会缺席的情况下进行统治提供了宪法基础，对国民议会产生了持久的影响。

20 世纪 90 年代约旦开启了政治自由化进程，但是在此过程中对议会

① “Jordanian vote highlights tribal factor, political parties'weaknesses,” *The Arab Weekly*, November 12, 2020, https://thearabweekly.com/jordanian-vote-highlights-tribal-factor-political-parties-weaknesses.

② “The Constitution of the Hashemite Kingdom of Jordan,” *The Jordanian Parliament*, http://www.parliament.jo/node/137.

的改革并不是为了实现全面民主，更多的是一个君主制国家选择的生存策略，即面对国内政局不稳时这个资源贫乏的小国进行艰难结构调整所进行的回应。正如侯赛因国王的一位顾问所说，自由化是为了邀请更多的客人进入客厅进行“咖啡谈话”，并欢迎一些人留下来吃饭。不过，没有人会被邀请进厨房和其他地方。[①] 由此可见议会更多的是作为一个就某些问题进行辩论的场所，一个不经思考和讨论就同意向他们提出任何方案或政策的机构，其对外交和经济政策参与非常有限，虽然这些才是大多数约旦人严重关切的利益所在。之后的几年里，约旦国王再次通过修订宪法加强了自己对议会的影响力，并从根本上消除了议会成为约旦政治生活中重要角色的潜力。例如，1999 年刚继位的阿卜杜拉二世为应对 21 世纪初的地区动荡局面，利用宪法修正案将议会暂停近两年，在议会缺失的这段时间里颁布了大约 250 项临时法律。[②]

约旦自建国以来的历史遗产继续阻碍着如今议会的发展，其背后的政治逻辑是：在一些不稳定地区，威权政权的生存不能被视为理所当然。对此，这些政权往往将他们的生存置于其他考虑之上。当政权的生存需要统治者调和不同社会行为者的利益时，立法机构是实现这一目标的重要途径之一。具体来说，增加议会代表、修改选举法以及扩大议会权力可以拉拢潜在的反对派，相反则会削弱其利用议会这一立法机构挑战政权的能力。由此可见，历史上约旦议会是作为确保政权安全的一种方式，而不符合代议制民主政治的标准，这一政治逻辑一直持续到当下。自 20 世纪末开启的自由化改革并没有将议会权力提高到预期水平，约旦议会的政治作用和影响力依然很小，且面临诸多挑战。

其次，约旦议会在政治体系中的边缘化受到近期改革进程的束缚。西亚北非局势动荡后，约旦国王进行了一系列政治改革，根据广泛的民众要求成立了宪法修正委员会。毫无疑问，宪法改革是通向预期的、民主政治改革的大门，约旦宪法修正案包含许多积极的方面，例如设立宪法法院，成立了独立选举委员会来监督选举，以防止过去发生的欺诈行为。可以说，在西亚北非局势动荡和要求进行政治改革以将权力归还人民的约旦民众运动这一背景下，宪法修正只是改革道路上迈出的一步，

---

① Russell E. Lucas, “Deliberalization in Jordan,” *Journal of Democracy*, p. 139.

② Ryan Curtis R. and Jillian Schwedler, “Return to Democratization or New Hybrid Regime? the 2003 Elections in Jordan,” *Middle East Policy*, Vol. 11, No. 2, 2004, p. 139.

而不是终点。

具体来看，受委托进行宪法审查的皇家委员会成员大部分属于保守派人士，他们中并没有宪法法学家或改革活动家，也没有人曾呼吁修改宪法，此外委员会的工作是在完全不透明的情况下进行的。现行宪法第28－40条规定了国王的绝大多数权力，宪法修正案并没有涉及与国王权力有关的宪法条款，反而增加了一项新条款，赋予国王任命法院院长和成员的权利。“国王”一词及其相关权力在宪法中被提及73次，而“人民”被提及1次，“民族”被提及32次，“国家”被提及33次，“国王”一词被提及的次数超过了“人民”“民族”和“国家”的总和。[①] 由此可以看出，国王仍掌握巨大权力。所有这些都表明，约旦的改革进程并没有改变议会边缘化的现状。

最后，地区及约旦国内局势进一步恶化了政治自由化本已黯淡的前景。约旦与以色列的和平进程、中东地区的持续战争与动乱、和约旦相关的难民问题，以及约旦人民迅速增加的经济困难，都将是政府议程上的主要内容，相比之下议会民主化并不是优先事项，很可能会被搁置。以上这些问题相互重叠，形成恶性循环。从某种角度来看，约旦20来年的改革并不是“民主化失败”的例子，因为民主化从来不是其真正的意图，那就没有什么失败。哈希姆政权不仅在没有强大反对派的情况下牢牢站稳了脚跟，而且约旦还成功地在包括欧盟和美国在内的国际捐助者中留下了这样的印象，即该国正走在民主的正确轨道上，除了小规模的局部骚乱，至少到目前为止还没有更大的社会动荡。然而，这种“成功”是有代价的。[②] 它催生了一种政治文化，其特点是民众政治冷漠、对官方政治机构进行真正变革的幻想破灭。可以肯定的是，在可预见的将来，约旦议会仍然是一个很少受到公众关注的软弱的权力机构。

---

① Mobammed Torki Bani Salameh and Axzam Ali Ananzah, “Constitutional Reforms in Jordan: A Critical Analysis,” p. 144.

② Marc Lynch, “Jordan, Forever on the Brink”.

第四章　约旦政党及其局限

20 世纪 90 年代开始，约旦实行多党制，但至今政党在国家政治发展进程中的作用有限。约旦的民众更关心纾解经济困顿、海外援助到位与否、补偿水资源短缺、降低生活成本、阻断非法外籍劳工涌入、提升难民生活水平等有关发展和民生的问题，而非尽快提升政党在国家政治生活中的地位。

政治现代化是约旦政府长期以来的执政方向，致力于形成稳定的政治体制和成熟的官僚体系。在参政议政多元化与行政执法高效化的要求下，约旦政府的政治现代化进程不断推进，然而进展比较缓慢。国王阿卜杜拉二世表示，政治体制现代化与公共行政改革至关重要，为确保政治现代化的成功，政治家应在鼓励约旦人民参政议政与党派发展方面发挥作用。① 政治宣言政治实践之间有距离是常态。

一、君主立宪制内的多党制

1952 年宪法确定约旦政治体制为议会君主制（parliamentary monarchy）。约旦的政党普遍力量不强，政党政治并不发达，政党谱系也比较模糊。

（一）约旦的政党制度变迁

外约旦 1946 年从英国的委任统治下独立，第一次中东战争之后更改国名为约旦哈希姆王国。约旦在摆脱英国的保护国身份之前是酋长国。哈希

① “King Says Reforms Require Collective Efforts to Achieve Tangible Results”, *Jordan Times*, Oct. 21, 2021, https://www.jordantimes.com/news/local/king-says-reforms-require-collective-efforts-achieve-tangible-result.

姆家族的统治合法性来源不仅仅来自于世俗赋权和较为开明的统治方式，还源自宗教意义上的“圣裔”家族后裔身份。伊斯兰教是约旦的国教，90%以上的人口属于逊尼派，庞大的信仰人群认可哈希姆家族在约旦的世袭统治。约旦于1952年1月颁布宪法，4月开始允许建立政党，但很快又解散了所有政党。20世纪60年代和70年代选举都实行一人一票制，而不通过集团投票或者党派名单。1991年10月开始，约旦解除党禁，并于1992年颁布了《政党法》（The Political Parties Law），宣布实行多党制。

《政党法》是约旦管理和约束国内政党的基本规则。按照1992年《政党法》的规定，一个政党要获得内政部的登记，需要满足以下原则性条件：[①] 尊重宪法、政治多元主义原则和约旦安全；不得与非约旦机构有组织以及财务上的联系，不得在任何外部国家或机构的指导下进行党务活动；不得在军队或安全机构中组织和发展政党；必须至少有50位成员；领导队伍和财务都必须公开。获得合法登记的政党，其政党总部、联络和通信都将受到法律保护，免于司法命令之外的搜捕和搜查。依照《新闻与出版法》，政党可以发行出版物。除了成立于20世纪40年代末50年代初的约旦共产党（The Jordanian Communist Party），其他约旦政党登记的成立时间均晚于《政党法》的颁布。

国王阿卜杜拉二世继位之后，于2008年修改《政党法》，将组建党派的门槛提高到党员人数不得少于500名，并且要求党员来自不少于5个省份。目前经内政部批准的合法党派有43个。[②] 国王对国家治理具有核心影响力，包括对选举制度的广泛权威。一人一票，不可转让的投票设计更有利于重要部落和利益集团，相比之下，基于政治理念和意识形态的政党却较难从中受益。对此，批评者认为选举程序设计如果完全是为巩固王权政体服务，最终只会沦为一场“空洞的盛会”[③]。比例代表制被引入2016年的大选，时任首相的恩苏尔（Abdullah Ensour）宣称大选将是历史性的“完全透明和干净”，相信比例代表制将可以使约旦未来走向议会制政府。[④]

---

① “The Political Parties Law,” http://aceproject.org/ero－en/regions/mideast/JO/jordan－political－party－law－of－september－1－1992/view, accessed October 25, 2018.

② “Four New Political Parties Licensed,” *The Jordan Times*, Mar. 21, 2016.

③ Khalid Kamhawi, “Jordan’s Elections Will Not and Cannot be Democratic－They Must be Boycotted,” *The Guardian*, January 23, 2013.

④ Raed Omari, “New Elections Bill Sheds One－vote System,” *The Jordan Times*, August 31, 2015.

（二）多党制格局

若从世俗色彩区分政党类型，那么约旦大致可以划分为左翼政党及其继承者、阿拉伯民族主义政党、中间派政党和伊斯兰政党组织四大类。世俗与否并不是决定政党是亲政府还是反政府的要件。随着世界范围内政治环境的变动，真正能以政党的形式对约旦政府产生一定影响的政治组织，主要是伊斯兰政党。自由派媒体《阿拉伯独立日报》（Al Ghad）对约旦政府在处理宗教与国家政治生活关系立场的解释是：约旦是个不同于世俗国家的“公民国家”[①]（civil state），不应把宗教从公共生活中剥离出去。面对约旦国内逐渐出现的世俗主义和伊斯兰主义应分离的讨论，伊斯兰主义的专家穆罕默德·阿布·拉曼（Mohammad Abu Rumman）的观点是：为避免极端世俗主义和伊斯兰主义之间的冲突，约旦社会未来的努力方向是建立起伊斯兰主义、自由主义和世俗主义的联盟。[②]

约旦最大的反对党“伊斯兰行动阵线党”反对阿拉伯国家与以色列和解，也不支持约旦与以色列和谈。约旦的阿拉伯民族主义政党典型代表是“约旦阿拉伯复兴社会党”，前身为泛阿拉伯民族主义政党“阿拉伯复兴党”（Ba’ath Party）。因为泛阿拉伯主义的立场，约旦阿拉伯社会复兴党曾在90年代支持亲伊拉克的对外政策。但是，随着伊拉克和叙利亚陆续建起威权政体，社会复兴党的威望不如从前。随着伊拉克和叙利亚先后陷入战乱，阿拉伯民族主义在约旦政治议题中的重要程度大大下降。

约旦共产党是约旦境内政党历史最长的党派，与巴勒斯坦联系密切，该党曾经拥有大批追随者。但经历内部数次分裂之后，势力被大大削弱，目前在参议院中没有任何席位，在众议院中仅占1席。

相对于越来越式微的左翼政党和泛阿拉伯民族主义政党，主张重视约旦本国民族主义的中间型政党在当前的约旦政治环境下，生存空间更广博。

面对要求政治改革的内外压力，自2011年开始，约旦国王以“全国

---

① “Jordan: Islamic or Secular?” *Al – Ghad*, October 16, 2016.

② Osama Al Sharif, “The Secular – Islamist Divide Deepens in Jordan,” *Middle East Institute*, http://www.mei.edu/content/article/secular – vs – islamist – divide – deepens – jordan, accessed October 25, 2018.

对话、更换内阁、惩治腐败、修改部分法律、提前举行议会选举"①、与议会通过协商的方式推选首相等举措应对政治改革诉求，避免了约旦国内政局严重动荡。尽管有对国王刻意放慢改革的批评之声，② 但外界对约旦的政治和社会的印象基本都是比较积极正面的。

综合来看，约旦当前的多党制政体不发达，政治家参与政治选举不依托政党。③ 没有政党能组成政府，首相由国王任命，向国王负责。在议会中政党成员取得的席位比例远低于独立候选人。政治改革的主导权力完全掌握在国王管辖权内。需要说明的是，一方面，约旦民众对国家的经济改革与政治改革同样重视，另一方面，即便在示威活动频繁时期也很少看到要求直接推翻君主立宪制度的政治诉求。鉴于此，仅通过约旦国王承诺改革和政府的人事变动，而并没有真正更改国体政体，就有效压制了国内安全形势走向恶化的可能性。温和的改革模式也导致约旦的政治发展进程事实上是相当缓慢的。

二、约旦的政党动员和选民偏好

约旦与同在中东地区的摩洛哥、巴林等阿拉伯国家一样，都是君主国。2011 年以来，约旦、摩洛哥和巴林都通过演进式的审慎改革，一定程度上对政治制度进行了自由化放权。在约旦，通过 2016 年议会选举，作为政府的反对派别，伊斯兰主义政党候选人获得超过 10% 的议会席位。④ 从短期结果来看，这样的改革路线在维持现有局面、避免政局混乱方面确实有效。但是，值得注意的是，约旦议会的选举曾遇到约旦穆斯林兄弟会的抵制。因为在约旦穆兄会看来，国王仍然保留了过多权力，变革力度太小。相比于摩洛哥伊斯兰政党通过选举组建政府，约旦的伊斯兰政党并不满意现有的政治改革进展。

与欧美社会已经出现的"政党冷漠"⑤ 不同，约旦社会对政党的重视

① 中华人民共和国外交部：《约旦国家概况》，https://www.fmprc.gov.cn/web/gjhdq_676201/gj_676203/yz_676205/1206_677268/1206x0_677270/。

② Fareed Zakaria, "Arab Spring's Hits and Misses," *The Washington Post*, January 30, 2013.

③ 2016 年选举产生的约旦众议院 130 个席位中独立参选人占 100 个。

④ Fareed Zakaria, "Arab Spring's Hits and Misses," *The Washington Post*, January 30, 2013.

⑤ 李路曲：《政党政治与政治发展》，中央编译出版社，2016 年版，第 38 页。

不足既不是基于对本国民主的信心，也不是对政党背后的利益分裂感到厌倦。从根源上说，约旦维护王权的制度设计，民众对王室特殊地位的认可，和部族式的政治传统都是限制政党动员和政党发挥效用的政治性原因。一方面拥有议会，另一方面国王和国王挑选的政府行政集权，造成约旦既没有出现“行政基准民主制”①，却也没有走向法西斯式独裁制。政党是民主体制的必要组成部分，而约旦的政党无法进行有效的政治动员，内阁也不产生于议会的多数党，约旦的民主化进程将仍然漫长。

（一）内阁不由议会多数党产生

约旦国王可以召集议会，也可以解散议会。首相由国王直接任命，首相可以自由组阁，国王有权罢免首相，众议院通过 2/3 不信任投票也可以罢免首相。国王是军事最高统帅，同时法律规定不允许政党在军队和安全部门发展党员，保证了国王能够拥有强大的国家机器。约旦王室在宗教意义上具有极高的地位。无论在约旦国内，还是在伊斯兰世界，即便是约旦反对派穆兄会都认同特殊的家族背景可以构成约旦王室持续统治的合法性基础。走上街头的抗议活动提出“改革腐朽的君主制”、政府下台、解散议会、重新大选的要求，反对党“伊斯兰行动阵线”提出首相人选应“受民众尊重且没有腐败历史”。② 抗议可能针对削减国王个人权利，但都并不包括推翻或颠覆王室。

2012 年国王阿伯杜拉二世在纪念阿拉伯起义的电视演讲中承诺内阁将由选举出来的议会多数派组建。③ 而同一时期，积极允诺政治改革的首相奥恩·哈苏奈（Awn Shawkat Al - Khasawneh）却在仅任职半年就宣布辞职。原先由国王承诺的政治改革并没有附上时间表，导致约旦的首相仍然由国王亲自任命。担任过首相的 42 位政治家里仅有苏莱曼·纳布西（Suleiman Nabulsi）来自于 20 世纪 50 年代党禁之前的国家社会党（National Socialist Party），并领导了约旦至今唯一一届民选政府，④ 其余所

---

① 曹沛霖：《民主化研究的问题》，载李路曲主编：《比较政治学研究·第 10 辑》，中央编译出版社，2016 年版，第 5 页。

② 高珮：《约旦：国王迟迟不政改，首相频频“被下台”》，载《青年参考》2012 年 10 月 10 日，第 10 版。

③ 同上。

④ 纳布西的 11 人内阁中有 7 位来自议会中的最大党国家社会党，1 位来自复兴党，1 位来自共产党，2 位为独立人士，

有首相都是无党籍的政治家。

20 世纪 90 年代开放政党登记至今已经经过 20 余年，约旦政党的数量增长迅速，但是，任何一个约旦的政党仍然无法在议会中形成多数党。目前，最大的政党，也是最大的反对派，是穆兄会背景的“伊斯兰行动阵线”。“伊斯兰行动阵线”抵制了 1997 年、2010 年和 2013 年的 3 次大选，在其余的 5 次大选中都是议会的第一大党。

（二）议会内政党动员力不足

约旦自 1989 年引入议会制度以来，根据立法计划，政党应在选举中扮演充满活力的角色。政党或者政党联盟应该为国家的政治议题、政治规范进行广泛的讨论。然而西方观察者发现，如果要想实现构建基于政党的议会这一目标，约旦当前的选举制存在三个必须解决的问题：[①]

首先是选举制非常不稳定问题。按照议会选举的普遍规则，选举法的修订应在下一次选举前数年公布，而约旦目前并没有做到。从 1989 年到 2016 年，约旦八次议会选举实行了四种不同的选举制度。政党、候选人和选民之间会因为频繁更改的选举制度，而无法实现有效的政党动员。不断变化的选举方式造成政党忙于观望政策变化，而无法像成熟政党政治中的那样起到凝聚选民的社会功能。

其次是议会自身应明晰通过议会立法的具体路径。国王拥有任命内阁和参议院的权力，对立法拥有否决权，还保留解散议会的权力，如果不对上述权力加以限制，那么议会的立法权、监督权都无法充分行使。内阁成员并不从议员中推选而生，导致内阁在立法问题上无需对议会中的党团负责。细节方面，尽管有对应的法律允许议员提出立法议案，但是却没有后续的规则保障下一步如何让法案在一定时限内获得通过。由此，现有政党模式就不具有吸引民众通过建立、加入或者支持政党实现政治参与的吸引力。

最后是应该向社会各个阶层的公民提供政党政治相关的教育。内容应该涉及为什么政党在政治发展、民主化方面具有不可替代的作用，应该向公民解释投票机制是如何在代表民意方面起作用的。约旦有很强的部族政治传统，民众习惯于投票给政治精英个人，公民并非都了解和掌握政党政

---

① Kristen Kao, “How Jordan's Election Revealed Enduring Weaknesses in its Political System,” *The Washington Post*, October 3, 2016.

治的具体内容和意义。即便是候选人也并不都熟悉政党制度。绝大多数候选人之间通过直接竞争争取选民，而不是通过政党忠诚和政治联盟获得更多的选民投票。

某种程度上，正是因为选举制度的模糊易变，导致议会中的政党在大选之后难以确定下一步政治动员的策略方向。以发生 2016 年大选结束两年之后的抗议政府新税收法案示威活动为例，示威背后的组织者是行业协会，却既没有由议会中的反对派政党主导，也没有议会中的左翼政党参与其中。解决了选举制度不稳定、立法路径不明晰和公民政党意识不足三个议会制相关问题，约旦的政治改革才能真正向民主化继续行进，而不是原地徘徊。

（三）选民更重视经济政策

选民的经济和宗教偏好是政党的选举竞争空间，也决定着政党的动员次序。[①] 比如从人口构成上来看，约旦六成人口是巴勒斯坦人，超过 90%的约旦人是穆斯林。[②] 巴勒斯坦问题是选民关心的重要议题。议会最大政党“伊斯兰行动阵线”的主要成员都是巴勒斯坦裔穆斯林。约旦国内巴勒斯坦裔存在一定程度的双向认同困境。巴勒斯坦民族主义和约旦民族主义有竞争也有合作。巴勒斯坦问题反映到约旦境内，是国际公义与社会稳定之间的矛盾。“伊斯兰行动阵线”在阿以关系问题上支持巴勒斯坦，反犹太复国主义，反对与以色列和谈。

鉴于约旦算不上繁荣的经济形势，出于对自身生活水平的忧虑，约旦选民普遍关心关系到个人收入的税负、外来劳工挤占就业市场、难民涌入带来政府公共开支加大、公共债务增加、援助不到位、物价上涨、生活成本高等民生问题。然而当约旦民众对具体政策或法律不满，矛盾激化以后，更常见的利益表达模式是直接上街举行抗议示威，而不是通过政党开展与国王和政府的对话。

约旦的政治现代化和经济状况都存在问题。对约旦选民而言，即便

---

① ［美］卡尔斯·波瓦克斯：《政党和政党制度的产生》，载［美］罗伯特·E. 戈定主编：《牛津比较政治学手册》，唐士其等译，北京：人民出版社，2016 年版，第 507 页。

② 商贸部国际贸易经济合作研究院、中国驻约旦大使馆经济商务参赞处、商务部对外投资和经济合作司编：《对外投资合作国别（地区）指南：约旦（2017 年版）》，中华人民共和国驻约旦哈希姆王国大使馆经济商务参赞处，第 9 页，http：//fec. mofcom. gov. cn/article/gbdqzn/upload/yuedan. pdf。

经济改革和政治改革都重要，前者因关涉改善民生而显得更为迫切。在约旦民众示威活动中，抗议者对首相提出的要求是“重审销售税法、降低燃油和电价、恢复面包补贴、审判腐败行为、撤销所得税法案、建立‘救国政府’”[①]，可见街头政治期待改变的主张主要集中于民生方面的诉求。

三、多元却难合作

从族群构成上来看，约旦绝大部分人口为阿拉伯人，其他还有极少数的亚美尼亚人、车臣人、库尔德人、波斯人等其他族裔人口。尽管阿拉伯人是约旦的绝对主要人群，但相较于同为阿拉伯裔的约旦人而言，生活在约旦的巴勒斯坦裔长期存在政治上的不满情绪。中东变局以来，约旦自上而下的政治改革多采用：重新任命首相、更换内阁、惩治官员腐败、修改部分法律、提前举行议会选举以及全国对话等方式。约旦自下而上试图推进政治改革的方式多采取街头政治、示威游行的形式，而并不信任更为常规的议会政治、政党政治等政治参与形式。

约旦的政治发展既需要面临来自国家内部的族群分裂、为女性和少数民族平权、提升经济水平、缓解资源短缺的考验，还要面临平衡与周边国家关系和妥善处理与外部大国的关系。约旦的国内治理的社会压力主要源于高失业率与高贫困率带来的不满情绪。在部落社会的影响下，家族关系与裙带关系严重影响到社会公正与制度落实。

受疫情影响，约旦国内失业率一直居高不下。截至2021年底，约旦失业率已由疫情前的19%上涨到23%，上半年曾一度达到24.8%。近一半的约旦青年面临就业困难的问题。疫情延宕，约旦国内中小企业与服务业发展严重滞后，进一步缩减了原有的就业岗位，致使近70%从事服务行业的约旦人待业在家。[②] 随着疫情的持续，加上俄乌冲突带来的新问题，约旦仍需不断思考破局方案。

相比于安全和稳定，约旦政党制度改革的紧迫性次序逐渐被推后。乐

① 中国驻约旦使馆经商处编译：《约旦首相穆勒吉辞职，抗议活动仍在持续》，中华人民共和国驻约旦哈希姆王国大使馆经济商务参赞处。

② “Jordan Economic Monitor－Fall 2021：En Route to Recovery”.

观地看，约旦政治现代化和民主化进程仍在继续推进，但也不得不承认其政治发展是缓慢甚至无章法的。在政党无法在议会政治中扮演关键角色的政治结构下，约旦的政党动员总体是无力的。应该说，当前国际社会更期待约旦在解决巴勒斯坦问题、促进叙利亚和谈、联合反恐等外交领域发挥更多的作用，而不是仓促发起大规模政治改革，约旦民众的政治理想也并非建立完善议会政党制。

第五章　小国的平衡外交逻辑

约旦素有“和平绿洲”与“中东稳定器”之称。为保持国内局势稳定，除了在内政方面积极推动政治现代化，经济方面积极提升民生水平外，约旦长期以来还在外交方面表现积极。在多边外交战略下，约旦不仅与周边国家发展睦邻友好关系，同时一直寻求通过与西方国家，特别是与美国保持牢固的盟友关系来确保政治稳定与社会安全。约旦秉持亲西方外交，与以色列双边关系也比较友好。[①] 阿卜杜拉二世国王频繁到访阿联酋、沙特、巴林、卡塔尔、伊拉克、埃及等阿拉伯国家，就扩大双边关系、加强部门合作、维护地区稳定、打击极端恐怖主义、解决巴勒斯坦问题及疫情防控工作进行深刻交流。访问美国往往成为约旦国王年度最重要的一项外交行程。比如2022年国王与拜登政府的会晤就未来几年的合作规划布局，为双方新阶段的发展不断夯实双边关系。约旦高层最大出访对象国是美国。沙特和美国是约旦的第二大和第三大进口来源国。

约旦既保持与阿拉伯世界的普遍良好关系，也是以色列的邦交国，同时重视维系与世界主要大国的合作型外交关系。尽管约旦是中东地区最小的经济体之一，但约旦相对中立的平衡外交为其赢得了稳定的外部环境，维护了本国安全。据统计，约旦收容了全世界15%以上的难民。[②] 收容难民既给约旦带来就业、住房、医疗、教育、能源消耗乃至安保等诸多社会压力和经济压力，但慷慨收容难民的举动也让约旦在国际上赢得更多的美誉和外交话语权以及经济援助。

---

① 约旦1994年与以色列建交，是在埃及之后第二个与以色列建交的国家。至今中东阿拉伯国家里仅有埃及、约旦和毛里塔尼亚与以色列建立过正式外交关系，其中毛里塔尼亚2009年因抗议以色列军队袭击加沙，与以色列断交。

② Dale Gavlak, “Franciscans Gives Jordan’s King Award for His Peace, Dialogue Work,” *Franciscan Media/Catholic News Service*, March 30, 2019, https://www.franciscanmedia.org/franciscans-give-jordans-king-award-for-his-peace-dialogue-work/.

一方面，对邻国而言，约旦是周边活跃的睦邻国。约旦的整体定位是周边国家的睦邻国。但约旦不是内敛的消极式和平主义信奉者，相反，约旦始终活跃在中东外交舞台的第一线。在和平解决巴以问题上，约旦官方坚持“两国方案”。特朗普在巴以问题上单方面偏袒以色列的行为，恶化了约旦和以色列的双边关系。尽管约旦是巴勒斯坦坚定的支持者，但是，2020 年年末 4 个阿拉伯国家先后与以色列建交一定程度上削弱了约旦在巴以问题外交层面的重要性。约旦与伊拉克、叙利亚、埃及、沙特等阿拉伯兄弟国家多保持克制、温和的伙伴式的良好双边关系，罕见激进的外交决策。

另一方面，约旦外交战略基本上始终没有偏离亲欧美的方向。约旦极为重视与美国的特殊盟友关系。解决约旦庞大的经济压力、难民压力的支持来源主要是欧美和欧美国家财力支持下的重要国际组织世界银行、联合国计划开发署、联合国粮食计划署等，以及发达国家的直接援助。英国与约旦的历史渊源也在此次新冠肺炎疫情跨国合作和经济援助方面有所体现。比如 2020 年 4 月 26 日，英国开始实施“约旦社会经济救助”（Emergency Social Protection in Jordan）项目，旨在通过国家援助基金（NAF）向约旦提供 2500 万英镑的紧急援助，以支持受 COVID－19 经济影响的 20 万约旦家庭，该项目将持续至 2022 年 3 月 31 日。① 6 月 4 日约旦国王积极响应并参加英国首相鲍里斯·约翰逊倡议召开的全球疫苗首脑视频会议。② 有 25 位国家元首、政府首脑、联合国秘书长和世卫组织总干事等要人参加此次视频峰会。③ 5 月初到 6 月间，英国中东事务大臣承诺向中东国家提供 3000 多万英镑用以为重症患者提供医疗设备、培训医护人员，用于帮助伊拉克、黎巴嫩和被占巴勒斯坦领土抗击疫情，以及为也门弱势

---

① UK－Foreign, Commonwealth and Development Office（FCDO）, “Emergency Social Protection in Jordan（ESPJ）,” *FCDO*. Feb, 12, 2021, https://devtracker.fcdo.gov.uk/projects/GB－GOV－1－301169.

② “Remarks by His Majesty King Abdullah II At the Global Vaccine Summit,” King Abdullah II Official Website, June 4, 2020, https://kingabdullah.jo/en/speeches/global－vaccine－summit.

③ 中国国务院李克强总理在此次全球疫苗峰会视频会议上致辞，支持疫苗研发和抗议合作。中国外交部网站：《外交部就李克强总理在全球疫苗峰会视频会议上致辞等相关情况等答问》，中华人民共和国中央人民政府官网，2020 年 6 月 5 日，http://www.gov.cn/xinwen/2020－06/05/content_5517559.htm.

群体减轻新冠疫情冲击。[1] 8 月底，英国通过世界银行向约旦提供了 880 万美元[2]的额外资金应对 COVID－19 带来的影响，以增加就业机会，促进经济复苏，并支持约旦城镇和城市的市政服务。

一、外交舞台上勤勉的国王

约旦上一任国王侯赛因和现任国王阿卜杜拉二世在巴以问题上都支持“两国方案”，并为推动中东和平进程频繁穿梭于周边国家和大国之间，开展积极外交（Proactive Diplomacy），同时提升约旦的国际地位。约旦民众对阿卜杜拉二世国王在外交方面取得的成就评价颇高，认为国王在每一场危机面前都以“勇气、良好的判断力、责任感和无私的态度行事”[3]，维护了国家稳定与和平。2017 年国王访问美国时，《纽约时报》评价阿卜杜拉二世是“阿拉伯世界最受尊敬的领导人之一”[4]。2018 年底，国王在接受采访时表示约旦的“国际关系从来没有像现在这样好过”[5]。约旦国王在外交舞台上展现的睿智、圆滑、勤勉为小国约旦赢得了比真实国力更大的话语权。

---

① Department for International Development, “UK Aid Supporting the Fight against Coronavirus in the Middle East,” *UK Government*, May 23, 2020, https://www.gov.uk/government/news/uk-aid-supporting-the-fight-against-coronavirus-in-the-middle-east.

② “US $8.8 Million Top-Up Grant to Support Jordanian Municipalities Scale-up Service Delivery and Deal with the COVID-19 Impact,” *UK Government*, Aug. 24, 2020, https://www.worldbank.org/en/news/press-release/2020/08/24/us88-million-top-up-grant-to-support-jordanian-municipalities-scale-up-service-delivery-and-deal-with-the-covid-19-impact.

③ Hasan Abu Nimah, “King Abdullah's Glorious Record,” *The Jordan Times*, February 13, 2018, http://jordantimes.com/opinion/hasan-abu-nimah/king-abdullah%E2%80%99s-glorious-record-%C2%A0.

④ Mark Landler, Peter Baker and David E. Sanger, “Trump Embraces Pillars of Obama's Foreign Policy,” *The New York Times*, February 2, 2017, https://www.nytimes.com/2017/02/02/world/middleeast/iran-missile-test-trump.html.

⑤ “King Meets with Journalists, Voices Optimism in Jordan's Future, Potential,” *King Abdullah II*, December 23, 2018, https://kingabdullah.jo/en/news/king-meets-journalists-voices-optimism-jordan%E2%80%99s-future-potential.

二、小国的平衡外交

除了外交能力出色的国王，约旦之所以能够长期获得来自美国和海湾国家的大量经济援助[①]，并且能够在大国之间施展灵活务实的“平衡外交”，其根本原因在于约旦重要的地缘政治地位。对美国而言，约旦是美国推进中东战略的重要盟友。对沙特而言，扶持拉拢约旦王室、维护约旦稳定、能够使约旦成为沙特可靠的邻居和盟友，可有效地抗衡和阻止伊朗向阿拉伯半岛扩大影响力。

（一）与邻国和解

至今仍未得到彻底解决的叙利亚内战造成了规模庞大的叙利亚难民。这些难民纷纷越过边境涌入临近国家，对两国之间的边境安全带来了新的挑战。根据联合国难民署最新资料显示，来自叙利亚的难民自2018年以来略有下降，截至2019年年底，全世界接收登记在册的叙利亚难民共计6615249人，其中在约旦登记的叙利亚难民为654692人，这一人数较2018年的676283人[②]下降幅度不大，2019年约旦接收的难民数占全世界叙利亚难民的9.9%，是继土耳其和黎巴嫩之后世界第三大叙利亚难民接受国。[③]2019年约旦也从伊拉克接收了34336名难民。[④] 约旦北接叙利亚，东北与伊拉克相较，如此数量庞大的难民进入或驻扎在边境难民营给双方边境带来了巨大压力。

2021年约旦与叙利亚实现关系正常化成为约旦年度重大外交成果之一。2021年10月5日，阿卜杜拉二世国王与叙利亚总统巴沙尔·阿萨德进行通话，双方“讨论了两个兄弟国家之间的关系和加强合作的方法”，

---

① 按照约旦政府的2019年国家预算草案，2019年约旦获得的6亿约旦第纳尔海外赠款，其中美国和欧盟赠予4.16亿约旦第纳尔，海合会赠予1.13亿约旦第纳尔。参见“Gov't Readies 2019 State Budget Law with Estimated JD646m Deficit”。

② The UN Refugee Agency, “Refugee Data Finder,” UNHCR, https://www.unhcr.org/refugee-statistics/download/?url=B4FMhx.

③ Ibid.

④ Ibid.

就开展互利安全合作与保障边境安全寻求机会。[①] 这是自叙利亚革命爆发10多年以来，双方国家元首的首次通话，此次谈话迅速加快了双边外交关系的进一步解冻。

早在叙利亚危机爆发初期，约旦就曾通过赞成阿盟取消叙利亚成员国资格的决议向叙利亚阿萨德政权施压，并明确表示支持叙利亚反对派，呼吁阿萨德总统下台。约叙双方长期在地缘政治、教派矛盾及边境安全问题上龃龉不断，双边关系在叙利亚危机的催化下基本停滞。但随着叙利亚局势的逐渐稳定，约旦政府对叙态度逐渐转变。2017年以来，叙利亚政府军在俄罗斯支持下收复了大片土地，地区国家开始陆续改善与巴沙尔政府的关系。约旦也在巴沙尔政权趋于稳定的情况下，选择恢复双方的外交关系。由于约叙关系的长期僵化，约旦政治、经济受到严重影响。叙利亚内战前，叙利亚是约旦在阿拉伯世界的第四大贸易伙伴，危机爆发后，双边贸易额急剧下降。两国的陆路边界被关闭，约旦与欧洲国家的部分贸易因此中断。叙利亚内乱导致的边境动乱与难民危机也始终影响着约旦安全。恢复对叙外交有助于维持约旦的边境安全和提振经济。2018年，约叙双方就正式重新开放关系阿拉伯国家贸易的贾比尔－纳西卜口岸。自新冠肺炎疫情以来，双方在疫情防控与解决难民问题上也有着广泛的合作。2021年7月底，约旦内政部长马赞·法雷（Mazen Al－Farrayh）致电叙利亚内政部长穆罕默德·拉赫曼（Mohammad Al－Rahmoun），双方就开放陆路口岸、增加贸易往来、开展电力、水资源项目合作等方面进行了官方高层对话。9月28日，约旦交通部宣布允许约旦皇家航空公司自10月3日起恢复约旦首都安曼到叙利亚首都大马士革的往返航班。10月双方元首的直接通话顺利打开约叙关系正常化的大门。

周边阿拉伯国家是约旦缓解能源危机、振兴本国经济的重要合作伙伴。时任约旦首相拉扎兹于2018年12月率代表团访问伊拉克，签署了伊拉克从约旦进口电力的谅解备忘录，签署了两国完成巴士拉至亚喀巴输油管道框架协议，为2019年1月国王访问伊拉克做好了铺垫。2018年约旦

---

① 王宏彬：《关系回暖 约旦国王与叙利亚总统通电话》，新华网，2021年10月5日，http：//www. news. cn/world/2021－10/05/c_1211392039. htm。

对伊拉克出口增长了26.7%。[①] 约旦政治学者认为[②]，约旦在伊拉克与伊朗之间能够起到杠杆作用，是缓解与伊朗紧张关系可信赖的调解人。尽管叙利亚战争期间，约旦与美国立场一致，支持叙利亚反对派，但随着叙利亚政局逐渐平稳，约旦与叙利亚巴沙尔政府恢复了两国政府层面政治经济往来。2018年10月15日，约旦与叙利亚贾比尔－纳西卜边境口岸在三年闭关之后重新开放，恢复跨境运输。当然，目前通关费用相当高昂，且手续繁复、限定条件较多，影响到了一些边境公司过境贸易业务，尤其是约旦的工业产品和农产品难以顺利出口叙利亚。2018年11月，受沙特与土耳其关系恶化的影响，约旦终止了与土耳其的自由贸易区伙伴协议（2009年签署），停止免税政策，重新开始对土耳其商品征收世贸组织框架内最惠国待遇关税。

（二）巴以关系的斡旋者

巴以问题是中东地区长期未决的热点问题，也是中东局势动荡的核心症结之一。巴以问题涉及主权争端、国家地位、地缘政治博弈、民族宗教矛盾等多方面因素，积重难返。约旦长期以来始终致力于帮助巴以双方解决争端，特别是在耶路撒冷地位的处理上发挥了特殊的历史作用。约旦哈希姆家族作为最早拥有耶路撒冷监护权的家族，一直以来大力支持恢复耶路撒冷地位，承担保护宗教圣地的责任，对耶路撒冷的伊斯兰事业进行资助。约旦反复强调本国在耶路撒冷的历史地位和贡献得到阿拉伯国家的普遍认可。

作为以色列最早的两个与之签署和平条约的阿拉伯国家之一，约旦和以色列在经济、能源、运输、安全等领域均有长期合作。2017年以色列驻安曼大使馆枪击事件之后，[③] 两国外交关系一度趋冷。2018年1月，以色

---

① 中国驻约旦使馆经商处：《50辆装载约旦货物的卡车近日将进入伊拉克》，中华人民共和国驻约旦哈希姆王国大使馆经济商务参赞处，2019年3月25日，http：//jo.mofcom.gov.cn/article/jmxw/201903/20190302846326.shtml。

② 中国驻约旦使馆经商处：《约旦国王访伊 约伊关系开启新篇章》，中华人民共和国驻约旦哈希姆王国大使馆经济商务参赞处，2019年1月15日，http：//jo.mofcom.gov.cn/article/jmxw/201901/20190102827053.shtml。

③ 2017年7月23日晚，一名以色列警卫在以色列驻安曼大使馆开枪打死两名约旦人，之后以色列撤回驻约旦使馆全体人员，并以欢迎英雄的方式接待相关人士回国，该事件升级成为一场外交危机。使馆枪击事件被认为和当时以色列在耶路撒冷旧城圣殿山安装严苛安保设施的“圣殿山危机”有一定的联系。

列驻约旦大使馆重新开门，两国关系逐渐恢复正常。3 月 28 日，约旦外交部批准以色列提出的新任驻约旦大使阿米尔·魏斯布罗德（Amir Weissbrod）[①]，意味着两国关系正式回到正轨。

2018 年，约旦和以色列官方的直接矛盾发生在租借土地到期不再续约问题上。2018 年 10 月 21 日阿卜杜拉二世国王宣布，到 2019 年 10 月，租借领土巴古拉（Baqura）和古玛尔（Al - Ghumr）的和平协议规定期限结束后，将不再向以色列续租。[②] 在 1994 年的和平协议中，约旦租借约以西北部边境伊尔比德省 6 平方千米的巴古拉和南部边境亚喀巴省 4 平方千米的古玛尔 25 年。按照 1994 年的和平协议，以色列拥有这两块土地的使用权，约旦享有主权。以色列官方明确表示希望启动续租协商。甚至之前以色列兴趣不大的约旦"引红济死"项目也因为以色列希望续租而有了推进的极大可能性。约旦国内民众支持国王收回土地、维护国家利益的决定，生活在租借土地上的以色列农户则希望内塔尼亚胡政府可以成功促成续约。[③] 以色列学者认为，约旦国王的宣言仅仅是为回应国内的社会压力作出的声明，以色列完全可以通过提出合理条件来说服约旦续约。[④]

以色列在"六·五"战争中从约旦的手中夺取了对耶路撒冷的控制权。但约旦始终坚持本国拥有保护伊斯兰教圣地耶路撒冷的监管权，约旦国王是圣地的监护人。约旦和以色列的和平协议中规定了圣地耶路撒冷应受到国际保护。约旦至今仍认为巴勒斯坦问题是中东和平进程的核心问题，耶路撒冷问题是"红线"[⑤]。美国公然迁馆引起了约旦国民的愤慨。迁

① Toi Staff, "Jordan Approves Israel's New Ambassador to the Kingdom," *The Times of Israel*, March 29, 2018, https: //www. timesofisrael. com/jordan - approves - israels - new - ambassador - to - the - kingdom/.

② "King: We Have Decided to Terminate Peace Treaty Annexes on Baqura and Al Ghamr; Israel Informed Today of This Decision," *King Abdullah II*, October 21, 2018, https: //kingabdullah. jo/en/news/king - we - have - decided - terminate - peace - treaty - annexes - baqura - and - al - ghamr - israel - informed - today.

③ Alon Bernstein, "Israeli Farmers Concerned about Jordan Ending Land Lease," *Fox News*, October 22, 2018, https: //www. foxnews. com/world/israeli - farmers - concerned - about - jordan - ending - land - lease.

④ Ruth Eglash and Taylor Luck, "Jordan Plans not to Renew Special Land Arrangement with Israel," *The Washington Post*, October 21, 2018, https: //www. washingtonpost. com/world/jordan - plans - to - revoke - parts - of - its - peace - treaty - with - israel/2018/10/21/ebb4e462 - d535 - 11e8 - 8384 - bcc5492fef49_story. html? utm_term = . cbe1c78e7a95.

⑤ 林晓蔚：《约旦国王说约旦在耶路撒冷问题上的立场不可动摇》，新华网，2019 年 3 月 21 日，http: //www. xinhuanet. com/world/2019 - 03/21/c_1124264731. htm.

馆前后，数百名约旦抗议者聚集在美国驻约旦使馆前示威，数千巴勒斯坦难民和约旦公民在约旦谷举行示威。尽管约旦针对美国迁馆提出了谴责，也有一些抗议和示威活动，但约旦政府并没有以强硬的姿态抵制美国迁馆。

2021 年 5 月新一轮巴以冲突爆发，约旦为巴勒斯坦积极发声，强烈谴责以色列对耶路撒冷、加沙和其他被占领巴勒斯坦领土的进攻和侵犯行为。约旦政府重申哈希姆家族历史上对耶路撒冷圣地进行监管的重要性，强调约旦在保护圣地的法律和历史地位，明确哈希姆家族管理下的圣城和阿克萨清真寺宗教组织是唯一有权管理阿克萨清真寺和圣城所有事务的机构。[①] 特朗普政府承认耶路撒冷为以色列首都后，约旦高度关注相关事态的发展并与阿拉伯国家密切交流，积极协调关于处理耶路撒冷地位改变的相关对策。2021 年 9 月 2 日，约旦、埃及、巴勒斯坦三国召开首脑会议，就巴勒斯坦问题展开对话。会议重申了巴勒斯坦事业在阿拉伯世界的核心地位，约旦呼吁巴勒斯坦问题的解决需要在两国方案的基础上实现公正、全面、持久的和平，同时与会各国领导人还强调了历史上哈希姆家族对耶路撒冷伊斯兰和基督教圣地监护权的重要性。[②]

然而中东剧变以来，随着中东地区政治格局的不断变动，阿拉伯国家在巴以问题上的态度出现了松动。由于政治利益、经济战略、安全结盟等方面的需求变化，阿拉伯国家与以色列关系不断缓和，导致阿以矛盾和巴以矛盾退居阿拉伯国家政治议程边缘化地位。加之世纪疫情影响，国际社会对巴以问题的关注度锐减，国际组织在中东的相关投入和媒体报道均被其他热点事件转移和分散。一系列内外原因造成近年来巴以问题实际上被逐渐边缘化。原本主持巴勒斯坦正义的国际公平标准逐渐模糊。此外，由于沙特、摩洛哥等阿拉伯国家对约旦长期以来控制和管理耶路撒冷事务存在较大争议，其他国家也希望以伊斯兰圣地守护者的身份来提高本国在伊斯兰世界的地位，因此反对约旦独揽耶路撒冷事务。在巴以问题重要性下降以及约旦历史地位受到挑战的双重掣肘下，约旦在解决巴以争端上能发

① "The Ministry of Foreign Affairs Affirms the Continuation of Jordanian Efforts and Moves to Stop the Israeli Violations in Jerusalem," *Ministry of Foreign Affairs and Expatriates* (*Jordan*), May 9, 2021, https: //www. mfa. gov. jo/news/2942.

② "Final Communiqué at Cairo Trilateral Summit Reaffirms Centrality of Palestinian Cause," *King Abdullah II*, Sep. 2, 2021, https: //www. kingabdullah. jo/en/news/final – communiqu% C3% A9 – cairo – trilateral – summit – reaffirms – centrality – palestinian – cause.

挥的现实作用也在进一步被消解。

（三）欧美国家的密切盟友

约旦长期以来坚持亲西方、亲美国的外交政策，不断强化与美国的盟友关系。稳定的美约关系为美国的中东政策起到锚定作用；强化美约合作也为约旦带来更多机遇，美国的多方位援助缓解了约旦国内的发展压力和防务压力。

2001 年约旦与美国签订自由贸易协定，是美国首个与阿拉伯国家间的自贸协定。美国希望通过与约旦的紧密合作，促进包括打击“伊斯兰国”参与组织在内的反恐安全合作，促成更有效解决巴以和平问题的方案，遏制伊朗扩张，邀约旦参与政治解决叙利亚问题的国际行动。[①] 美国自 1951 年起对约旦提供了大规模的经济援助，1957 年起向约旦提供军事援助。美国设立在约旦“合格工业园区”的产品可以免税进入美国。

美国对约旦的发展援助不仅涵盖经济赠款和贷款，还涉及道路建设、水务网络建设、难民治理、学校建设、职业教育培训、妇女儿童健康等民生领域援助项目。此外，美国还和约旦签署了“开放天空”民航协议、双边投资条约、科技合作协议、核能合作谅解备忘录等一系列合作条款。[②] 可以说约旦是美国在阿拉伯世界的亲密盟友。

2018 年 2 月，时任美国国务卿的蒂勒森与约旦外交大臣萨法迪签署新的谅解备忘录，承诺在 2018 年至 2022 年五个财年期间，每年向约旦提供约 12.75 亿美元双边援助。[③] 在这份谅解备忘录中，美国承诺未来五年将在各领域与约旦继续扩大合作和对话。

据美国国际开发署统计，自 1946 年以来，美国已向约旦累计提供 173 亿美元的援助，涉及经贸、教育、水资源、医疗卫生、民主治理、基础设施建设等各个方面，成为约旦发展不可或缺的外部支持力量。[④] 2021 年 3 月 21 日，约旦官方公布了一项此前与美国达成的国防协议，批准美军及其

---

① 高尚涛：《特朗普政府的中东关系网络评析》，载《当代世界》2019 年第 2 期，第 42 页。

② 中国驻约旦使馆经商处：《2018：美国是约旦最大的双边援助提供国》，中华人民共和国驻约旦哈希姆王国大使馆经济商务参赞处，2018 年 10 月 17 日，http：//jo. mofcom. gov. cn/article/jmxw/201810/20181002796402. shtml.

③ “New U. S. – Jordan Memorandum of Understanding on Bilateral Foreign Assistance to Jordan,” *U. S. Department of State*, February 14, 2018, https：//www. state. gov/r/pa/prs/ps/2018/02/278318. htm.

④ “Our Work：Jordan”, *USAID*, Mar. 4, 2022, https：//www. usaid. gov/jordan/our – work.

武器装备、车辆等在执行任务时自由出入约旦领土。这一举措在扩大双方防务合作、保障约旦国家安全的同时，极大增强了美国在中东开展军事活动的灵活性，配合了美国的地区政策。① 2021 年，约旦与美国双方高层互访为彼此进一步密切合作打下坚实基础。在 2021 年新一轮巴以冲突达成停火协议后几天内，美国国务卿布林肯到访中东各国，5 月 26 日与约旦国王阿卜杜拉二世举行会谈，稳固约旦在巴以问题中的重要作用。7 月中旬，约旦国王访问美国，会见美国政商各界代表及军方人士，就双方多项合作内容进行协商。7 月 19 日，阿卜杜拉二世与美国总统拜登举行会谈，强调了美约之间根深蒂固的友好关系。美方对约旦在地区稳定与发展方面的努力和贡献做出高度评价，对约旦在巴以问题上发挥的作用表示充分肯定，对双方在地区安全合作及多方位发展援助工作上抱有极大期待。②

发展与欧洲国家的友好关系也是约旦多边务实外交的重要一环。约旦与欧洲各国在金融贸易、文化发展、环境资源、公共服务与社会保障等方面均有良好的合作基础和发展前景。2021 年，约旦政府收到来自德国、荷兰等国以及欧盟的大量援助，合作开展多个项目。欧洲的援助对加快约旦经济复苏起到重要作用。2021 年 5 月 5 日，国王阿卜杜拉访问比利时，并在布鲁塞尔会见欧洲理事会和欧盟委员会主席。双方讨论了约旦与欧盟加强战略伙伴关系的相关事项，并就疫情防控、打击极端主义与恐怖主义、解决巴以问题进行深入交流。欧盟主席肯定了双方在积极建立沟通、增进各国人民对话和互信方面作出的努力，认为约旦是地区稳定的重要支柱，“约旦可以永远依靠欧盟”③。约旦国王还于 10 月 25 日进行了为期一周的欧洲之行，分别到访奥地利、波兰、德国、英国等国，就加强战略关系、政治解决地区危机、开展打击恐怖主义合作等方面进行充分交流。④ 在约旦的积极努力下，约旦对欧关系继续稳步发展。

---

① “Jordan Publicizes Defense Deal That Allows Us Forces Free Entry into Kingdom,” *The Times of Israel*, Mar. 21, 2021, https: //www. timesofisrael. com/jordan – publicizes – defense – deal – that – allows – us – forces – free – entry – into – kingdom/.

② “King, US President Hold Summit Meeting at White House,” *King Abdullah II*, Jul. 19, 2021, https: //www. kingabdullah. jo/en/news/king – us – president – hold – summit – meeting – white – house.

③ “King Meets European Council, European Commission,” *King Abdullah II*, May 5, 2021, https: //www. kingabdullah. jo/en/news/king – meets – european – council – european – commission – presidents.

④ “King Returns to Jordan after Europe Tour,” *King Abdullah II*, Nov. 1, 2021, https: //www. kingabdullah. jo/en/news/king – returns – jordan – after – europe – tour.

长期以来，约旦受到恐怖主义与伊斯兰极端主义威胁，因此在反恐问题上，约旦与美国等西方国家密切合作，保持长期的情报互通与交流，并加强与周边邻国的安全合作，在反恐领域经验丰富。

（四）与海湾国家交好

新世纪以来，海湾国家是约旦开展周边外交的主要对象。阿卜杜拉二世执政后，约旦与体制相似的海湾各国一直保持良好沟通，为维护地区稳定作出积极贡献。作为约旦重要的投资和贸易伙伴，约旦与科威特、卡塔尔、沙特等国在贸易投资、金融产业、教育科研、基础设施建设等多领域开展合作项目。约旦致力于与海湾国家建立更深层次的伙伴关系，以共同的历史文化为契机，促进人民之间的相互联系与友好往来。2011 年约旦正式申请加入海合会，受到海合会最高理事会的高度关注，同年 5 月，最高理事会举行第十三次协商会议，讨论关于加强海合会与约旦哈希姆王国之间合作的相关决议，并欢迎约旦申请加入海合会。通过长期沟通与协商，双方通过互利共赢的发展模式，努力克服贸易投资障碍，积极协调支持各领域互动发展的项目计划，实现地区组织与国家之间的良好合作。2021 年初，约旦国王接见海合会秘书长，双方就继续加强合作、发展战略伙伴关系充分交换意见，在和平解决巴以问题、共同推进伊斯兰事业上达成一致，支持阿拉伯国家采取联合行动共同应对地区危机。[①] 在外交活动上，约旦国王 2021 年的出访首站选择阿联酋，双方就扩大双边关系、加强部门合作、维护地区稳定进行磋商，重申在两国方案的基础上达成公正、全面解决巴勒斯坦问题的共识[②]。约旦国王于 10 月 12 日访问卡塔尔，双方领导人举行会谈，重申两国及人民之间牢固的友好关系，并在政治、经济、投资、文化发展等领域寻求进一步合作，以期扩大投资市场，增加就业。同时双方还对巴勒斯坦问题及叙利亚最新局势进行交流，对维护地区稳定、和平解决争端达成一致看法。[③]

---

① "King Receives GCC Secretary General," *King Abdullah II*, Jan. 26, 2021, https://www.kingabdullah.jo/en/news/king-receives-gcc-secretary-general.

② "King Meets Abu Dhabi Crown Price," *King Abdullah II*, Jan. 16, 2021, https://www.kingabdullah.jo/en/news/king-meets-abu-dhabi-crown-prince-1.

③ "King Holds Talks Qatar Emir in Doha," *King Abdullah II*, Oct. 12, 2021, https://www.kingabdullah.jo/en/news/king-holds-talks-qatar-emir-doha.

三、地区大国竞争中的小国生存之道

（一）海外援助缓解财政压力

公共安全危机是造成约旦财政压力增大的直接原因。针对约旦在2021年年中的疫情反复，美国向约旦提供了470万美元的疫情紧急援助，用于向约旦提供医疗物资、设备和药品，以及培训重症监护和疫苗管理医护人员。自疫情暴发以来，美国向约旦提供专项疫情援助共计3650万美元，培训医护人员1.65万。① 欧盟也于9月13日向约旦政府赠款2200万欧元，用于加强约旦的公共卫生系统，改善疫情影响下其基础医疗卫生条件，缓解医疗系统面对疫情蔓延的压力。②

由于约旦接收了大量来自叙利亚地区的难民，国内发展受难民问题掣肘严重，需要各国援助约旦从而共同化解难民危机，同时为防止难民问题的进一步扩大化，约旦的周边国家确实也承担了一定压力。2022年初，联合国难民事务高级专员和巴林皇家人道主义基金会签署了一项价值100万美元的协议，用以援助在约旦的叙利亚难民。根据该协议，巴林皇家人道主义基金会将在未来6个月内通过联合国难民署向居住在约旦难民营外的253个难民家庭提供现金援助，满足支付房租、生活账单、购买食物和支付药品费用等紧急需求。③ 科威特于2021年11月向约旦提供8000万美元援款，用以支持约旦能源领域发展及应对叙利亚难民危机给公共卫生带来的严峻挑战。④

---

① "United States Provides Additional $4.7 Million to Jordan Urgent", *USAID*, Aug. 29, 2021, https://www.usaid.gov/jordan/press-releases/aug-30-2021-united-states-provides-additional-47-million-jordan-urgent.

② "EU Approves 22-Million-Euro Grant to Strengthen Jordan's Public Health System", *Jordan Times*, Sep. 13, 2021, https://www.jordantimes.com/news/local/eu-approves-22-million-euro-grant-strengthen-jordans-public-health-system.

③ The UN Refugee Agency, "Bahrain Royal Humanitarian Foundation and UNHCR Sign an Agreement to Support Syrian Refugees in Jordan", *UNHCR*, Feb 8, 2022, https://www.unhcr.org/jo/17363-bahrain-royal-humanitarian-foundation-and-unhcr-sign-an-agreement-to-support-syrian-refugees-in-jordan.html.

④ "Jordan, Kuwait Fund Sign Loan, Grant Agreements Worth $80m", *Jordan News*, Nov. 12, 2021, https://www.jordannews.jo/Section-112/Economy/Jordan-Kuwait-fund-sign-loan-grant-agreements-worth-80m-9688.

在长期发展问题上，约旦接收了来自美国及欧盟国家的大额经济援助，主要用于扩大教育资源、缓解就业压力以及解决水资源短缺问题。2021 年 12 月 13 日，美国向约旦交付 5.97 亿美元赠款，作为美国政府 2021 年为约旦拨付 12 亿美元计划援助的一部分，支持经济、卫生、教育和社会服务部门的发展，以刺激约旦经济。① 2021 年末，世界银行为约旦政府提供价值 1.12 亿美元货款，用以支持约旦政府的就业计划，培训失业人员，帮助私营部门创造 7 万—10 万个工作岗位。②

解决水资源问题一直是海外对约援助的重点领域。2022 年初，约旦河谷管理局与美国国际开发署（USAID）签署协议，由美国国际开发署资助约旦 2590 万美元，用于实施约旦河谷水务项目计划，进一步加强约旦河谷水资源的开发和利用，保障约旦河谷地区饮用水和灌溉用水的持续供应和水资源安全。③ 德国和欧盟也分别与约旦计划与国际合作部签署协议，为约旦提供累计 8640 万欧元的发展赠款。其中，德国提供 2000 万欧元资助约旦水务部改善其北部地区的供水和卫生服务、2940 万欧元用于改善叙利亚难民及当地社区的供水和卫生服务，1200 万欧元资助约旦教育部实施教育改革；欧盟提供 2500 万欧元，用以改善安曼南部地区的卫生服务、升级互联网络、建造污水处理站。④

约旦是联合国、国际货币基金组织、世界银行、世贸组织等关键国际组织的成员国，也是阿盟成员国。约旦还与其他地区组织，如欧盟、欧安组织、北约等保持良好的合作伙伴关系。约旦与欧盟长期保持伙伴关系。帮助约旦加强社会经济发展、强化法治、提升边境管理、防止暴力极端主义。欧盟计划在 2017—2020 年，向约旦提供 3.35 亿欧元—4.1 亿欧元的

---

① "Planning Ministry, USAID Sign Assistance Agreement Worth $597m", *Jordan Times*, Dec. 13, 2021, https://www.jordantimes.com/news/local/planning-ministry-usaid-sign-assistance-agreements-worth-597m.

② "Jordan: US $112 Million to Finance National Employment Program in the Private Sector, Focused on Jobs for Youth and Women", *The World Bank*, Dec. 22, 2021, https://www.worldbank.org/en/news/press-release/2021/12/22/jordan-us-112-million-to-finance-national-employment-program-in-the-private-sector-focused-on-jobs-for-youth-and-women.

③ "Ministry of Water and Irrigation and USAID Sign a Cooperation and Support Agreement", *Ministry of Water and Irrigation (Jordan)*, 2022, http://mwi.gov.jo/Ar/NewsDetails/المياه_و_الوكالة_الامريكية_للتنمية_USAID_توقعان_اتفاقية_تعاون_ودعم_لشركة_مياه_اليرموك_بقيمة__259_مليون..

④ "MOP: German and EU Development Grants 86 million Euros", *Ministry of Planning (Jordan)*, http://www.mop.gov.jo/Ar/NewsDetails/التخطيط_منح_تنموية_ألمانية_وأوروبية_بقيمة_86_مليون_يورو.

援助。[①] 为应对叙利亚危机，欧盟信托基金（EU Trust Fund）向约旦提供8300万欧元的援助用于解决叙利亚难民和约旦弱势群体的教育及医疗等项目。此前4年，欧盟地区信托基金已向约旦提供3亿欧元的经济援助，用于安置叙利亚难民。[②]

四、中国与约旦双边关系

约旦是与中国风雨同舟、守望相助的战略伙伴，两国的互信关系不断深化。自1977年中国与约旦建交以来，双方关系长期友好。中约两国在2015年建立战略伙伴关系，双边关系取得长期健康稳定发展。双方各层次、各领域交流活跃，务实合作成果丰硕。中约双方在巩固政治互信、加强战略沟通上积极合作，不断就对方核心利益问题提供坚定支持，践行多边主义、努力维护地区与周边安全。面对新冠肺炎疫情，中约双方守望相助、携手抗疫。2021年4月，中方克服困难，为约旦提供疫苗援助，约旦也积极参与中国国药疫苗临床试验，互帮互助，在国际抗疫合作中树立典范。[③] 经济发展方面，双边经贸往来优势互补、合作共赢，两国在能源、通信、交通、农业、绿色经济、数字经济、智能制造等领域深化合作，中国已是约旦第三大贸易伙伴和第二大进口来源国。2021年，中约双边贸易在疫情下强势反弹。中国对约贸易投资潜力巨大，发展合作前景广阔。

中国企业与约旦优势产业积极开展合作。2018年5月23—24日，中国纺织工业联合会代表团赴约旦进行产业合作调研，推进两国的纺织业优势互补。根据中纺联代表团的调研，约旦纺织服装业能够有亮眼的出口成绩，得益于美国在约旦设立"合格工业区"，在"合格工业区"生产的产

① "European Neighbourhood Instrument (ENI)," *European Commission*, https://ec.europa.eu/neighbourhood-enlargement/neighbourhood/countries/jordan_en.

② "EU Regional Trust Fund in Response to the Syrian Crisis: With New Projects Adopted for Refugees and Local Communities in Jordan, Iraq, and Turkey, the EU Trust Fund Mobilised so far □ 1.6 Billion," *European Commission*, December 17, 2018, https://reliefweb.int/sites/reliefweb.int/files/resources/IP-18-6809_EN.pdf.

③《中国援助约旦新冠疫苗运抵并举行交接仪式》，中华人民共和国驻约旦哈希姆王国大使馆经济商务处，2021年4月26日，http://jo.mofcom.gov.cn/article/zxhz/hzjj/202104/20210403055387.shtml.

品销往美国时享受免关税、免配额的优惠。[①] 中国与约旦在纺织业的合作将是双赢的选择。比如公司总部设在中国香港的尊威制衣有限公司（Jerash Holdings），工厂设在约旦工业区内。2018 年 5 月尊威制衣在美国纳斯达克上市，是约旦乃至阿拉伯世界第一家在纳斯达克上市的企业。[②] 约旦还是全球排名前 10 的钾肥生产国。2018 年 7 月 23 日，中国国家开放投资集团有限公司所属全资子公司——国投矿业投资有限公司以 5.02 亿美元收购约旦阿拉伯钾肥公司（Arab Potash Company，APC）28% 的股权，成为 APC 第一大股东。[③] APC 是约旦唯一从事钾盐开发的企业，是全球第 8 大钾盐生产商。

约旦政府欢迎中国继续拓展在约旦服装、化工、可再生能源等领域的投资。约旦政府还愿意与中国公司合作在约旦境内修建铁路，认为中国参与铁路修建将意味着中国积极参与地区重建，有非常正面的象征意义。[④] 中约两国即将签署“‘一带一路’合作备忘录”。约旦方面相信在“一带一路”倡议的框架内，双方可以签署和落实更多的互利共赢协议，双边经济政治合作将更具建设性。

2021 年正值中国共产党成立 100 周年与约旦建国 100 周年，双方互动密切，往来频繁。在中国共产党百年华诞之际，约旦国王阿卜杜拉二世向习近平主席致以贺电，热烈祝贺中国共产党成立 100 周年。国王在贺电中表示，约中友谊深厚、合作紧密，约方深感自豪，愿进一步加强两国战略伙伴关系。中国国务委员兼外长王毅也与约旦副首相兼外交与侨务大臣萨法迪进行通话，王毅祝贺约旦迎来建国百年，并表示中约传统友谊深厚，双方战略伙伴关系近年来持续向前发展，政治互信不断增强，务实合作稳步推进。[⑤] 为庆祝中国共产党成立 100 周年和约旦建国百年，中国驻约旦大使馆在 6 月 10 日举办线上研讨会，中国大使回顾了双方的历史进程，肯

---

① 张传雄：《中纺联组团赴以色列、约旦两国进行产业合作调研》，载《纺织服装周刊》，2018 年第 20 期，第 11 页。

② 《驻约旦大使潘伟芳出席尊威制衣卫星工厂奠基仪式》，中华人民共和国驻约旦哈希姆王国大使馆，2018 年 12 月 9 日，https：//www. mfa. gov. cn/ce/cejo/chn/zygxyw/t1620243. htm。

③ 《国投矿业与 Nutrien 签署约旦阿拉伯钾肥公司 28% 股权购买协议》，载《磷肥与复肥》，2018 年第 9 期，第 52 页。

④ ［约］哈姆扎·欧麦利：《期待“一带一路”走进约旦》，王晓波译，载《中国投资》，2018 年第 23 期，第 50 页。

⑤ 《王毅同约旦副首相兼外交与侨务大臣萨法迪通电话》，中国政府网，2021 年 3 月 13 日，http：//www. gov. cn/guowuyuan/2021 -03/13/content_5592686. htm.

定了百年之下中约奋斗历程的共通之处和共同智慧，对双边关系的未来发展充满期待。约方也对中国治国理政成就和中国共产党的百年历程做出高度评价。约旦共产党总书记阿特梅奇在中国共产党与世界政党领导人峰会上的发言提到，中国治国理政经验为世界各国提供有益借鉴，中国共产党全心全意为人民服务，坚定不移推动改革开放，坚持全面从严治党，取得了举世公认的成就，期待今后加强两党的进一步交流合作。[①] 约旦驻华大使也表示约旦和中国之间的友谊为深化双边合作打开了一扇扇大门，期待中约两国在更多领域开展合作。[②] 此外，中国外交部于 2021 年 10 月中旬组织访问交流活动，邀请来自 17 个阿拉伯国家和阿盟的驻华使节游览青海，了解中国生态环境保护现状，感受中国生态文明建设成就。[③] 在双方不同层次、不同领域的互动往来中，两国友好关系持续加强。

作为现代国家的约旦并不是国际政治舞台上的大国，甚至算不上中东地区的地区大国，自然资源储备总体也谈不上富足，然而约旦有不可忽视的重要影响力。约旦的影响力既来自于独特的群强环伺的地理位置，也源于国内政局相对安定以及国家精英的积极外交。对于周边国家，约旦奉行睦邻的外交政策，是追求和平、关心难民、承担国际道义的美誉度较高的中东国家。

---

① 《约旦共产党总书记法拉杰·阿特梅齐发言》，中国共产党与世界政党领导人峰会，2021 年 7 月 6 日，https：//www. cpc100summit. org/cn/speeches/ZnKqlHrWuv. html。

② ［约旦］胡萨姆·侯赛尼：《为约中友谊感到自豪（大使说）》，载《人民日报（海外版）》2021 年 4 月 5 日，第 8 版。

③ 韩晓明：《中国的生态文明建设走在世界前列》，载《人民日报》2021 年 10 月 21 日，第 3 版。

第六章　约旦与巴以关系

约旦位于亚洲西部，阿拉伯半岛的西北，西与巴勒斯坦、以色列为邻，北与叙利亚接壤，东北与伊拉克交界，东南和南部与沙特阿拉伯相连，西南一角濒临红海的亚喀巴湾是唯一的出海口。① 约旦总面积为8.9万平方千米，人口约为1080万。无论从国土面积、人口规模、经济实力哪个维度进行划分，约旦都属于国际关系中的“小国”，而从地缘政治的角度来看，约旦被周围大国、强国所环绕，是“地缘政治的缓冲带”。

现如今的约旦王国属于典型的“人造国家”，约旦原属于巴勒斯坦的一部分，从属于阿拉伯帝国，后沦为奥斯曼帝国的边疆省份。19世纪后期随着奥斯曼帝国的衰弱，约旦成为英国在中东殖民统治的一部分，后于1921年被英国殖民当局人为以约旦河为界，强行从巴勒斯坦划出，成立外约旦酋长国。1946年外约旦独立，并随后在1948年第一次中东战争中占领约旦河西岸4800平方千米的土地，从此约旦河东、西两岸合称“约旦哈希姆王国”。由于约旦国家建构的特殊性与独特的地缘政治位置，再加上旧有的外部干预、宗教纷争、历史问题等因素使得约旦成为历次阿以冲突的最前沿。正因如此，为保证自身的国家利益与统治稳定，约旦历来与英、美等西方大国较为亲近。

约旦的国家间外交实践注定需要一种“巧妙”的平衡来维持自身统治的长治久安。

在世袭制君主立宪制的约旦，君主作为国家元首与三军统帅拥有绝对的实权。“哈希姆”是先知穆罕默德的曾祖父，在阿拉伯语中意为“掰开面饼的人”，现如今的哈希姆家族是“圣裔”的后代，因此约旦的政治合法性深深地植根于伊斯兰教义中。约旦王室在国内受到普遍的支持与信

---

① 中国外交部：《约旦国家概况》，https://www.fmprc.gov.cn/web/gjhdq_676201/gj_676203/yz_676205/1206_677268/1206x0_677270/。

任，在国际上拥有着良好的形象，但与沙特阿拉伯、伊朗等典型的中东地区伊斯兰国家不同的是，约旦的世俗性较强，约旦的道义理想化与宗教伦理规范的色彩并不特别浓厚。总的来说，虽然约旦的内政、外交政策较为温和与务实，但是其与邻国巴勒斯坦、以色列之间的关系却是暧昧不清、变化莫测的。

在约巴关系上，约旦曾一度吞并约旦河西岸，力图实现东、西两岸的合并，从而扩大自身版图与势力，实现构建大叙利亚（The Greater Syria）的野心。[①] 同时，约旦也赋予被接受的巴勒斯坦难民约旦国民的身份，使得他们完全融入至约旦的国家建构之中。而当巴勒斯坦解放组织（Palestine Liberation Organization，以下简称“巴解”）的实力不断壮大，乃至威胁到约旦的国家统治之时，约旦和同为阿拉伯兄弟的巴勒斯坦大打出手，将其逐出约旦，甚至被巴解主席亚西尔·阿拉法特（Yasser Arafat）称为“种族灭绝”。而当以色列于1982年发动黎巴嫩战争，进攻贝鲁特导致“巴解”元气大伤之时，安曼则再一次为他们打开了大门。在整个约巴交往互动中，双方从最开始的“约旦代表巴勒斯坦”，到承认巴解组织的合法地位，设想构建约巴邦联到最后约旦放弃对西岸的行政权，双方之间的关系时好时坏、反复无常，从根本上讲约巴友好的关键在于巴勒斯坦不会影响和威胁哈希姆王室的统治地位与约旦自身的国家利益。

在约以关系上，早在1947年，时任外约旦国王阿卜杜拉一世（Abdullah I bin al – Hussein）就与以色列达成了分割巴勒斯坦的协议，正因如此，他在1951年被激进的巴勒斯坦人所刺杀，继任的侯赛因国王（Hussein Ibn Talal）一生都致力于在大国争夺与各种势力之间保护约旦的安全与利益，促进国家的发展。在第三次中东战争之时，约旦罔顾以色列所传递的各种不要卷入战争的信号，对以色列作战，最终失去了对耶路撒冷老城以及整个约旦河西岸的统治。但在随后爆发的约旦内战中，当叙利亚军队陈兵约旦边境之时，以色列进行了相应的军事威慑，力保侯赛因政权的稳定。为收复失去的领土，侯赛因多次与以色列进行秘密会谈，并在第四次中东战争时提前告知以方即将开战的消息，在战争中消极出战，一

① Y. Porath, “Abdallah's Greater Syria Programme,” *Middle Eastern Studies*, Vol. 20, No. 2, 1984, pp. 172 – 189.

度出现了“开战还需要敌国进行同意[①]”的戏剧性一幕。战后，约以之间积极和谈但当以方“约旦选择”（Jordan Option）[②]不断升温之时，约旦及时与西岸断绝行政关系并最终与以色列关系正常化，成为继埃及之后第二个与以色列建交的阿拉伯国家。建交后的约以双方在经济发展、对外投资、高新技术、医疗产业、跨国旅游等领域上有着紧密合作的同时也一直龃龉不断。每当以军对巴实施大规模军事行动，不顾人权而进行狂轰滥炸之时，约以关系必然进入紧张状态。在耶路撒冷地位问题与有关巴古拉（al－Baqura）和古尔玛（al－Ghumar）[③]的领土使用权等问题上两国也一直争吵不断，乃至形成了一种“冷和平”，双边关系时紧时松、变化莫测。

总的来说，约旦与巴勒斯坦和以色列之间的关系错综复杂、千变万幻，因此理解约旦对巴勒斯坦、对以色列行为的根源，在有助于我们在百年未有之大变局的时代背景下理解当前中东国家关系的同时也有助于进一步更好地对接我国“一带一路”倡议。

一、约旦与巴勒斯坦

自阿拉伯征服西亚地区之后，外约旦皈依伊斯兰教，其领土被划分为阿拉伯帝国叙利亚行省以及约旦行省。1516 年奥斯曼土耳其人从马穆鲁克（Mamluks）王朝手中夺取叙利亚，外约旦成为奥斯曼帝国广阔领土中的一部分，但由于属于边疆省份，一直得不到伊斯坦布尔的重视。直到 19 世纪初期修建的从大马士革经约旦前往麦地那的汉志铁路才使得约旦基础设施得以发展。19 世纪末，随着奥斯曼帝国实力的不断衰弱，列强抓紧对于中东地区的瓜分，外约旦逐步沦为英国殖民统治范围。与此同时，在汉志（希贾兹）地区的先知穆罕默德的后裔、麦加谢里夫与埃米尔——哈希姆

---

① Avi Shlaim, *Lion of Jordan: The Life of King Hussein in War and Peace*, New York: Vintage Books, 2008, p. 372.

② “约旦选择”即认为约旦是巴勒斯坦人的祖国，以色列更倾向于与约旦达成解决方案而非巴勒斯坦。

③ 巴古拉和古玛尔分别位于约旦西北部伊尔比德省和约旦南部亚喀巴省。巴古拉面积约 6 平方千米，1950 年被以色列占领；古玛尔面积约 4 平方千米，1967 年第三次中东战争时由以色列控制。约以签署和平条约后规定两国交界处的上述两块土地主权归属约旦，允许以色列租用土地，租期 25 年。

家族的侯赛因·本·阿里（Hussein bin Ali）愈发对奥斯曼的腐朽统治不满，渴望重新恢复阿拉伯帝国昔日的荣光。他审时度势，选择与英、法等殖民势力进行合作。由于第一次世界大战爆发以及奥斯曼帝国选择加入同盟国阵营，英国为打败同盟国阵营、保护自身的利益，便抓住机会与侯赛因接近，并通过与时任英国驻埃及的高级专员亨利·麦克马洪（Henry McMahon）进行的书信往来对未来的领土范围划分进行协商。起初英国并不愿意商谈疆界问题，但是经过侯赛因的反复催促，英国最终被迫表示愿意支持侯赛因战后在英国指定的边界内建立一个包括梅尔辛、亚历山大勒塔，以及叙利亚的大马士革、霍姆斯、哈马和阿拉伯以西部分的阿拉伯国家，但不得损害英国盟友法国的利益。[①]

1908年起，青年土耳其党人（The Young Turks）上台之后不断要求进一步实现中央集权与奥斯曼帝国的土耳其化，从而给予广大阿拉伯人反对奥斯曼统治的绝佳借口与机会，再加上英国《侯赛因—麦克马洪通信》（McMahon - Hussein Correspondence）所给予的保障，侯赛因在麦加领导了阿拉伯大起义（The Arab Revolt），揭开了阿拉伯民族反抗土耳其统治的序幕。起义成功后，侯赛因建立阿拉伯王国，自立为国王，其第三子费萨尔（Faisal I bin Al - Hussein bin Ali Al - Hashemi）所领导的军队进军外约旦，直抵叙利亚。英军则从埃及出征，穿过巴勒斯坦，在外约旦与他们汇合。[②]正当费萨尔在大马士革加冕成为叙利亚国王时，法军正悄然在贝鲁特登陆，导致新成立的阿拉伯政府无法监管原本拟定好的贝鲁特及周边的叙利亚领土。因英、法两国为维护自身利益的需要，双方完全忽视《侯赛因—麦克马洪通信》中的领土划分，重新签订了臭名昭著的《赛克斯—皮科协定》（Sykes - Picot Agreement），法军攻占叙利亚和黎巴嫩，英军开进外约旦，巴勒斯坦实行国际共管。迫于无奈，侯赛因只得与英国重新商定领土划分，最终彼此商定沿约旦河—亚喀巴一线以东分割巴勒斯坦、建立外约旦酋长国，接受英国的委任统治，侯赛因的次子阿卜杜拉（Abdullah I bin Al - Hussein）担任外约旦埃米尔。

（一）第一次中东战争与约旦的诞生

随着第二次世界大战的爆发，外约旦以支持英国为条件换取了自身的

① 王铁铮：《中东国家通史·约旦卷》，北京：商务印书馆，2005年版，第83页。
② 冀开运：《二十世纪约旦史》，兰州：甘肃人民出版社，2004年版，第27页。

政治独立，虽然外约旦得以摆脱英国的殖民统治，但《英约条约》（Treaty of London）的签署使得外约旦依旧依附于英国，英国在帮助外约旦组建阿拉伯军团（Arab Legion）的同时，英军也继续驻扎在外约旦。新生的外约旦王国所面临的第一个考验就是1948年爆发的第一次中东战争。在英国根据《贝尔福宣言》（Balfour Declaration）宣布放弃对巴勒斯坦的托管，以色列宣布建国的当天，出于同为阿拉伯兄弟的手足情，由埃及、外约旦、伊拉克、叙利亚、黎巴嫩和沙特阿拉伯组成的阿拉伯联合军团浩浩荡荡地开进巴勒斯坦，以期“解放巴勒斯坦”，第一次中东战争随即爆发。战后，约旦河西岸与东岸合并共称之为约旦哈希姆王国，合并后的约旦人口总数约150万人，其中外约旦人不足50万，其余均为巴勒斯坦人。在这些巴勒斯坦人中，50多万人是难民，但所有人都自动成为约旦公民。虽然西岸巴勒斯坦人的加入使得约旦的人口得以扩大，但东岸与西岸之间的矛盾与分歧却为日后的约旦内战埋下了伏笔，也使得约旦的现代国家建构始终贯穿于巴勒斯坦民族主义与约旦民族主义的对抗与纷争之中。

（二）第二次中东战争与侯赛因国王继位

巴勒斯坦是第一次中东战争最大的受害者，流离失所的巴勒斯坦人对于战争失败的痛苦加上其余阿拉伯国家为刷洗自身在战争中的不作为推诿为约旦的“背叛”，约旦国王阿卜杜拉一世最终被激进的巴勒斯坦民族主义者刺杀身亡。历经塔拉勒国王的过渡，阿卜杜拉一世的子孙侯赛因继任约旦国王，约旦历史开启了侯赛因治下的新篇章。侯赛因国王虽然一生跌宕起伏、屡屡涉险，但一心致力于促进中东地区的和平，被西方所称赞为“约旦雄师”。侯赛因被确定继位之时不足17岁，缺少一定的政治训练，况且登基之时约旦风雨飘摇、政权不稳。亲眼见证祖父被刺杀的侯赛因从小便养成了独特的温和善变的性格，以争取最大限度保证约旦的国家利益。20世纪50－60年代，正是民族独立、反帝反殖思想风起云涌之时，在中东地区许多君主制政权被推翻，而约旦虽然是名义上的独立国家，但一直深受英国势力的影响，面对国内对哈希姆政权亲英的不满情绪以及掌控国家大权、维持政权合法性的需要，侯赛因在解除约旦军队中的英国将领职务的同时、选用贝都因人担任军官，促使军队“约旦化”；平息叛乱、解散政党的同时出于形式以及安全的考虑而频繁更换首相与内阁，使得自己牢牢地掌握军政大权，从而巩固哈希姆政权。但是约旦的同化政策并没有加深巴勒斯坦对于约旦的国家认同，反而因实行“东岸优先”政策而更加激化了原有的矛盾、撕裂了约旦社会。

（三）第三次中东战争与约旦内战

作为“圣裔”之后的侯赛因十分关心同为阿拉伯兄弟的巴勒斯坦问题，但是随着以巴解组织为代表的巴勒斯坦民族主义的崛起却对哈希姆政权带来了巨大的威胁。巴解组织在阿拉伯联盟的支持下，于1964年举办了第一届巴勒斯坦国民大会，确立了巴勒斯坦武装力量“法塔赫”。巴解组织的成立使得侯赛因更加担忧巴勒斯坦民族主义对于自身统治的威胁，而巴解组织以约旦为根据地时常骚扰约以边境的游击战术使得以色列经常进行报复行动，从而伤及约旦。1966年为报复巴解对以色列的骚扰，以色列选择约以边境的小村萨穆（Samu）进行报复。以色列对萨穆村的袭击是走向第三次中东战争的开始。虽然萨穆村事件造成的损失有限，但对约旦民众及侯赛因的心理造成的伤害很大，约旦舆论反应非常激烈，指责侯赛因未能在边境部署重兵保卫民众。萨穆村事件对约旦产生了巨大的影响，一方面约旦局势骤然恶化，到处都叫嚷着复仇，一时间约旦似乎要发生内战。只是由于军队保持冷静和对侯赛因的忠诚才使局势得到控制；另一方面，侯赛因拒绝进攻以色列，以报萨穆村被毁之仇，引起人们特别是西岸人怀疑他对阿拉伯团结的忠诚。①

1967年以色列以埃及封锁蒂朗海峡（Straits of Tiran）为借口“先发制人”挑起第三次中东战争。为出奇制胜、逐个击破，以色列的将领们希望尽可能避免同时与埃及和叙利亚作战，以色列希望约旦能够置身事外。此时约旦国内也几乎没有好战分子，因为约旦深信战争除了可能对以色列有好处外，对谁也不利。②但由于埃及国内好战的宣传以及对约旦的诋毁，约旦国内的形势也开始变得焦急与狂热，此时侯赛因真正担心的是西岸，约旦国内大量的巴勒斯坦人使得侯赛因担心自己统治的稳定，害怕被推翻，因此他最终选择参战。在整个第三次中东战争时期，约旦军队英勇作战赢得了阿拉伯世界的尊敬。第三次中东战争结束后，以色列夺回耶路撒冷老城，并使得20万巴勒斯坦难民流入约旦。随着法塔赫实力不断壮大，巴解

---

① ［英］詹姆斯·伦特：《约旦国王侯赛因》，钟伟云等译，北京：世界知识出版社，1992年版，第112页。

② ［英］詹姆斯·伦特：《约旦国王侯赛因》，第117页。

组织以约旦为基地加大对约以边境的骚扰从而引来以色列的大规模报复，破坏了约旦的安全与稳定，约巴之间的裂痕不断增大，最终引发约旦内战。1968 年以色列为报复巴勒斯坦游击队对以色列校车的袭击，对约旦境内的巴勒斯坦游击队卡拉梅（Karameh）营地发起攻击，但遭到了约旦和“法塔赫”战士的英勇抵抗，虽然最终以色列占领并摧毁了营地，但付出了牺牲 200 人的惨重代价。卡拉梅的胜利在有效提升了阿拉伯士气、引发国际社会广泛关注的同时也加大了巴方游击队对于以色列尤其是平民的无差别攻击，并逐步演变成恐怖主义，引起了国际社会的恐慌。巴解将胜利完全地归功于自身而忽略了约旦的庇护与帮助，从而又加大了约旦与巴解组织之间的间隙。根据公认的史实，约有 300 名巴勒斯坦士兵参加了战斗并勇敢地作战，但是由于缺乏训练、组织有限和缺少重型武器，巴方并没有造成多少以色列国防军人员的伤亡。[①] 在约旦人眼中，卡拉梅战役是约旦民族叙事中重要的一页，胜利主要归功于约旦正规军对以色列的正面打击，因此对巴解的独享荣誉、飞扬跋扈十分不满。战争的胜利带来了参军热，随着巴勒斯坦游击队的不断壮大，巴解实则在约旦拥有了“国中之国”的地位，严重破坏了约旦的主权。巴解在约旦无视法律法规、随意侮辱约旦官员与军队，甚至插手约旦的国家政治，宣传、号召推翻哈希姆政权。同样，1970 年解放巴勒斯坦人民阵线劫持了 4 架降落在约旦道森机场的西方国家民用客机（Dawson Airport）并最终将其全部炸毁，使得国际社会开始正视巴勒斯坦的恐怖主义。道森机场劫机事件（Dawson's Field Hijackings）严重破坏了约旦的国家形象，也使得约旦决心驱逐巴解组织，从而拉开了约旦内战的序幕。[②] 1970 年 9 月 17 日，侯赛因下令约旦军队向安曼、扎尔卡等地的巴解组织武装发动全面进攻，巴解组织游击队损失惨重。[③] 一直以来侯赛因国王都深切同情巴勒斯坦人，并在很大程度上跟他们拥有着同样的渴望；但是法塔赫却选择牺牲国王，他们所关心的只是收

---

① Syed Ali El – Edroos, *The Hashemite Arab Army, 1908 – 1979: An Appreciation and Analysis of Military Operations*, Amman: The Publishing Committee, 1980, p. 439.

② 1970 年爆发的约旦内战致使巴勒斯坦伤亡惨重，巴解组织被逐出安曼，前往贝鲁特。阿拉法特称约旦的行为是对巴勒斯坦人的“种族灭绝”，因战争爆发于九月，故也称“黑九月事件”（Black September）。“黑九月事件”是阿拉伯民族内部的一次分裂，严重破坏了巴勒斯坦解放事业；元气大伤的巴解组织在转战贝鲁特后也为后来的黎巴嫩内战埋下了伏笔。参见赵文亮：《约旦“黑九月事件”对阿以冲突的影响》，载《郑州大学学报（哲学社会科学版）》，2012 年第 2 期第 45 卷，第 145—150 页。

③ 唐志超：《约旦—列国志》，北京：社会科学文献出版社，2016 年版，第 69 页。

复巴勒斯坦。[①]侯赛因国王虽然同情同为阿拉伯兄弟巴勒斯坦人，但当自身国家利益受损、自身统治不稳之时只能驱逐巴解，更何况约旦希望收回西岸，巴勒斯坦看重自身的独立，两者在利益上的根本对立必然使得约巴冲突爆发。

（四）第五次中东战争与约巴走近

1977 年埃及总统萨达特对耶路撒冷的突访，使得埃以双方关系急速拉近，并最终成功突破了阿拉伯世界不承认以色列的历史。埃及打破重重障碍，最终与以色列签订《戴维营协议》（Camp David Accords），双方得以冰释前嫌、关系正常化。但埃以建交却被各阿拉伯国家认为是对巴勒斯坦以及阿拉伯世界的背叛，许多阿拉伯国家与埃及断交，并将其开除阿拉伯国家联盟（League of Arab States）。约巴均反对埃及与以色列的单独媾和，因此相同的立场使得双边关系开始逐渐升温。1982 年以色列以其驻英国大使被巴勒斯坦武装组织暗杀为借口对黎巴嫩境内的巴解组织和叙利亚军队展开进攻，挑起第五次中东战争，以期一举消灭巴解的有生力量，以色列所支持的黎巴嫩基督教长枪党制造了震惊世界的贝鲁特大屠杀（Sabra and Shatila massacre）。以色列的入侵使得巴解在黎巴嫩元气大伤，最终被迫撤出贝鲁特，而此时安曼的大门再一次向他们敞开，侯赛因国王主动表示愿意接纳巴解战士，并为他们提供所需的给养。

1982 年里根政府提出了著名的“里根方案”（Regan Plan），其内容是反对以色列占领与巴勒斯坦独立建国，但支持约旦和巴勒斯坦组成邦联，从而实现中东的和平。因其内容涉及未来约巴之间的联系，所以受到了两方不同程度的重视。双方进行反复磋商后，同意建立一个巴勒斯坦—约旦委员会，阿拉法特发表声明称“未来同约旦的关系应建立在两个独立国家间邦联的基础上。”[②] 双方的相似观点使得约巴关系走向了新的阶段。1984 年，约巴发表联合声明，宣称约旦和巴解同意继续对话，以“详细阐述一个共同观点，并在稳定、均衡的基础上，改组双方之间的关系，而这一基础将促使他们走在一起。”此后，侯赛因提出两个可供选择的方案：一是在接受联合国安理会 242 号决议的基础上，组成约巴联合代表团参加中东和谈；二是巴解在约旦的支持下单独参加中东和谈。最终巴解选择接受约

---

① ［英］詹姆斯·伦特：《约旦国王侯赛因》，第 151 页。

② 王铁铮：《中东国家通史·约旦卷》，第 252 页。

巴联合的策略。1985年侯赛因和阿拉法特在安曼就约巴联合行动问题达成《约巴联合行动方案》，该协议提出了解决中东问题的五点原则：

1. 遵照联合国安理会决议，以色列撤出1967年占领的全部阿拉伯领土以实现全面的和平。2. 一旦约旦河巴勒斯坦能够建立约巴国家邦联，在约巴邦联的范围内，巴勒斯坦行使不可剥夺的自决权。3. 根据联合国决议的原则解决巴勒斯坦难民问题。4. 解决巴勒斯坦面临的所有问题。5. 举行由安理会五个常任理事国和与冲突有关的各方参加的国际会议，巴勒斯坦人民唯一合法的代表巴解组织与约旦组成联合代表团参加会议，在这种国际会议的范围内进行和平谈判。[1] 但遗憾的是，约巴共同寻求中东和平的努力未能得到各方的认同与响应。以色列首先拒绝"里根方案"，并反对巴解在任何国际和平会议中的作用；美国也拒绝承认巴解的地位；苏联则认为约巴协议只是用来恢复已经破产的里根中东和平计划；阿拉伯世界内部的激进派也拒绝承认巴解[2]，最终导致约巴协议的流产。

总的来说，约巴关系不断亲近的原因有：1. 埃以之间的媾和使得埃巴关系中断，巴方急需坚强的后盾得以依靠。2. 第五次中东战争的爆发使得巴解在黎巴嫩元气大伤，被迫使以阿拉法特为首的巴解主流派不再坚持武装斗争是解决巴勒斯坦问题的唯一方式，转而将侧重点放在政治外交斗争方面。[3] 3. "法塔赫"在撤出黎巴嫩之后内部发生严重的不和，反对派得到叙利亚的支持从而使得叙巴关系的紧张，阿拉法特为摆脱被孤立的状况只能与温和派的阿拉伯国家走进。

（五）约巴建交

阿拉伯联盟（League of Arab States）于1974年承认巴解是巴勒斯坦人民的唯一合法代表，此举直接挑战了侯赛因国王对约旦西岸的统治。侯赛因国王决定无限期中止约旦议会活动，最终约旦宣布放弃西岸的统治，承认巴解在巴勒斯坦的地位并与巴国建交。双边建交之后经贸关系不断发展，双方建立了物流区，从而使得巴勒斯坦不再依靠于以色列，能够迈向更广阔的阿拉伯乃至全球市场。2017年8月，约巴双方合资成立园艺品销

---

① 王铁铮：《中东国家通史·约旦卷》，第252页。
② 王铁铮：《中东国家通史·约旦卷》，第253页。
③ 王铁铮：《中东国家通史·约旦卷》，第250页。

售公司，注册资金为2000万美元[①]，此举更加加深了彼此的经贸联系。在新冠肺炎疫情暴发后，安曼积极援助巴方[②]，并呼吁美国重启对巴勒斯坦的援助。[③]

一直以来，以色列的占领虽然在某种程度上促进了当地的经济发展，“六日战争”后的1967年到20世纪80年代初，加沙地带居民的人均年收入从80美元上升到1700美元。[④] 同一时期，约旦河西岸的国内生产总值翻了3倍。1967年，加沙地带只有18%的家庭得到电力供应，但1981年加沙地带并入以色列电网后，这一比例上升到89%。[⑤] 但是占领依旧未能使得巴勒斯坦脱贫，再加上历次战争的失败所带来的绝望与仇恨情绪以及伊斯兰主义的盛行使得第一次“因提法达”（The First Intifada）[⑥] 得以最终爆发。1987年12月9日，因在加沙地带的一起交通事故中，一名犹太卡车司机压死了四名阿拉伯工人使得第一次“因提法达”爆发，愤怒的阿拉伯人与以色列军警相对峙。在大起义之初，约旦政府为了削弱和降低巴解的作用与影响，竭力否认巴解对大起义的领导，强调这场斗争的自发性质，认为它是巴勒斯坦人对以色列长期占领的自然反应。[⑦] 同时，约旦政府还采取相关措施，限制约旦国民对巴勒斯坦的声援活动，禁止约旦难民营中的巴勒斯坦人的游行集会。

以色列总理埃胡德·巴拉克（Ehud Barak）执政之后着手继续推进巴以之间的和平，并从黎巴嫩撤军。2000年夏，巴拉克与阿拉法特再次在戴维营举行谈判，意图彻底解决巴勒斯坦建国中最棘手的问题，以方为巴方提供了约旦河西岸92%的土地和耶路撒冷的部分地区，但遭到巴方的拒

---

① Ahmad Melhem, “Palestine, Jordan boost economic ties,” *AL – Monitor*, July 29, 2019, https://www.al-monitor.com/originals/2019/07/palestine-jordan-boost-trade-logistics-zone-border-israel.html.

② “Royal directives: Armed forces dispatch aid convoy to Gaza,” *The Jordan Times*, May 18, 2021, https://www.jordantimes.com/news/local/royal-directives-armed-forces-dispatch-aid-convoy-gaza.

③ “Egypt, Jordan hail US plan to restart aid to Palestine,” *Middle East Monitor*, April 8, 2021, https://www.middleeastmonitor.com/20210408-egypt-jordan-hail-us-plan-to-restart-aid-to-palestine/.

④ ［以色列］丹尼尔·戈迪斯：《以色列：一个民族的重生》，王戎译，宋立宏校译，杭州：浙江人民出版社，2018年版，第353页。

⑤ ［以色列］丹尼尔·戈迪斯：《以色列：一个民族的重生》，第353页。

⑥ “因提法达”，即为阿拉伯抵抗运动。

⑦ 王铁铮：《中东国家通史·约旦卷》，第255页。

绝。随着地区局势的愈发紧张，以色列国内弥漫着失望与质疑的声音，反对派领导人阿里埃勒·沙龙（Ariel Sharon）在大批军警的保卫下参观圣殿山，以展现以色列继续控制耶路撒冷老城的决心，随即巴以之间爆发冲突，第二次“因提法达”（The Second Intifada）爆发。在第二次“因提法达”期间，约旦的伊斯兰团体及各反对派组织了声势浩大的“挺巴反以”游行，要求当局解除与以色列的和平协定，关闭以色列国驻安曼大使馆。为安抚民意、彰显自身“圣裔”后人的形象，时任约旦国王阿卜杜拉二世①（Abdullah II Bin Hussein）公开承诺支持巴勒斯坦事业，表示将调用约旦所有的资源给巴方，并提供必要的食物与医疗救助。但随着“因提法达”的不断升级与持续，约旦议会内却爆发了激烈的争论，约旦裔与巴勒斯坦裔的议员们彼此指责对方的不忠，选择与以色列进行合作。②约旦政府持续不断地对巴勒斯坦权力机构进行物质、道义上的援助与支持，是为了改变反对派对其形象的抹黑。约旦境内有着大量巴勒斯坦裔人口，官方稍有不当的举动就可能会再一次引发内战，从而威胁哈希姆家族的统治。

每当以色列在加沙进行大规模军事行动时，约以关系就会相对急剧下降，约巴之间的关系就会有所缓和，但约旦统治者始终密切注意着巴勒斯坦民族主义对哈希姆政权的影响与威胁。2020年以色列国内政治愈发“右倾”，出于选举的需要，时任总理内塔尼亚胡（Benjamin Netanyahu）力图兼并约旦河西岸以构建“大以色列”（The Greater Israel），此举遭到约旦的反对。约旦郑重警告以色列“此举会带来灾难性的影响，约旦绝不会让以色列放任自流。”③ 而当美国斡旋阿联酋与以色列建交之时，约旦的反应也较为冷淡，约方依旧强调只有巴勒斯坦和平建国，中东才能真正实现和平。

回顾整个约旦与巴勒斯坦之间的历史，约旦从最初渴望兼并巴勒斯坦到最后彻底放弃对西岸的统治，约旦民族主义与巴勒斯坦民族主义的争锋一直贯穿其中。约旦国内大量的巴勒斯坦人并没有成功地转换为对约旦的国家认同，约旦的君主为巩固其执政地位以及其“圣裔”后代的特殊宗教

① 阿卜杜拉二世为侯赛因国王的长子，现任约旦国王，于1999年在侯赛因国王逝世后继位。

② Joseph Nevo, “Jordan, the Palestinians and the Al - Aqsa Intifada,” *Civil Wars*, Vol. 6, Issue, 3, 2003, p. 76.

③ “Jordan’s king says regional stability put at risk by Israeli annexation,” *Reuters*, June 17, 2020, https://www.reuters.com/article/us-israel-palestinians-annexation-jordan-idUSKBN23N3EK.

地位，需要在“道义”上支持巴勒斯坦反对以色列，因此约巴之间的关系一直时好时坏、分分合合，直到最后约旦彻底放弃对西岸的统治，双方的关系才得以进一步发展。

二、约旦与以色列

第一次中东战争之前，果尔达·梅厄（Golda Meir）化装成阿拉伯妇女秘密来到约旦与阿卜杜拉国王会面，她恳求阿卜杜拉国王不要攻击以色列，以色列愿意与约旦成为盟友，但遭到阿卜杜拉的拒绝，约旦认为自己没有其他的选择。战争结束后，联合国分治决议中所划分给阿拉伯国家的土地被以色列、外约旦和埃及瓜分，外约旦和以色列也签订了彼此长达330英里的曲折的边界线，外约旦兼并了约旦河西岸、控制了耶路撒冷老城，扩大了自身领土范围，因此，从某种意义上讲，外约旦也是第一次中东战争的受益者。

（一）约旦内战与约以合作

萨穆村事件的发生也使得侯赛因重新评估美国对其政权的支持力度以及与以色列私下的秘密协定①，侯赛因重新缓和与阿拉伯各国之间的关系，并最终与埃及签订了军事协议。第三次中东战争开始之时，以色列曾努力让约旦置身事外，以方通过停战委员会、联合国和美国等多方面向约旦释放出“停火”信号②，但遭侯赛因以“迫不得以的保护或直面内乱”为由所拒绝。③ 第三次中东战争约旦付出了700名士兵阵亡，6000人负伤、失踪，整个约旦空军以及11个陆军旅中的7个被彻底摧毁的惨痛代价。④ 约旦的战败使得其失去了耶路撒冷老城以及约旦河西岸，而大量涌入的巴勒

---

① Telegram from Ambasserdor Burns to the Secretary of State, December 1966, NSF Country File: Jordan, Memos.

② Odd Bull, *War and Peace in the Middle East: The Experiences and Views of a UN Observer*, London: Leo Cooper, 1976, p. 11.

③ “Telegram From the Embassy in Jordan to the Department of State”, Foreign Relations of United States (FRUS), 1964 – 1968, Vol. 19, Arab – Israeli Crisis and War, 1967; Jordan, May 1967, https: //history. state. gov/historicaldocuments/frus1964 – 68v19/d12.

④ Avi Shlaim, *Lion of Jordan: The Life of King Hussein in War and Peace*, pp. 252 – 254.

斯坦难民以及巴解组织的不断崛起引发了约旦王室的统治危机，为应对危机，侯赛因国王一方面中止民主化进程、暂停选举、颁布紧急状态法令等对内实行一定的高压统治；另一方面，利用一切可利用的方式继续展示自身在西岸的存在，从而力图保证自身政治统治的合法性。为此，他曾在伦敦秘密会见以方特使雅科夫·赫尔佐格（Yaakov Herzog）商讨西岸的未来。侯赛因希望用一项政治协定来换回所有以方占领的土地，但遭到拒绝。① 虽然以色列占领了耶路撒冷老城、控制了约旦河西岸，但是为摆脱占领所带来的种种后果，抑制抵抗运动的不断发展壮大，其也乐于看见约旦在西岸的存在，甚至在一定程度上还主动鼓励西岸的巴勒斯坦人依靠约旦。②在1970年爆发的“黑九月事件”中，约旦军队向巴解组织开战时，阿拉伯各国纷纷做出反应，谴责约旦政府。叙利亚派出一支坦克部队占领了约旦北部的阵地，支援巴勒斯坦游击队。③约旦未能成功击退叙利亚的入侵，侯赛因国王紧急向美国求援。④ 以色列担心约旦的局势恶化，遂决定支持哈希姆政权。以色列空军战机飞越叙利亚部队上空，制造超声速爆破以威慑叙利亚，最终成功迫使叙利亚退出约旦领土。⑤“黑九月事件”首次证明了以色列不惜使用武力来维持哈希姆政权的稳定，体现了约以之间在反对巴勒斯坦民族主义之间彼此“惺惺相惜”的关系。

1972年3月15日，侯赛因提出建立“阿拉伯联合王国”（United Arab Kingdom）的设想。主要内容为：东西两岸以及巴勒斯坦各领土合为联邦制王国，王国首都设在安曼，巴勒斯坦区域的首都为耶路撒冷，由侯赛因出任国王和武装部队总司令；两岸分别选举出自己的政府和议会，但司法和外交权归中央政府所有，中央政府由两岸共同组建。⑥ 这一提案一经提出即遭到反对，以色列议会（The Knesset）发表声明“犹太民族对以色列

---

① Elie Podeh, *Chances for Peace: Missed Opportunities in the Arab - Israeli Conflict*, Austin: University of Texas Press, 2015, p. 88.

② 王铁铮：《中东国家通史·约旦卷》，第239—240页。

③ 唐志超：《约旦—列国志》，北京：社会科学文献出版社，2016年版，第69页。

④ “Transcript of a Telephone Conversation Between the President’s Assistant for National Security Affairs and the Israeli Ambassador,” Foreign Relations of United States (FRUS), 1969 - 1976, Vol. 24, Middle East Region and Arabian Peninsula, 1969 - 1972; Jordan, September 1970, https://history.state.gov/historicaldocuments/frus1969-76v24/d287.

⑤ Avi Shlaim, Lion of Jordan: The Life of King Hussein in War and Peace, p. 333.

⑥ Rût Lapîdôt and Moshe Hirsch, eds., *The Jerusalem Question and Its Resolution: Selected Documents*, Leiden: Martinus Nijhoff Publishers, 1991, p. 291.

土地（*The Land of Israel*）的历史权利是无可置疑的”①。

（二）第四次中东战争与约以密谋

1973 年第四次中东战争爆发，在战争开始之前侯赛因秘密访问耶路撒冷，他告诉梅厄总理，埃及和叙利亚即将发动进攻。② 第四次中东战争初期的“惨痛回忆”打破了以色列不可战胜的神话，以色列国内的政治与文化开始分崩离析、矛盾凸显。新继任的伊扎克·拉宾（Yitzhak Rabin）的新一届工党政府着手重整内政、重塑外交。在巴以和谈上，以色列工党一直强调“约旦选择（Jordanian Option）方案”③，该方案旨在以牺牲巴勒斯坦人为代价、由以色列与约旦哈希姆王族划分前委任统治地区，这样就加强了他们在占领与和平问题上的平衡术。④ 与此同时，侯赛因仍坚持不懈地争取收复阿拉伯领土，巩固哈希姆家族的统治。然而 1973 年的第 6 届阿拉伯首脑会议承认了巴解组织是巴勒斯坦人民的唯一合法代表，此举最终迫使约旦与以色列再次走近以提防巴解逐渐上升的势力，并寻求解决被占领土的可能。

（三）利库德当政与约以建交

1977 年以色列大选之后，梅纳赫姆·贝京（ Menachem Begin）所领导的右翼利库德（Likud）政府上台，取代了工党在以色列政坛的主导地位。利库德与工党意识形态的根本不同在于源于新修正派犹太复国主义将犹太民族追求“大以色列”的权力解读为一项历史性的民族任务，态度更加坚决⑤，因此利库德集团并没有致力于安曼君主制的生存，以色列外交政策中的约旦取向被埃及所代替。对此，约旦担心以色列新政府不仅吞并西岸，并且会大规模地将西岸巴勒斯坦人驱赶到东岸。⑥贝京政府最大的外交成就

① Israel Ministry of Foreign Affairs, *Israel's foreign relations – Selected Documents, 1947 – 1974, Volumes 1 – 2*, Statement to the Knesset by Prime Minister Meir, 16 March, 1972.

② ［以色列］丹尼尔·戈迪斯：《以色列：一个民族的重生》，第 287 页。

③ “约旦选择”即认为约旦是巴勒斯坦人的祖国，以色列更倾向于与约旦达成解决方案而非巴勒斯坦。

④ ［以色列］艾兰·佩普：《现代巴勒斯坦史》（第二版），上海：上海人民出版社，2019 年版，第 209 页。

⑤ 崔守军、吴诗尧：《以色列利库德党的意识形态探析》，载《当代世界与社会主义》，2018 年第 2 期，第 124 页。

⑥ Avi Shlaim, *Lion of Jordan: The Life of King Hussein in War and Peace*, p. 397.

是 1978 年与埃及签署《戴维营协议》，最终两国成功建交。但是“和平”的欢欣鼓舞并没有持续很久，埃及总统曾向巴勒斯坦人承诺通过双边协议解决巴勒斯坦问题，但并未兑现。[①] 约旦也对该协议反应冷淡，并不认为会出现真正的和平，约旦从“法律和道德”上都反对该协议的落实。[②]

1982 年爆发的第五次中东战争，时任以色列国防部长的阿里埃勒·沙龙的一个隐秘的作战目标实为迫使大批巴勒斯坦人进入约旦，从而结束哈希姆政权，让约旦成为巴勒斯坦人的家园[③]，以一劳永逸地解决巴勒斯坦问题。整个 20 世纪 80 年代，利库德都设法阻止达成与约旦的任何方案，反复强调“约旦是巴勒斯坦的祖国”，直到侯赛因与西岸断绝了所有的行政联系，“约旦选择”彻底失去意义时，利库德当局为平衡老对手工党的“巴勒斯坦选择”（Palestinian Option）时，利库德才开始将约旦视为阻止建立巴勒斯坦实体国家的伙伴。[④]

正是因为要面对来自各方的压力，尤其是驳斥以方的论调，体现西岸和加沙地带的巴勒斯坦特征，约旦最终选择放弃对西岸的统治，承认巴解是西岸的唯一合法代表。但是作为一个阿拉伯国家，约旦将继续承担对巴勒斯坦事业的责任，如同对阿拉伯民族事业一样[⑤]，约旦放弃对西岸的统治，与巴勒斯坦开启新的平等伙伴关系也为随之到来的约以建交打下铺垫。

1992 年伊扎克·拉宾所领导的工党再次赢得以色列大选，并最终与巴方签订了《奥斯陆协议》成为巴以关系的里程碑，奥斯陆带来的“和平”使得此时作为在野党的利库德集团痛斥工党的“反犹太复国主义罪”的同时也积极调整自身的外交取向，积极支持达成约以之间的和平。

1991 年召开的马德里会谈结束后，相较于巴以之间进展缓慢的和谈，约以之间的既有“合作”基础以及以色列国内的和平意愿使得彼此会谈较为顺利。随着巴以双方最终签署《奥斯陆协议》，约以之间就领土纠纷、水资源分配和安全等议题达成最终协议。1994 年 7 月 25 日，侯赛因国王

---

① ［以色列］艾兰·佩普：《现代巴勒斯坦史》（第二版），第 210 页。

② Mehrunnisa Ali, “Jordan's Stance Towards The Camp David Agreements,” *Pakistan Horizon*, Vol. 31, No. 4, 1978, p. 103.

③ Hassan A. Barari, Jordan and Israel: A Troubled Relationship in a Volatile Region, Amman: Friedrich – Ebert – Stiftung Jordan &Iraq, 2014, p. 67.

④ Hassan A. Barari, Jordan and Israel: A Troubled Relationship in a Volatile Region , p. 70.

⑤ ［以色列］艾兰·佩普：《现代巴勒斯坦史》，第 257 页。

和拉宾总理签署《华盛顿宣言》，双方得以结束战争状态，实现关系正常化。约旦成为继埃及之后第二个与以色列建交的阿拉伯国家，约以之间的和平有助于推动全中东的和平。1995年拉宾被激进的右翼犹太主义青年所刺杀，应允中的“和平”始终未能到来。以色列国内质疑“和平”真实性与有效性的声音再起，对安全的需求更加迫切，在这种背景下利库德集团强硬的政策使得其成功再次当选[①]，巴以之间的和平也因此陷入彻底的停滞状态。约以建交后两国在经济、技术、医疗、旅游等产业上进行了广泛的合作，以色列先进的技术引入约旦，带动了约旦的经济发展。在新冠肺炎疫情期间，以色列应安曼的要求为其大量提供医疗救助以防止疫情在约境内的扩散。[②] 但是由于巴勒斯坦因素始终无法得到彻底的解决，约以之间时常龃龉不断，乃至形成了一种“冷和平”。

第二次“因提法达”期间，约旦公开支持巴勒斯坦，推迟了新驻以大使上任的时间并谴责以色列的“暴行”。与此同时，约旦政府禁止任何游行、逮捕抗议者与反对者，并直言保护公民自由的责任包括与以色列建立商业联系的责任。[③] 而从11月下旬起，当局逐渐减少了对第二次“因提法达”的报道。

1994年约旦和以色列签署和平协议，出于表达对和平的善意，约旦允许以色列租借巴古拉和古玛尔25周年。2019年11月10日，时任约旦国王阿卜杜拉二世正式宣布收回两地的租借权；随后约旦外交部宣称，未来约旦将像其他所有在约旦的外国投资一样对待两地，以色列的法律将不再适用于两地。[④] 一直以来，约旦国内对于约以和平条约的支持率持续走低，安曼一直都强烈支持巴勒斯坦和平建国，并对巴以和平的停滞不前而感到沮丧。尤其是2017年以色列驻约旦大使馆的一位保卫人员出于“自卫”枪击2名约旦人之后，约旦国内爆发大规模的示威游行。以色列宣布关闭驻约旦大使馆，撤回所有外交官员。阿卜杜拉二世则要求逮捕涉事人员，

---

① 拉宾遇刺后，西蒙·佩雷斯成为代总理，其支持率一直高于内塔尼亚胡，但因在特拉维夫和阿什克隆的暴力袭击使得利库德再次上台。参见［以色列］丹尼尔·戈迪斯：《以色列：一个民族的重生》，第350页。

② “Israel Sending Medical Aid to Jordan to Deal With COVID－19 Spread,” *Haaretz*, April, 20, 2021, https：//www. haaretz. com/israel－news/. premium－israel－sending－medical－aid－to－jordan－to－deal－with－covid－19－spread－1. 9726844.

③ Joseph Nevo, “Jordan, the Palestinians and the Al - Aqsa Intifada,” p. 75.

④ Daoud Kuttab, “Jordan reclaims lands lost 69 years ago,” *Arab News*, November 10, 2019, https：//www. arabnews. com/node/1581896/middle－east.

后秘密协调以方官员回国。[①] 后由于内塔尼亚胡总理公然接见涉事人员，再一次引发约旦国内的轩然大波，约以关系继续走低。[②]

约以关系中另一个不稳定的因素是双方关于耶路撒冷老城尤其是阿克萨清真寺（Masjid Aqsa）管辖权的纷争。阿克萨清真寺是伊斯兰教的第三大圣寺，该寺坐落于耶路撒冷东区旧城东部沙里夫内院的西南角，而此地也被认为是犹太人最为神圣的“圣殿山”位置的所在，地理位置在宗教意义上的重叠注定是巴以纷争的所在地。出于保卫安全的需要，以色列国防军经常包围、封锁圣寺并对进入礼拜、祈祷的穆斯林人数进行限制，甚至经常设置路障、关卡对穆斯林进行重重盘问。根据约以和平协定，阿克萨清真寺的管辖权归属约旦，但治安权属于以色列，巴勒斯坦认同约旦对于圣寺的管辖。由于阿克萨清真寺地位的重要性，以色列一直想与约旦共享圣寺的管辖权，但遭到约旦的反对。约旦认为以色列所谓的“共管”实为独占阿克萨清真寺和整个耶路撒冷老城。耶路撒冷老城以及阿克萨清真寺对于约旦来说都具有重要的意义，被视为哈希姆王权政治合法性的来源之一。

自2010年底西亚北非局势动荡发生后，以“伊斯兰国”（Islamic State）为主要代表的宗教极端主义势力有所抬头，使得中东地区政治不稳、发生激烈动荡。以色列对于西亚北非局势动荡发生的官方回应立场在于避免任何政治干预，不对政治进程施加任何影响。但是哈希姆王国的稳定无论从何种角度来看都对以色列在中东的生存至关重要，因此以色列加强了对约旦的援助与合作，力保约旦的稳定与繁荣。同样，虽然约旦为美国在中东地区的盟友，但作为君主制的国家，安曼也害怕美国像抛弃埃及穆巴拉克政权一样抛弃自己。[③] 为此，约以纷纷在军事、经济以及安全上加大了双边的合作力度。

在解决巴以问题上，以色列除继续对巴勒斯坦实行“强硬”政策外，

---

① “Jordan inquiry confirms Jordanian teen attacked Israeli guard who then shot him,” *The times of Israel*, July 25, 2017, https://www.timesofisrael.com/jordan-inquiry-says-israeli-guard-suspected-attacker-argued-over-furniture-prior-to-attack/.

② Barak Ravid, “Israel-Jordan Embassy Crisis Ends: Diplomats Evacuated, Cross Border Into Israel,” *Haaretz*, July 25, 2017, https://www.haaretz.com/israel-news/israel-jordan-embassy-crisis-ends-1.5434321.

③ Ronen Yitzhak, “From cooperation to normalization? Jordan-Israel relations since 1967,” *British Journal of Middle Eastern Studies*, Vol. 44, No. 4, 2017, p. 569.

也在约旦的斡旋下与巴勒斯坦代表举行双边会谈。内塔尼亚胡提出的“约旦—巴勒斯坦”邦联建议虽然也宣告失败，但巴以和谈之间的斡旋人已经由以往的美国转换为约旦，从而极大地提升了约旦在解决地区冲突中的战略地位，同时也相应地降低了约旦国内“反以”的舆论热度。

在经济上，为防止民粹主义情绪转化为对哈希姆统治的敌对，以色列将其为约旦所提供的水量从和平条约规定的每年 5000 万立方米增加到 7500 万立方米；增加了在埃拉特工作的约旦公民的工作许可数量，扩大了农业贸易以及通过约旦与第三国（特别是海湾国家）的贸易；允许约旦通过海法港向欧洲出口货物，以替代西亚北非局势动荡开始以来闲置的叙利亚港口。①

在军事与安全领域，为防止叙利亚内战的“外溢”效果波及约旦，约以双边展开共同合作来防止极端恐怖分子入境。以色列无人机在约叙边境进行巡逻②；以方帮助审讯叙利亚战俘和盘问叙利亚难民，从而防止极端组织在约旦建立间谍和情报网络；双方军队也曾一起制定相应的反恐作战计划。③ 为防止“伊斯兰国”的崛起使得恐怖主义与极端主义渗入至约旦境内，以色列军方曾于 2015 年赠予约旦 16 架退役的“眼镜蛇”直升机用以保卫约旦边境的安全。④ 以色列保卫哈希姆政权的决心使得这一时期的约以关系逐步回暖，约旦首次逮捕了践踏以色列国旗的约旦公民⑤并删除了教科书中否认以色列存在的内容。⑥

2020 年约旦极力反对以色列吞并约旦河西岸的计划，并直言以方的举动将会造成灾难性的影响。2021 年巴以冲突再起，约旦谴责以色列侵犯巴

① Farooq Mitha, “The Jordanian - Israeli relationship: the reality of ‘Cooperation’,” *Middle East Policy*, Vol. 17, No. 2, 2010, pp. 110 - 111.

② “Jordan opens skies for idf drones flying to Syria,” *The Jerusalem Post*, April 22, 2013, https://www.jpost.com/Defense/Jordan - opens - skies - for - IAF - drones - flying - to - Syria - 310654.

③ “Israel concerned over rebel control of nearly 70% of Syria border area,” *Middle East Monitor*, May 11, 2014, https://www.middleeastmonitor.com/20140511 - israel - concerned - over - rebel - control - of - nearly - 70 - of - syria - border - area/.

④ “Israel gives Jordan helicopters for border security - U. S. source,” *Reuters*, July 23, 2015, https://www.reuters.com/article/mideast - crisis - israel - jordan - idUSL8N0ZO15120150723.

⑤ Ronen Yitzhak, “From cooperation to normalization? Jordan - Israel relations since 1967,” p. 574.

⑥ Hedy Cohen, “Israel and Jordan working towards closer relations,” *Globes*, https://en.globes.co.il/en/article - israel - and - jordan - working - towards - closer - relations - 1001141927.

勒斯坦人权利的行为，并紧急为加沙地带提供人道主义物资援助。[①] 约旦国王阿卜杜拉二世反复强调双方进行停火的重要性，因约旦国内反对以色列的情绪高涨，约旦议会曾提案驱逐以色列大使，[②] 但未能通过。约旦只是因以色列逮捕2名携带刀具过境进入耶路撒冷的约旦人而紧急召见以色列大使，随后以色列撤销对他们的指控。[③]

总的来说，约以之间关系的反反复复在于巴勒斯坦问题没有从根本上得到解决。即使约以双方在反对巴勒斯坦民族主义、发展经贸关系、打击极端主义等方向上有着共同的利益，但约旦国内巴勒斯坦人众多的事实以及哈希姆家族宗教上的特殊地位使得约以之间不可能真正的走近，安曼考虑更多的是如何巩固自身统治的合法性。

三、约旦与美国

约旦原属于英国的势力范围，但随着支持犹太民族在巴勒斯坦建立民族家园的《贝尔福宣言》的发表，大批被纳粹迫害的欧洲犹太人开始迁居巴勒斯坦，随着犹太人人数的不断上升，阿犹之间的矛盾开始升级，并不断发生流血冲突，为缓解当地压力、得到阿拉伯人对英国的支持，英国委任统治当局发表白皮书声明将严格限制犹太人移民的数量。而一部分从欧洲迁居美国的犹太人的势力不断发展壮大，其开始逐步在美国的中东外交政策制定上施加影响。在犹太势力的影响下，美国不断向英国施压，从而引起了阿拉伯人的不满。时值二战关键时期，谋求连任的美国罗斯福总统为在选举中赢得犹太人支持，表明了美国政府反对英国白皮书的政策；同时，为安抚阿拉伯人，赢得其对盟军的支持，罗斯福在参加完雅尔塔会议后，在归国途中与阿拉伯领导人举行会谈，表示美国不会赞成、也不会提

---

① "Jordan's king orders urgent medical aid to Palestinians amid Israel – Gaza fighting," *Xinhua. net*, May 13, 2021, http://www.xinhuanet.com/english/2021–05/13/c_139941775_5.htm.

② "Jordan's parliament calls for expulsion of Israeli envoy, recall of ambassador," *The Times of Israel*, May 18, 2021, https://www.timesofisrael.com/jordans–parliament–calls–for–expulsion–of–israeli–envoy–recall–of–ambassador.

③ "Charges said dropped against knife–carrying Jordanians who entered Israel," *The Times of Israel*, June 8, 2021, https://www.timesofisrael.com/charges–said–dropped–against–knife–carrying–jordanians–who–entered–israel.

出有关巴勒斯坦问题的解决方案。①

（一）美国与约旦关系的开始

二战结束后，随着巴勒斯坦地区的阿犹冲突愈发严重，冲突双方均对英国所实行的政策感到不满，再加上美国的各种施压，最终使得英国放弃对巴勒斯坦的托管，交由联合国进行解决。英国势力撤退所留下的权力真空被当时实力最为强大的美国所填补，美国势力从此开始进入中东地区。外约旦酋长国的阿卜杜拉为进一步争夺巴勒斯坦土地，便与美国展开了联系，约美关系便开始于此。

二战的结束使得中东地区的民族解放运动空前高涨，英国担心继续直接统治外约旦会遭到舆论指责，同时也是出于对阿卜杜拉在二战时与英国积极合作的回报②，承认了外约旦的独立。而此时的美国深受犹太势力的影响，迟迟不愿承认外约旦的独立，但为保持美国与阿拉伯世界的友好关系，美国提议让外约旦获得联合国的承认，再获得美国的承认，从而就有效地避开了犹太势力的影响。1948 年爆发的第一次中东战争使得美国重新审视与约旦之间的关系，因处于地缘政治的重要地位，藏有丰富石油资源的中东成为美苏两大阵营的必争之地，加上冷战伊始，出于遏制苏联的需要，美国逐步缓和与英国在中东问题上的分歧并竭力在中东扩大自身的影响。第一次中东战争后，美方出于对获取石油资源与维护地区稳定考虑，一直积极鼓励约以之间进行密谈，争取尽快媾和。在面对以色列对耶路撒冷的特殊要求，美国为防止约以谈判失败造成更大的动乱，警告以方“美国不会支持以色列在巴勒斯坦获得额外的土地③”，并声称如果以方忽视这个警告，美国可能会转变对以色列的支持态度。④ 而当时外约旦已经完成了对约旦河西岸的兼并，将国名改为“约旦哈希姆王国”。

---

① 张士智、赵慧杰：《美国中东关系史》，北京：中国社会科学出版社，1993 年版，第 97—99 页。

② 程皖：《美国对约旦外交政策研究（1946—1969）》，南昌：江西人民出版社，2011 年版，第 16 页。

③ 同上书，第 37 页。

④ Clea Lutz Bunch, *Ambitious Allicance: Jordanian – American Relations during the Cold War, 1945 – 1969*, Ph. D. dissertation, University of Arkansas, 2004, p. 22.

（二）美国对约旦的军售与经济援助

1953 年开始执政的艾森豪威尔政府为应对苏联对中东国家的影响，开始奉行“艾森豪威尔主义”（Eisenhower Doctrine），利用军事和经济援助来帮助中东国家抵御“共产主义的渗透”。有着明显反共意愿的约旦是美国主要的拉拢对象，一方面，艾森豪威尔政府极力斡旋阿以和平，但由于阿拉伯民族主义趋于激进的政治气氛下，没有谁敢再步阿卜杜拉与以色列和谈的后尘[①]；另一方面，美英在安全上组建《巴格达条约》（Baghdad treaty）组织来应对苏联的威胁。20 世纪 50 年代正是亚非拉地区民族主义风起云涌的时期，在中东地区的埃及时任总统纳赛尔是阿拉伯民族主义的积极倡导人，其所奉行的“纳赛尔主义”（Nasserism）积极反对西方殖民势力对中东地区的影响，倡导实现阿拉伯民族的统一。“纳赛尔主义”反对君主世袭制度，强调世俗化与共和制，因此中东地区的君主国如沙特和约旦是纳赛尔“攻击”的主要对象。随着埃及在万隆会议后打破西方的武器供给垄断，买到捷克武器，阿拉伯民族主义在中东大地上广为传播，英、美为此极力劝说约旦加入《巴格达条约》。但是由于约旦国内高涨的民族主义情绪以及埃及在背后的宣传，约旦最终未能成功入盟，英国在约旦的统治也彻底被动摇，美国从此彻底取代英国成为约旦外交中最具影响力的国家。

1957 年的第二次中东战争虽然以阿拉伯国家的失败而告终，但是阿拉伯世界却取得了政治上的胜利，纳赛尔的支持率不断上升，阿拉伯民族主义不断上涨的态势引起了美国的关注。与此同时，约旦国内的政治斗争也愈发激烈，以首相纳布勒西（Sulayman al – Nabulsi）为首的激进势力要求与叙利亚和埃及两国加强联系，反对艾森豪威尔主义，准备与苏联建交；以侯赛因国王为首的保守势力要求继续与西方联系，接受艾森豪威尔主义，反对与苏联建交。[②] 侯赛因解除了纳布勒西的首相职务，此举使得开罗加大了反对侯赛因的宣传力度，谩骂其“犯了出卖阿拉伯人的滔天罪

① U. S. Department of State, *Foreign Relations of United States*（*FRUS*）, *1952 – 1954*, Vol. 6, Washington, D. C.: U. S. Government Printing Office, 1986, pp. 1275 – 1290.

② 程皖：《美国对约旦外交政策研究（1946 – 1969）》，第 82 页。

行，是帝国主义的走狗”。[1] 随着约旦国内的形势愈发紧张，美国决心为约旦提供紧急援助。军事上，为威慑埃及和叙利亚，美第六舰队开进东地中海，并从欧洲调遣空军进驻土耳其和黎巴嫩；经济上，提供1000万美元的资金援助，力保约旦国内的政治稳定。最终侯赛因国王平息了内乱、维护了哈希姆王室的统治，美国和约旦的战略关系也于1957年4月被正式确立。

为对抗叙利亚和埃及合并为阿拉伯联合共和国（United Arab Republic），美国支持约旦与伊拉克的合并，并增大了对约旦的经济援助力度[2]。同时，为表示与阿拉伯人的友好关系，美国首次支持约旦在约旦河支流雅穆克河修建灌溉工程，并同意援助约旦200万美元，该项目可为约旦带来4000个就业机会，并能灌溉25000英亩土地。[3] 1958年同为哈希姆家族所统治的伊拉克王国发生政变，新成立的伊拉克共和国倒向苏东阵营，受伊拉克政变的影响，约旦国内也发生相应的动荡。侯赛因国王一方面尽力平息内乱、实行戒严，另一方面紧急向英、美两国求援。虽然美国未按照安曼的要求派遣军队进入约旦，但仍然决定为约旦提供一定的军事与安全协助。与此同时，美国重新评估其在中东的政策，出台NSC5820/1号文件，决定与阿联进行妥协，约旦在美国的战略地位有所下降。

20世纪60年代初，时值肯尼迪（John F. Kennedy）政府时期，叙利亚宣布退出阿联，同时北也门发生内战，分为埃及所支持的共和派以及沙特和约旦所支持的保王派，北也门的分歧使得侯赛因与纳赛尔之间的分歧再度升温，约旦国内再次受到可能的政变威胁，白宫在获知约旦可能发生的政变后立即命令第六舰队开赴地中海。经过这次危机，白宫再次认识到了约旦在整个美国中东战略中的重要位置，并再次加大了对约旦的军事与经济援助。为维持在约旦和以色列之间的军事平衡，华盛顿与特拉维夫进行了艰难的谈判，最终得到了以方对约军售的默许，条件是美国为以色列提供的坦克在数量以及性能上优于约方；美国同意如果以色列不能从西欧获

① ［英］安东尼·纳丁：《纳赛尔》，范语译，上海：上海人民出版社，1976年版，第294—295页。

② U. S. Department of State, *Foreign Relations of United States* (*FRUS*), *1958 - 1960*, Vol. 6, Washington, D. C.: U. S. Government Printing Office, 1992, pp. 282 - 286.

③ 程皖：《美国对约旦外交政策研究（1946 - 1969）》，第117页。

得战斗机，则美方出售 24 架型号待定的战机给以方。[①] 而 1966 年爆发的萨穆村事件打破了约以之间的相对稳定，使得约旦重新考虑对待以色列以及西方的政策，虽然侯赛因得到了美国维护约旦领土完整的保证，但是他十分质疑保证的效用性，为此约旦不得不考虑寻求邻国的支持。[②] 1967 年，纳赛尔关闭蒂朗海峡，以色列以此为借口“先发制人”挑起第三次中东战争。侯赛因出于维护阿拉伯世界团结、维持自身统治稳定的需要被迫参战。虽然约军受到了致命打击，但是哈希姆王室的统治却得以加固。战后阿拉伯世界的总体看法是约军远比实力强大的埃及军队作战勇猛，侯赛因也正是利用阿拉伯舆论成功地击败了他的老对手——纳赛尔。战后，约旦积极与各方进行会谈，试图重新恢复被以色列占领的领土；而因为侯赛因在第三次中东战争中选择不听各方的规劝，毅然与以色列进行交战，所以美国也重新考虑对其军售的问题。尽管双方纷争不断，但在叙利亚获得苏联武器时，美国选择继续为约旦提供武器。

在 1970 年爆发的约旦内战中，美国在担心侯赛因政权崩溃的同时又不愿破坏自己在阿拉伯世界的形象，因此拒绝派兵进入约旦。美国也担心小范围的对抗会演变为两个超级大国在整个中东地区的对抗，为此美国一方面联系苏联，试探苏方，[③] 另一面紧急联系以色列让以方代替美方对约旦进行相应的援助。在美国的授意下，以色列空军飞跃叙利亚领空对其进行威慑，从而使得已经进入约旦领土的叙利亚军队开始撤军。尼克松政府视约旦为中东地区的可靠朋友，并在战后积极为约旦提供食品、医疗等援助物资，帮助侯赛因国王维持统治的稳定。在军事援助上，美国承诺给约旦 1000 万美元的直接军事援助的同时再追加 3000 万美元的额外军事援助[④]，以显示自己对其的支持。

第四次中东战争中，约旦依旧出于维持自身统治的需要，防止境内的大量巴勒斯坦人为推翻哈希姆家族的统治而参战。在整个战争中，约军消极参战，乃至在开战前提前与“敌人”进行了接触。美方也一直致力于让

① Zach Levey, United States Arms Policy toward Jordan, 1963 – 1968, *Contemporary History*, Vol. 41, No. 3, p. 536.

② U. S. Department of State, *Foreign Relations of United States* (*FRUS*), *1964 – 1968*, Vol. 18, Washington, D. C.: U. S. Government Printing Office, 2000, p. 779.

③ 美国认为叙利亚陈兵约旦边境，进入约旦领土的背后是苏联的授意。

④ Partick Ackerson, *King Hussein and the Presidents*: *Jordan and American Relations Since 1967*, Ph. D. dissertation, Oklahoma State University, 2016, p. 90.

约旦拖延开战的时间，并积极斡旋双方停火。侯赛因对来访的基辛格（Henry Alfred Kissinger）说道："约旦是卷入巴以冲突最深的阿拉伯国家，如果不参战，不仅激进分子会填补权力真空，约旦也会在阿拉伯世界受到孤立，自己也会成为替罪羊。"① 侯赛因想要战略目标兼得，他的消极怠战赢得了美、以认可的同时也尽最大可能保护了约旦不受以色列的攻击；他选择出兵参战则赢得了阿拉伯人的赞许。

除在海湾战争时因约旦支持萨达姆·侯赛因（Saddam Hussein）而使得约美关系急剧恶化之外，美国一直在经济和军事上支持哈希姆政权。自"9·11"事件以来美国更是加大了对于约旦的各种援助，自 2003 财年以来，美援约的资金每财年超过 7.4 亿美元。②美国的援助大都被用在民主援助、水资源保护、卫生和教育等领域。自叙利亚内战爆发以来，美国为约旦提供了近 17 亿美元的人道主义援助，支持约旦安置叙利亚难民。③ 2018 年，美约双方签订谅解备忘录，美国政府在未来的 5 年内每年对约旦的援助不少于 12.75 亿美元。④ 自 2020 年新冠肺炎疫情暴发以来，美国对约旦提供了总价值为 3540 万美元的援助，其中包括 2080 余万美元的人道主义援助，以支持约旦弱势群体抗击疫情。⑤

在军事上，美国对约旦的援助主要致力于其军队能够采用、维护美制装备。根据美国国务院数据，约旦是接受国际军事教育训练（International Military Education and Training, IMET）资金最多的国家之一⑥，通过外国军事融资计划（Foreign Military Financing/FMF）以及国防部安全援助培训（DoD Security Assistance）的援助，约旦皇家空军已为其 F－16 战机、

① Partick Ackerson, *King Hussein and the Presidents: Jordan and American Relations Since 1967*, Ph. D. dissertation, Oklahoma State University, 2016, p. 134.

② Jeremy M. Sharp, "Jordan: Background and U. S. Relations," *CRS Report for Congress*, March 6, 2008, p. 16.

③ "U. S. Relations With Jordan," *U. S. Department of State*, https://www.state.gov/u-s-relations-with-jordan/.

④ "New U. S. -Jordan Memorandum of Understanding on Bilateral Foreign Assistance to Jordan," *U. S. Embassy in Jordan*, 14 February, 2018, https://jo.usembassy.gov/new-u-s-jordan-memorandum-understanding-bilateral-foreign-assistance-jordan-2/.

⑤ "U. S. Relations With Jordan," *U. S. Department of State*, https://www.state.gov/u-s-relations-with-jordan/.

⑥ "U. S. Security Cooperation With Jordan," *U. S. Department of State*, https://www.state.gov/u-s-security-cooperation-with-jordan/.

UH－60黑鹰直升机配置新型弹药。[①] 同样，为防止叙利亚内战的“外溢效应”和打击“伊斯兰国”的需要，美国支援建立约旦边境安全系统，通过哨塔、监控摄像头和雷达组成的综合网络，用于保护约旦王国与叙利亚和伊拉克的边境。[②] 2017 年，美约两国专家一起召开了一次高级研讨会，以了解约旦的战略、能力和边境安全的需求。2019 年，美国、北约盟国以及约旦再次召开了该研讨会。

（三）约以建交与美国的斡旋

1967 年第三次中东战争之后，约翰逊（Lyndon Baines Johnson）政府提出阿拉伯国家承认以色列、以色列撤军等原则，并强调美国开始在阿以之间选择“不偏不倚”的政策，但由于此时美国政府正深陷越战的泥潭之中，无暇顾及中东，苏联又向阿拉伯国家输送军火，最终使得约翰逊的“平衡”政策流产。1969 年上台的尼克松（Richard Milhous Nixon）政府中掌管中东事务的为国务卿罗杰斯（William P. Rogers），他沿用前任政府的“平衡”政策，并于 1969 年提出“第一个罗杰斯计划”（Rogers Plan），主要内容为：美国将在安理会 242 号决议的框架下鼓励阿拉伯国家接受和平协议的同时力促以色列撤军；耶路撒冷应由以色列和约旦共管；埃以问题作为开端，鼓励各方分阶段逐步解决阿以冲突。[③] 但随后以色列和埃及等均表示拒绝。同时，为“一揽子”解决阿以问题，美国也试图先就约旦和以色列关于耶路撒冷地位的纷争进行调和，美国提出约旦计划，在约以边界上进行了适度的修改。该计划的主要内容为：在耶路撒冷问题上，耶路撒冷应该是一个统一、完整的城市，以色列和约旦应在城市管理中共同承担公民、经济等方面的责任，耶路撒冷问题应该由约以两国来解决；此外，在边界问题上，以色列应该撤退到 1967 年战争前的停火边界；对阿拉伯难民进行遣返或进行再安顿补偿，每年的遣返额将由各方商定；可以自

---

① Jeremy M. Sharp, “Jordan: Background and U. S. Relations,” *CRS Report for Congress*, July 15, 2021, p. 17.

② Jumana Kawar, “Jordan: US security assistance and border defense capacity building,” *Middle East Institute*, October 6, 2020, https://www.mei.edu/publications/jordan-us-security-assistance-and-border-defense-capacity-building.

③ 刘合波：《尼克松政府对中东危机的政策研究》，北京：中国社会科学出版社，2015 年版，第 89—90 页。

由通行亚喀巴湾。[①] 约旦表示同意，但以色列则因该方案要求割让东耶路撒冷而再次拒绝。1970 年 8 月“第二个罗杰斯计划”再度被提出，该计划提议：埃以双方在接受并全面履行联合国 242 号决议的基础上进行谈判从而达成持久的和平协议，埃以双方应相互承认主权、领土完整和政治独立；以色列从 1967 年中东战争所占领土中撤出；为促进和平协定的达成双方应遵守至少 3 个月的停火决议。[②] 约旦、埃及和以色列均表示接受，但由于随后约旦内战的发生，“第二个罗杰斯计划”也宣告流产。

第四次中东战争之后，埃及开始意识到只有与以色列成功实现关系正常化才能切实地收复失地，从此拉开了埃以媾和的序幕。与此同时，约旦的稳定与繁荣愈发成为美国维持其中东战略的重要一环，美国一直想方设法来斡旋约以和谈。1982 年美国提出“里根方案”，因里面涉及约巴关系的内容，所以得到了双方不同程度的响应，但以色列依然表示拒绝。直到 1987 年第一次“因提法达”的爆发使得约旦彻底断绝了与西岸的联系，约以之间的和平僵局再次被彻底打破。1991 年马德里和平会议后，约以之间和平进程有所加快，最终双方签署《华盛顿宣言》，成功实现关系正常化。

虽然约以关系得以正常化，但中东国家之间的和平却远远没有实现。美国特朗普政府承认耶路撒冷为以色列首都，并极力推行以金钱补助换取土地的“世纪协议”，约旦政府坚定地反对该计划，约旦认为该计划限制了巴勒斯坦难民的回归权，从而威胁约旦国内的人口平衡，并证实了以色列右翼关于“约旦就是巴勒斯坦”的论调。[③]

约旦哈希姆王国富有特色国家间的外交实践来源于其特殊的地缘政治地位、国内巴勒斯坦人数量众多以及哈希姆家族作为“圣裔”的后代的特殊宗教地位。其对外行为呈现出一种“道德”和“利益”之间的相互平衡，在国家利益上，约旦与以色列、西方走近，以此维护自身统治的安全、发展经济；在国家道德上，约旦与巴勒斯坦相亲，作为“圣裔”的后代，支持巴勒斯坦人独立建国。约旦的国家道德与国家利益两相抵触，与以色列和西方走近就不能与巴勒斯坦交好；反之，与巴方亲近就会导致以

---

① 刘合波：《尼克松政府对中东危机的政策研究》，第 92 页。

② 刘合波：《从对等平衡到威慑平衡——1970 年约旦危机与美国中东政策的转变》，载《国际论坛》，2011 年第 1 期第 13 卷，第 35 页。

③ Osama Al Sharif, “Jordan stands firm against Trump deal despite risks to ties,” *Al - Monitor*, February 18, 2020, https://www.al - monitor.com/originals/2020/02/jordan - reject - trump - peace - plan - price - us - relations.html.

方的疏远，因此，约旦的外交注定要呈现出一种“平衡”的态势。

2021 年新一届以色列大选以统一右翼联盟领导人纳夫塔利·贝内特（Naftali Bennett）和拥有未来党主席亚伊尔·拉皮德（Yair Lapid）领导的八党联盟政府成功组阁而落下帷幕，以国进入“后内塔尼亚胡”时代。新政府上任之后，在表明继续继承前任政府在巴以问题上的强硬立场的同时，也主动与约旦缓和关系，强调约旦在巴以冲突解决中的作用。然而，约以之间关于耶路撒冷地位问题、领土租借等问题上的矛盾使得彼此关系的发展仍具有很大的不确定性，约旦究竟在多大程度上能继续践行其独特的外交政策，也值得我们继续观察与追踪。

第七章　约旦与国际组织

海外援助是约旦财政收入的重要来源之一。海外国家及国际组织针对不同领域的资金援助有力缓解了约旦政府的财政压力，成为约旦不可或缺的发展动力，各类技术支持也在一定程度上满足了约旦的关键需求。约旦接受的海外援助一类是医疗卫生、难民救助等紧急援助，另一类是对约旦长期性发展援助，如教育、就业、水利资源、基础设施建设等。约旦的海外援助来源主要为美国、德国、荷兰、周边国家以及欧盟、世界银行、国际货币基金组织、联合国相关机构、海湾合作委员会等国际组织。

一、伊斯兰合作组织中的约旦

约旦作为伊合组织创立伊始的成员国之一，与伊合组织具有深厚的历史渊源，其主要体现在约旦哈希姆家族对耶路撒冷问题具有深远的影响力。

（一）团结与保护

伊斯兰合作组织（以下简称“伊合组织”）成立于1969年9月，是世界上仅次于联合国的第二大政府间国际组织。该组织共有成员国57个，遍及中东、中亚、北非、西非、东南亚、欧洲以及南美洲地区，覆盖人口约16亿。伊合组织以“一个声音说话”为组织发展目标，致力于为全体穆斯林发声，保护全体穆斯林的生存权利。其本着促进国际和平与全世界人民和谐相处的精神，积极促进并维护各成员国之间的团结，加强他们在经济、社会、文化、科学等方面的合作，努力消除种族隔离和种族歧视，反对一切形式的殖民主义，支持巴勒斯坦人民恢复民族权利，重返家园，支持所有穆斯林为保障其尊严、独立和民族权利所做的斗争，呼吁各成员国通过政府间合作，遏制和根除“伊斯兰恐惧症”。

伊合组织的最高权力机构为伊斯兰国家首脑会议，该会议每三年举行一次，截至2021年共召开了14次例会和7次特别会议，最近一次于2019年5月31日在沙特阿拉伯麦加举行。会议围绕“携手面向未来”的主题，就巴勒斯坦、叙利亚、也门、苏丹、索马里等问题展开讨论，发表了闭幕公报以及关于巴勒斯坦和耶路撒冷问题的决议和《麦加宣言》①。该组织另设有外长会议，每年轮流在1个成员国举行1次，会议就国际及地区热点问题、组织发展、成员国建设等问题展开讨论，审查首脑会议进度报告的执行情况，确立伊斯兰首脑会议的相关政策。除首脑会议和外长会议外，位于沙特阿拉伯吉达市的常设秘书处为该组织的行政机构，主要负责对日常问题、紧急事件的处理，执行权力机构的相关决定。此外，伊合组织还设有圣城委员会和三个涉及科技、经济和贸易、信息和文化的常设委员会和伊斯兰开发银行、伊斯兰法庭、伊斯兰教育、科学及文化组织等专门机构，以及伊斯兰国家统计、经济和社会研究及训练中心、伊斯兰历史，艺术、文化研究中心等附属机构，对促进伊合组织成员国在各领域交流合作发挥了重要作用。

伊合组织的成立与当时的历史背景密切相关。20世纪60年代末，第三次中东战争的爆发让以色列在政治、军事、宗教等各个方面对阿拉伯国家带来巨大压力，巴以问题也一度成为中东地区最重要的热点问题。对广大阿拉伯国家而言，这次战争的失败引来了人们对阿拉伯民族主义的质疑和声讨，追究战败的责任使阿拉伯民族主义、阿拉伯社会主义遭到沉重打击。②

阿拉伯人民在反思现实中产生了信仰危机，阿拉伯国家开始对发展路线和方向提出新的尝试。在这场战争中，以色列占领了阿拉伯国家6万多平方千米的土地，包括西奈半岛、加沙地带、戈兰高地、约旦河西岸以及耶路撒冷旧城，致使数十万阿拉伯人无家可归沦为难民。阿拉伯人对以色列的侵略行径和犹太复国主义产生了强烈的反感情绪，普遍的反犹趋势和

① 伊斯兰合作组织（Organization of the Islamic Cooperation——OIC）的中文简介参见外交部官网，https：//www. fmprc. gov. cn/web/gjhdq _ 676201/gjhdqzz _ 681964/yslhzzz _ 682878/jbqk _ 682880/。

② 吴云贵、周燮藩：《近现代伊斯兰教思潮与运动》，北京：社会科学文献出版社，2000年版，第326页。

阿拉伯民族主义的败落动摇了西方在中东地区的民族主义、民主制度根基，阿拉伯国家对伊斯兰的回顾成为新的选择。以色列发动战争、占领土地激起了伊斯兰社会对共同体的需求，特别是攻占耶路撒冷旧城和焚毁阿克萨清真寺的行径将宗教因素带入巴以冲突中。以色列对伊斯兰第三大圣城的侵犯和对圣寺的破坏更激起了全世界穆斯林的仇恨，刺伤了全世界穆斯林的宗教感情。阿拉伯人保护宗教圣地和宗教遗产的决心和反抗侵略、收复失地的愿望，最终在“圣战”的号召下，传遍世界各地。这一事件的爆发，成为伊斯兰合作组织成立的直接因素。

1969 年 9 月，26 个伊斯兰国家的首脑和代表团在摩洛哥首都拉巴特举行专门会议，磋商成立伊斯兰会议组织事宜。1970 年 3 月和 12 月，阿拉伯国家元首先后在吉达和卡拉奇举行了两次伊斯兰国家外长会议，决定成立伊斯兰会议组织，并最终于 1971 年 5 月正式宣布成立伊斯兰会议组织①。1972 年，在第三届外长会议上，伊合组织表决并通过了第一部宪章。该宪章规定了组织的发展目标和基本原则以及加强成员国之间的团结与合作的宗旨。在过去的 50 年里，伊合组织成员国数量得到大幅扩充，从组织成立初期的 36 个增加至目前的 57 个。2008 年 3 月 13 日至 14 日在达喀尔举行的第十一届伊斯兰峰会通过了伊斯兰合作组织的现行宪章，修改后的宪章成为伊合组织符合 21 世纪要求的伊斯兰行动支柱。2011 年 6 月 28 日，伊斯兰会议组织第三十八届外长会议通过决议，宣布伊斯兰会议组织正式更名为“伊斯兰合作组织”。

（二）认同圣地保护人地位

约旦哈希姆家族发源于阿拉伯半岛的希贾兹地区，并在 20 世纪初掌控整个阿拉伯半岛。但在同一时期，雄踞阿拉伯半岛内志地区的沙特家族逐渐壮大，于 1924 年 10 月攻占麦加，并将哈希姆家族的势力赶出阿拉伯半岛，家族原本的“麦加谢里夫”——侯赛因·本·阿里丧失了圣地保护人的地位，于 1931 年在其次子阿卜杜拉的领地外约旦辞世，并被安葬在耶路撒冷的阿克萨清真寺内②。之后约旦国王阿卜杜拉以哈希姆氏为圣裔而自命为耶路撒冷圣地的保护者。自此，约旦哈希姆家族与耶路撒冷问题保持紧密联系。在侯赛因国王继位后，约旦继续加强对耶路撒冷圣地的管理和

---

① 吴云贵、周燮藩：《近现代伊斯兰教思潮与运动》，第 328 页。

② 雷钰、殷罡：《当代耶路撒冷问题研究》，陕西：陕西人民出版社，2017 年版，第 77 页。

建设，巩固哈希姆家族在耶路撒冷问题上的重要地位。在1948—1967年统治东耶路撒冷期间，约旦出资翻修了阿克萨清真寺和圆顶清真寺，并在竣工后邀请各阿拉伯国家和伊斯兰国家元首访问参观耶路撒冷，以此来加强阿拉伯国家乃至伊斯兰世界对其耶路撒冷管理者和圣地保护者身份的认同。1967年第三次中东战争之后，以色列占领了东耶路撒冷，约旦一度丧失了对该地区的实际控制权。但在以色列的默许下，约旦得以继续管理耶路撒冷宗教事务，约旦王室继续行使伊斯兰宗教圣地的监护权，并对耶路撒冷的伊斯兰事务进行资助。但是约旦王室的圣地保护者身份并没有得到伊斯兰国家的普遍认可，沙特、摩洛哥等阿拉伯国家对约旦长期以来控制和管理耶路撒冷事务存在较大争议，各国希望利用伊斯兰圣地守护者的身份来提高自身在伊斯兰世界的地位，因此反对约旦独揽大权。

（三）巴勒斯坦问题和耶路撒冷问题

1974年10月，伊斯兰会议组织第二届阿拉伯国家首脑会议确认巴勒斯坦解放组织为巴勒斯坦人民唯一的合法代表，通过对巴解组织合法地位的声明和强调，开始对约旦在耶路撒冷问题上的身份提出质疑。1975年，伊斯兰会议组织宣布成立耶路撒冷委员会，专门分管耶路撒冷事务。通过伊斯兰会议组织下设的专门机构来分割和转移约旦在耶路撒冷事务上的权力，为其他国家对耶路撒冷事务的管辖权确立了法律依据。多年来该委员会一直由摩洛哥国王担任主席，哈桑二世去世后，其子穆罕默德六世继任了这一职位①。1982年9月，阿拉伯国家首脑会议通过的《非斯宣言》又明确宣布“建立一个以耶路撒冷为首都的独立的巴勒斯坦国”，进一步明确巴解组织在耶路撒冷问题上的主导地位，继续削弱约旦在耶路撒冷事务上的作用。1994年12月举行的伊斯兰会议组织第七届首脑会议上，约旦国王侯赛因力劝会议通过关于约旦在耶路撒冷宗教管理上的行政作用的协议，遭到沙特、埃及、巴解组织等强烈反对后，侯赛因愤然离开会场回国，以示不满和抗议②。沙特、埃及等国试图通过耶路撒冷委员会来接管耶路撒冷事务，约旦在耶路撒冷问题上一家独大的局面被逐渐瓦解。

虽然约旦与伊合组织在耶路撒冷宗教权益上存在长期争斗，但其主要

---

① 雷钰、殷罡：《当代耶路撒冷问题研究》，陕西：陕西人民出版社，2017年版，第77页。

② 陈天社：《阿拉伯国家与耶路撒冷问题》，载《郑州大学学报》第44卷，2011年第5期，第128页。

原因是由于伊合组织中个别国家与约旦争夺耶路撒冷事务主导权，约旦与伊合组织本身并没有原则性的冲突。约旦王储哈桑也曾解释过约旦在这一问题上的立场：约旦之所以坚持掌握耶路撒冷伊斯兰圣地的宗教管理权，是因为放弃这些权力只能对以色列人有利。在未来巴勒斯坦人同以色列就耶路撒冷最终地位举行谈判时，约旦将放弃这些权力。约旦一直以来都大力支持伊合组织的各项工作，与伊合组织保持密切联系。在耶路撒冷问题上，伊合组织始终赞赏哈希姆家族在这一问题上作出的历史贡献。在伊合组织 2016—2025 年规划中，就支持耶路撒冷作为巴勒斯坦国的首都、保护其遗产以及阿拉伯和伊斯兰身份，并保护其作为伊斯兰和基督教圣地的问题上，重申哈希姆家族对东耶路撒冷圣城的历史性关照以及监护权，肯定了约旦国王阿卜杜拉二世・本・侯赛因陛下与马哈茂德・阿巴斯总统于 2013 年 3 月 31 日签署的关于圣城管理的相关协议①。

在 2021 年新一轮巴以冲突中，约旦驻伊斯兰合作组织代表强调需要停止以色列对耶路撒冷、加沙和其他被占领巴勒斯坦领土的攻击和侵犯行为，他在伊合组织成员国代表委员会讨论以色列袭击的会议期间强调，约旦将在圣地守护者阿卜杜拉二世陛下的指导下，继续竭尽全力保护耶路撒冷阿拉伯、伊斯兰和基督教的圣地身份以及城市的历史现状，抵制以色列的袭击和侵犯行为。②

伊斯兰合作组织常驻代表委员会在 2021 年 5 月 11 日举行的紧急会议上，也向成员国和伊斯兰会议组织总秘书处的努力致敬，特别是约旦哈希姆王国在保卫圣城和支持巴勒斯坦事业方面所做的持续努力，重申了哈希姆家族历史上对耶路撒冷圣地进行监管的重要性，强调约旦在保护圣地的法律和历史地位、保护圣地的阿拉伯、伊斯兰和基督教属性方面的作用，再次明确哈希姆管理下的圣城和阿克萨清真寺宗教组织是唯一有权管理阿克萨清真寺和圣城所有事务的机构。③

---

① The OIC－2025 Programme of Action, Implementation plan 2016－2025, https：//www. oic－oci. org/upload/documents/POA/en/The OIC －2025 POA Implementation Plan 2016－2025 %28E%29. pdf/P7.

② الصفدي يشارك في الاجتماع الاستثنائي الافتراضي لمنظمة التعاون الإسلامي على مستوى وزراء الخارجية, https：// www. mfa. gov. jo/news/3955.

③ Final Communique Adopted by The Virtual Emergency Meeting of The OIC Committee of Permanent Representatives To Discuss The Aggression By Israel, The Occupying Power, in The Palestinian Territories, in Particular, Al－Quds Al－Shareef (East Jerusalem), https：//www. oic－oci. org/topic/?t_id＝26139&ref＝16384&lan＝en.

在美国承认耶路撒冷为以色列首都问题上，约旦高度关注相关事态的发展并与伊合组织成员国密切接触，积极商讨。特朗普政府宣布承认耶路撒冷定都后，约旦外交部长艾曼·萨法迪分别与埃及、科威特、摩洛哥、伊拉克外交部长、欧盟外交和安全政策高级代表、阿拉伯国家联盟秘书长、伊斯兰会议组织秘书长、巴勒斯坦解放组织执行委员会秘书、巴勒斯坦外交部长进行深入磋商，协调关于处理耶路撒冷地位改变的对策。约旦外交部表示，如果决定承认耶路撒冷为首都，约旦和沙特将呼吁举行阿拉伯国家联盟部长理事会和伊斯兰合作组织成员国外交部长紧急会议，约旦声明现阶段确认耶路撒冷的最终地位将与所有国际决议和协约相违背，以色列在被占领城市的所有单方面措施都被视为无效。同时约旦外长与美国国务卿积极沟通，强调需要保护耶路撒冷的历史和法律状况，不要做出任何改变这种现状的决定。

在发展伊斯兰事业、消除“伊斯兰恐惧症”方面，约旦也与伊合组织积极合作。2017 年 2 月 12 日，约旦外长安曼·萨法迪会见伊斯兰合作组织秘书长尤素福·欧赛敏时，申明有必要开展针对性的工作，以打击通过歪曲伊斯兰宗教形象来抹黑伊斯兰教的行为，希望能够传达伊斯兰和平、温和以及尊重他人的价值观的向度。萨法迪强调了阿卜杜拉二世国王为改变伊斯兰教的负面印象、向世界积极传达伊斯兰教真实形象和价值观所做出的努力，欧赛敏也肯定了约旦在阿卜杜拉二世国王的领导下开展的一系列工作，对约旦发挥的重要作用表示赞赏和支持。欧赛敏还强调了阿卜杜拉二世国王根据哈希姆家族职责为实现地区安全与稳定以及为伊斯兰事业特别是在耶路撒冷问题上作出的贡献，希望伊合组织与约旦能够在处理这类问题时保持长期协商与合作。①。

（四）次级机构合作

约旦还积极承接和举办伊斯兰合作组织及其下属机构的各项会议：2019 年 6 月 24 日至 25 日，在约旦国王阿卜杜拉二世的赞助下，伊合组织召开了第 18 届伊斯兰首都与城市组织（OICC）大会和第 56 届阿拉伯城市组织执行理事会会议。联合国和约旦空间探索与创新会议也于 2019 年 3 月 25 日至 28 日在约旦安曼皇家地理中心（RJGC）举行。伊斯兰国家统计、

① https：//www. mfa. gov. jo/news/700 محلي/الصفدي يلتقي امين عام منظمة التعاون الإسلامي

经济和社会研究培训中心（SESRIC）和伊斯兰教科文组织（ISESCO）与约旦大学合作，于2018年6月26日至28日在约旦安曼举办了“水利行业创新技术与可持续发展”的区域研讨会。2017年3月11日至12日伊斯兰教科文组织（ISESCO）在约旦举行了第14届全球温和化论坛国际会议。同时，约旦还加强与伊合组织成员国之间的合作：2019年约旦与黎巴嫩、土耳其合作实施了名为“支持合作社加入伊合组织共同市场”的项目。该项目旨在为受益国家提供基础设施建设，并促进优质基础设施项目发展，减少不同国家之间的贸易壁垒。为了解决粮食安全问题，科技合作常务委员会（COMSTECH）于2018年成立了植物遗传资源（PGR）工作组，约旦与其他4个伊合组织成员国阿塞拜疆、伊拉克、阿曼、巴基斯坦开展在该领域的合作。在经贸合作常务委员会（COMCEC）的协议框架下，约旦于2018年开始实施名为“重建旧奥斯曼汉志铁路线”的项目。该项目旨在讨论重建汉志铁路线的融资机会，并与项目伙伴国伊拉克、土耳其分享铁路规划经验。

二、阿盟中的约旦

约旦是阿拉伯国家联盟（以下简称“阿盟”）创始成员国之一。阿盟成立于1945年3月22日，是亚洲和非洲阿拉伯国家的区域性组织，也是世界上最早成立的地区性组织。该组织共有成员国22个，分别为：阿尔及利亚、阿联酋、阿曼、埃及、巴勒斯坦、巴林、吉布提、卡塔尔、科威特、黎巴嫩、利比亚、毛里塔尼亚、摩洛哥、沙特阿拉伯、苏丹、索马里、突尼斯、叙利亚、也门、伊拉克、约旦、科摩罗。2011年11月16日，阿盟中止了叙利亚成员国资格，至今尚未恢复。

（一）阿拉伯国家间的团结和合作

阿盟作为阿拉伯国家之间主要的合作组织，致力于加强成员国间的合作关系，协调彼此间的政治活动，捍卫阿拉伯国家的独立和主权，促进阿拉伯国家的整体利益，推动各成员国在经济、财政、交通、文化、卫生、社会福利、国籍、护照、签证、司法等方面进行密切合作。[①] 阿盟分设首脑理事会、部长（外长）理事会、专项部长理事会、联合防御理事会、经社理事会、秘书处六大工作机构，其中首脑理事会为组织最高权力机构，由所有成员国的代表组成，包括巴勒斯坦解放组织的代表。该理事会主要负责通过调解和仲裁等和平手段解决成员国之间的争端，维护成员国之间的团结合作与组织稳定，采取必要措施，制止可能对成员国进行的实际或潜在侵略行为。

阿拉伯国家联盟主要发挥四大主要作用：1. 促进了阿拉伯国家的独立，例如，阿拉伯国家联盟在支持阿尔及利亚、阿曼、也门和苏丹等国家的解放事业中发挥了重要作用，这也促进了阿盟成员国数量的进一步扩大。2. 积极参与解决阿拉伯国家之间的争端，例如 1958 年埃及和苏丹的纠纷、1963 年摩洛哥和阿尔及利亚的纷争、1987 年的也门内战等。在这一过程中，阿盟始终保持客观与独立，并没有凌驾于国家之上，保证了处理国家问题时的公正公平，同时还发展了阿拉伯首脑会议。3. 在阿盟内设立各级专门组织以促进阿拉伯国家之间的合作，如阿拉伯劳工组织、阿拉伯经济和社会发展基金、阿拉伯教育、文化和科学组织、阿拉伯国家广播联盟和阿拉伯电信联盟等，范围涵盖就业、经济和社会发展、科学和文化事务、通信和媒体等各个方面。除阿盟构建的框架外，各阿拉伯机构之间不断协调，成立了阿拉伯律师、医生、记者、法学家、工人等协会。4. 代表阿拉伯国家参加各种国际论坛和组织，如联合国及其专门组织和非洲统一组织，并与后者合作建立一系列共同机构，例如阿拉伯非洲开发银行和阿拉伯贷款基金等。[②]

（二）约旦与阿拉伯民族主义

约旦在阿拉伯国家联盟形成和发展的过程中发挥了重要的历史作用。作为阿盟创始成员国之一，早在 1944 年，约旦就活跃在阿拉伯国家协商联合的第一线。1944 年 10 月 7 日，约旦、叙利亚、伊拉克和黎巴嫩总理签署了《亚历山大议定书》，达成阿拉伯国家之间初步的协调与合作。该文

---

① 阿拉伯国家联盟（League of Arab States，LAS）的中文简介参见外交部官网，https：//www. fmprc. gov. cn/web/gjhdq_676201/gjhdqzz_681964/lhg_682830/jbqk_682832/。

② 官网参见 http：//www. lasportal. org/ar/aboutlas/Pages/Historical OverView. aspx – tab0：الجامعة العربيةالجامعة العربية。

件确立了将独立的阿拉伯国家联合在一起的想法，为之后成立正式组织奠定了基础。1945 年 3 月 22 日，埃及、伊拉克、约旦、黎巴嫩、沙特阿拉伯、叙利亚和也门 7 个阿拉伯国家的代表在开罗举行会议，通过了《阿拉伯国家联盟条约》最终版文本，宣布阿拉伯国家联盟成立。该条约由 20 余项条款组成，确定了阿盟的主要目标及其工作系统的基本框架，并对组织进行了命名。

关于阿拉伯国家联合的问题，早在几个世纪前就开始提倡阿拉伯统一，但是建立一个包括所有阿拉伯国家的阿拉伯组织的想法，直到第二次世界大战期间由于阿拉伯国家、地区和国际的变动才有所体现。第一，战争使民族解放运动和反殖民运动不断发生，越来越多的阿拉伯国家获得独立，并由此产生在各政治势力之间建立平衡的需求；第二，由于意识到犹太复国主义运动的兴起以及委任统治国——英国的帮助，犹太移民相继来到巴勒斯坦以实现建立犹太国家的梦想，阿拉伯世界的统一在这一局面下显得愈发重要；第三，由于近代以来阿拉伯国家与西方接触日益增多，导致民族观念等某些西方思想和西方政治潮流涌入阿拉伯地区，同时阿拉伯国家之间、阿拉伯国家与西方国家之间有了一定程度的贸易往来和人员流动，使得阿拉伯统一不仅有了精神、文化基础，而且又有了一定的物质基础。

到了二战后期，英国出于利益考虑选择支持阿盟的建立。第一，考虑到国际竞争，尤其是法国重新考虑回到该地区的想法引起英国疑虑，英国希望通过支持中东地区各国的联合来削弱法国的影响力。第二，这也是英国对民族解放运动这一战后国际关系中显著趋势的回应。第三，通过拉希德·阿里·凯拉尼时期的伊拉克革命和埃及反英暴动等起义的爆发，可以看出英国在这一地区的势力难以维系，支持阿盟成立以维护地区稳定并尽快脱身成为英国当时的万全之策。第四，英国希望借此来解决巴勒斯坦—犹太人问题。在英国看来只有在阿拉伯框架内才有可能建立一个犹太国家，只有这一框架内的阿拉伯国家给犹太复国主义让步、就建立犹太国家问题统一协调阿拉伯人的立场，犹太国家的成立才能有基础和空间。第五，第二次世界大战肯定了阿拉伯地区经济上和战略上的统一性，该地区蕴藏着巨大的石油储量，苏伊士运河的存在也让中东成为世界最重要的水路经过地之一。因此，英国需要用适合的方式来处理离开中东之后的地区稳定问题。

在这种形势下，英国外交大臣安东尼·伊登于 1945 年 5 月 29 日做出报告："阿拉伯世界自第二次世界大战后平静下来，有了长足的进步；许多阿拉伯人民的思想家希望能有比现在更大程度的统一，阿拉伯人希望在实现这一目标的努力中能得到我们的支持，我们不应不理睬我们朋友的这一要求，看来加强阿拉伯国家间的文化、经济联系和政治联系是自然的，英国政府将全力支持任何一个得到一致同意的计划。" 1943 年 2 月 24 日，伊登在英国众议院声明中说，"英国政府以同情的目光注视着阿拉伯人民为实现经济、文化和政治统一而开展的每一项运动。" 根据自身统一的要求和地区、国际的有利条件，埃及总理穆斯塔法·努哈斯在安东尼·伊登发表报告约一年后邀请叙利亚总理加米勒·穆尔迪姆和黎巴嫩爱国主义团体主席巴沙拉·胡里到开罗商讨建立一个加强各阿拉伯国家关系的阿拉伯联盟，这是第一次明确提出建立阿拉伯联盟的想法。后来，在伊登众议院声明发表后约一个月，埃及总理又再次提出埃及政府准备就统一问题召开相关讨论会，征求各阿拉伯国家政府的意见。这些行动得到了当时约旦国王阿卜杜拉的称赞和大力支持。此后，以埃及为一方，以伊拉克、叙利亚、黎巴嫩、沙特、约旦和也门代表为一方，又进行了一系列的讨论。1944 年 9 月 25 日至 10 月 7 日，叙利亚、黎巴嫩、约旦、伊拉克、埃及和也门（以观察员身份）的代表组成的筹备委员会举行会议，在不影响阿拉伯独立国家统一、独立和主权完整的情况下，这一趋势得到了加强，并在会议上达成了《亚历山大议定书》，该议定书成为第一份关于阿拉伯国家成立联盟的文件。在各方积极协商和共同努力下，最终于 1945 年 3 月 22 日，埃及、伊拉克、约旦、黎巴嫩、沙特阿拉伯、叙利亚和也门 7 个阿拉伯国家的代表通过了《阿拉伯国家联盟条约》，阿拉伯国家联盟正式成立。

阿盟成立后，约旦积极参与联盟的建设工作，配合阿盟各层理事会承接各项会议，举办各类活动。在约旦，阿盟先后举行了第十一届阿拉伯首脑会议（1980 年 11 月 25 日）、阿拉伯首脑特别会议（1987 年 11 月 11 日），第二十八届阿拉伯首脑会议（2017 年 3 月 29 日）三次峰会；在阿拉伯联盟和中国国际贸易发展委员会的协调下，约旦举办了中阿合作论坛（2007 年 6 月 20 日），进一步深化、繁荣了中阿合作伙伴关系；2009 年 4 月 11 日，阿拉伯和平倡议委员会在约旦安曼举行会议，强调落实多哈首脑会议的决定并推动阿拉伯和平倡议，实施"两国方案"结束巴以冲突；2012 年 3 月 14 日，在约旦安曼举行了第三十七届阿拉伯卫生部长理事会，就阿拉伯国家卫生健康状态、医疗水平发展问题进行讨论①。此外，阿卜杜拉国王曾多次会见阿盟秘书长，双方就地区局势、中东和平进程以及叙利亚危机的发展等问题交换意见。在最近一次沙特召开的阿盟紧急峰会上（2019 年 5 月 31 日），约旦国王发表讲话，② 声明约旦将坚定支持阿盟各成员国捍卫其国家利益，维护国家安全与稳定，坚决反对任何干涉阿拉伯国家内政或以任何方式威胁其主权或安全的企图。同时表示如果要实现地区稳定，就必须在“两国方案”和阿拉伯和平倡议的基础上公正和持久地解决巴勒斯坦问题，并使巴勒斯坦人民能够获得他们在 1967 年确定的以东耶路撒冷为首都的边界上建立一个独立国家的公正和合法权利。

三、联合国中的约旦

约旦哈希姆王国于 1955 年 12 月 14 日加入联合国。作为中低收入国家，加之地区冲突和不稳定因素影响，约旦自身发展受外界影响较大，来自邻国的难民潮冲击尤为明显。在过去 10 年中，叙利亚危机导致大批叙利亚难民涌入约旦，解决叙利亚难民问题给约旦的基础设施和资源消耗带来了巨大压力，对约旦整体社会产生了重大影响。联合国驻约旦各工作机构为帮助约旦人民和政府改善当前发展环境、实现其可持续发展目标，认真履行联合国发展规划，不断提高工作效率，跟进改革项目。作为国际人权和国际准则的捍卫者，联合国在约旦的目标是为所有人带来真正的改变。为此联合国国家工作队（UNCT）根据联合国可持续发展框架积极开展业务，计划在未来五年内加强约旦体制建设和政策落实，加快可持续发展目标的实现，同时支持约旦“2025 愿景”和国家战略，并为其他国家政策的实施奠定基础③。在约旦实现可持续发展目标上，联合国承诺支持约旦政府改善所有约旦人的生活状况，特别是弱势群体，确保不让任何人掉队。

在制定的《2018—2022 年联合国可持续发展框架》（The United

① وقائع في مسيرة الجامعة, http://www.lasportal.org/ar/aboutlas/Pages/HistoricalOverView.aspx - tab1.

② King delivers Jordan’s address at emergency Arab Summit in Mecca, https://www.kingabdullah.jo/en/news/king - delivers - jordan% E2% 80% 99s - address - emergency - arab - summit - mecca.

③ The United Nations in Jordan, https://jordan.un.org/en/about/about - the - un.

Nations Sustainable Development Framework/UNSDF）下，联合国国家工作队（United Nations Country Team/UNCT）加强了联合国与约旦在人道主义和国家发展项目之间的联系，开展消除贫困、消除饥饿、人民健康幸福、良好的教育、两性平等、清洁的水资源和卫生设施等17个方面的合作，致力于实现2030年可持续发展议程①。该框架承诺联合国将加强协作、提高效率，并在三个方面实现突破：1. 加强国家机构建设，确保约旦国家和地方各级机构反应更迅速、工作更负责、机制更透明；2. 广泛赋予人民权力，特别是弱势群体争取自身权利方面，积极履行改善公民安全状况的责任；3. 为生活在约旦的人们提供更多机会，特别是在经济、社会、环境领域和政治参与等方面。

作为国家层面合作的战略规划框架，UNSDF为加强联合国国家工作队在约旦开展各项工作的一致性和有效性奠定了基础。在UNSDF下，UNCT将实施一体化行动，在未来帮助约旦公民享有包容、公平和可持续发展的生活环境，并享有尊严、安全和免于恐惧暴力的人身自由。该框架的核心发展内容包括：1. 通过加强国家机构和制度建设、赋予人民权力，并扩大妇女、青年和弱势群体的合法权益，深化和平稳定，保护人权、加强社会凝聚力；2. 通过支持更加多元化和更具竞争力的市场经济，追求平衡、可持续和包容性的经济增长；3. 确保妇女在政治、经济和社会领域拥有更广泛、更平等的权利，不受歧视和迫害。此外，联合国还将采用一种“新的工作方式”，激励约旦政府与联合国开展合作，提出更具创造性的解决方案，将不同任务、部门和机构聚集在一起，通过各部门、各领域联通，为弱势群体积极提供援助、提高社会恢复能力、消除地区贫困来确保不同地域、不同阶层的约旦公民共同发展。UNSDF不仅为未来合作提供框架，还为每年的战略安排设定协商机制，提供全面、动态的议事流程。通过政府、民间社会、私营部门、国际金融机构和学术界相互协调的合作机制，对年度工作安排进行综合分析、共同评估、组织磋商和战略优先排序，灵活应对约旦不断变化的社会、经济、政治环境②。

作为联合国组织中主要负责约旦事务的专门机构，联合国国家工作队

① How the UN is supporting The Sustainable Development Goals in Jordan, https://jordan.un.org/en/sdgs.

② UN Sustainable Development Framework in Jordan (2018 – 2022), https://jordan.un.org/en/40978 – un – sustainable – development – framework – jordan – 2018 – 2022.

与约旦政府在各个领域均有合作。除《2018－2022年联合国可持续发展框架》内国家工作队与约旦政府的合作项目外，在保护和促进人权方面，国家工作队支持约旦全国妇女委员会为制定“北京＋20国”报告而开展全国性磋商，并推动政府在2015年9月联合国大会期间为纪念《北京宣言》及其行动纲领20周年举行的全球性别问题首脑会议上作出承诺，到2030年消除性别平等上的差距。2018年11月，约旦进行了第三轮定期审议互动对话，支持和采纳了联合国成员国的大部分建议，在改善人权问题上取得巨大进步。此外，在国家工作队的支持下，约旦加快了《2030年议程》的实施，并于2017年7月在纽约举行的高级别政治论坛（High Lerel Political/HLPF）上提交了自愿国家审查报告（Voluntary National Reviews/VNR）。通过参与讨论，约旦加强了对《2030年议程》的掌控与规划，并围绕该议程的建立取得了积极主动的发展势头。在与规划和国际合作部的合作中，约旦政府进一步密切双边伙伴关系，与该部门制定了应对计划（Joint Requirements Planning/JRP），以加强人道主义建设和国家基础发展。在计划中双方重新确立了援助标准，将受助人群的脆弱性而不是社会地位作为决定实施援助的考量，为此联合国国家工作队与约旦政府合作在2019年建立了全面的脆弱性评估框架，对弱势群体进行标准化定性，以期向受助者提供更加公平的援助①。

在国家发展的关键时刻，联合国和约旦哈希姆王国政府同意建立新的伙伴关系，以支持约旦走上更加繁荣、和平、安全、可持续的发展之路。通过增进人权、经济援助等方式，联合国强调约旦社会发展的包容性，重视各群体、各阶层在国家发展过程中的参与度，调动多部门合作来共同应对发展中的挑战。虽然联合国并不是约旦发展的唯一参与者，但作为具有普遍成员资格的多边主义支柱，联合国在约旦国家发展过程中提供了无可取代的支持，在忠于维护国际人权和国际规范使命的同时，联合国与约旦政府的双边合作为约旦国家发展和民生改善做出了巨大贡献。

四、约旦与欧洲联盟

欧洲联盟（以下简称“欧盟”）正式成立于1993年11月，总部位于

① The United Nations in Jordan，https：//jordan. un. org/en/about/about－the－un.

比利时首都布鲁塞尔，是世界第二大经济体。约旦是欧盟在全球、地区及双边关系中重要的合作伙伴，特别是约旦在促进中东稳定和宗教宽容方面发挥了重要作用。约旦和欧盟在许多领域建立了牢固的伙伴关系，并自2002年起通过联合协议建立了密切联系。

约旦是第一个在2010年与欧盟完成技术谈判并获得“优先地位”的地中海伙伴国家。根据修订后的欧洲邻国政策，欧盟和约旦通过了欧盟—约旦伙伴关系优先项目和欧盟—约旦协议。

伙伴关系优先项目下的合作围绕三个目标展开：1. 保持宏观经济稳定和可持续增长；2. 加强民主治理、法治和人权：3. 包括反恐行动在内的地区稳定与安全。同时双方还在跨领域问题上开展合作，例如移民问题和包括青少年、妇女在内的弱势群体在经济、社会和政治领域的保护。伙伴关系优先项目还与约旦政府的国家战略契合，特别是“约旦2025愿景和国家战略”，这是一份约旦政府为期十年的社会经济发展蓝图，致力于改善公民福利、为公民提供基本服务。

欧盟—约旦协议旨在改善难民及其收容社区的生活条件，在2017年和2018年布鲁塞尔举行的关于“支持叙利亚和该地区未来”的连续两次会议上加大了对这一项目的投入，继续为该地区难民提供政治、财政和人道主义支持。自2014年以来，欧盟对约旦的财政援助主要通过欧洲睦邻机构（European Neighbourhood Lnstrument/ENI）提供，这是双边及地区的主要财政机制。约旦在经济、能源、教育、就业、贸易、私营部门发展、安全、青年发展以及妇女民主和人权等优先领域也得到欧洲睦邻政策的大力支持。其中经济治理、法治、社会部门以及安全合作是单一支持框架（Single Support Framwork/SSF）中的政治优先事项，该框架是双方2017—2020年期间执行的多年规划项目，欧盟计划在2014—2020年期间为约旦政府提供5.67—6.93亿欧元的财政支持。

除了拨款外，约旦还获得了欧盟在公民社会、人权、民主以及和平与稳定方面的专项支持。此外，约旦还受益于几个欧盟领导下的区域计划和外部行动，例如“Erasmus +”计划（高等教育资源流通）、欧盟研究与创新计划“地平线计划”（Horizon 2020）和“PRIMA”（地中海地区研究与创新合作伙伴）等合作项目，与欧盟开展了深入持久的合作。①

① Jordan and the European Union, https://eeas.europa.eu/headquarters/headquarters - homepage/1357/jordan - and - european - union_en.

在经济、贸易方面，欧盟关注约旦的宏观经济稳定和可持续增长，并将其作为欧盟－约旦伙伴关系优先事项的关键支柱之一。欧盟在该领域的所有干预措施都符合并支持包括“2025约旦愿景和国家战略”、约旦2018—2022年经济增长计划、约旦政府2019—2020年Nahda优先计划在内的约旦国家发展战略。为加速约旦经济复苏，欧盟长期以来向约旦提供金融援助，并以优惠贷款的形式帮助抵消地区不稳定对约旦经济的影响。

2014年3月，欧盟签署了第一份1.8亿欧元宏观金融援助（MFA）计划的谅解备忘录，资金已于2015年全额支付。2015年和2016年叙利亚难民流入约旦，加剧了其对进一步支持的需求。应约旦请求，2016年3月，欧盟委员会提议向约旦提供2亿欧元的额外宏观金融援助（MFA－II），并于2017年9月19日签署了MFA－II谅解备忘录。2017年10月完成了第一笔1亿欧元的付款，第二笔付款将在成功满足商定的条件后支付。MFA计划补充了约旦与国际货币基金组织（IMF）在扩展基金机制（EFF）协议下的实施内容，并为约旦的国际收支融资需求提供了额外的欧盟资金。

贸易方面，欧盟与约旦于2002年5月1日达成贸易协定，在约旦和欧盟之间建立了自由贸易合作，约旦几乎完全放开了对欧盟市场的准入。欧盟是约旦最大的贸易伙伴，在2017年占其贸易额的17.4%，超过了美国（13.4%）、沙特阿拉伯（13.4%）和中国（10.9%），2018年约旦对欧盟的出口达到3亿欧元。约旦与欧盟繁荣的贸易往来得益于良好的市场准入机制，因为约旦的出口项目更加符合欧盟的监管要求。除此之外，为了接轨监管标准，欧盟与约旦标准和计量组织（Jordan Standards and Metrology Organization/JSMO）启动了结对计划，旨在支持JSMO为优先部门的工业产品合格评估和验收协议。欧盟还协助约旦升级包括JSMO和约旦标准化和计量组织这类基础系统以促进双边贸易往来更加通畅和稳定。

由于叙利亚危机扰乱了约旦的传统贸易路线，由此产生的难民涌入和长期驻留也加剧了约旦经济中的结构性挑战，所以关于放宽原产地规则的协议成为欧盟与约旦重要的合作项目。为了减轻外部环境对约旦就业、投资的负面影响，欧盟和约旦于2016年7月19日达成协议，有针对性、有时限性地简化约旦出口商需要满足的原产地规则，该协议于2018年12月进一步修订，使约旦制造业公司能够在传统市场之外实现出口多元化，并为约旦人和叙利亚人创造更多工作机会。这项简化原产地规则制度适用至2030年12月，涵盖52个类别的产品，其中包括约旦向欧盟小批量出口的物品以及目前还未交易的其他商品。在区域贸易上，约旦是《阿加迪尔协定》的4个成员国之一，该协定为约旦与邻国加强经济合作铺平了道路。欧盟支持巩固《阿加迪尔协定》为建立自由贸易区而设立的体制框架，包括提高阿加迪尔技术单位的可持续发展，以满足成员国政府和私营部门的贸易发展需求。同时，对私营部门的支持始终处于欧盟援助的最前沿，特别体现在对约旦中小企业的关注上。由于这类企业是约旦经济和就业增长的关键参与者，在过去几年中，欧盟已精准投资超过1.5亿欧元，通过对各个部门（服务业、农产品企业、制造业等）的直接赠款和技术援助，帮助了多达1000家约旦公司。

目前欧盟正在与约旦政府开展合作，改善经商框架并为约旦吸引更多投资。欧盟将支持政府改善约旦“2025愿景”中设定的投资环境和激励政策，同时通过企业能力建设和促进国内和国际的优质投资，加大在企业层面的竞争力，提高传统部门的核心竞争力和可持续性，特别是教育服务、绿色技术和创意产业等发展绿色低碳经济的创新部门和市场。欧盟将利用“约旦企业发展行动计划”向4个产业孵化器、5个商业协会和一些服务商提供援助，帮助新成立的100家中小企业和60家创新企业创建稳定的运营生态系统，释放增长潜力。这最终将转化为外向型行业的1200个新工作岗位，并通过向新市场增加销售和出口，帮助中小企业增加收入。

欧盟承认民间组织是约旦国家发展的重要参与者，认为它们可以帮助相关政策的实施，并在促进约旦的人权和可持续发展进程方面发挥重要作用。因此，作为“欧盟支持约旦民间社会”计划的一部分，欧盟积极推进民间组织与约旦政府之间进行政策对话和磋商。对话涵盖民间组织的外部法律环境和内部治理问题，以此来促进民间组织在国家建设中的参与。欧盟对民间社会的支持一直在增加，并侧重于有效参与约旦的公共生活中。近年来，通过不同的资助窗口，欧盟累计支持超过2000万欧元。

民主与法治方面，2017年欧盟成功启动了EU－JDID计划，作为欧盟对约旦民主制度发展的帮助。欧盟为约旦的民主建设捐助1200万欧元，同时还包含西班牙合作办公室200万欧元的额外预算补充作为对民间发展的支持。2018年，该方案的实施实现了欧盟与约旦民主机构（众议院、政治和议会事务部以及独立选举委员会）的良好合作，并确保议会对民主活动、选举援助、政党制度建设的支持。在约旦众议院，已实施视频会议、音频和电子投票系统，以确保投票更加透明。此外，众议院工作人员在议会监督、立法起草和人力资源管理上得到了欧盟的培训。其他活动还包括支持政党制订计划，培养年轻执政者参与政治进程的能力。该计划还侧重于性别包容，促进女性积极参与。最后，欧盟还向约旦民间社会组织提供公民教育，提高公众意识，培养公众参政议政能力和对国内选举、议会的监督能力。欧盟对约旦司法部门的支持始于十多年前，帮助约旦促进正在进行的改革进程，培养司法机构和相关司法业务的独立性，对法官和检察官的业务能力、基层建设和司法救助有了较大提升，同时还加强了司法部和司法委员会的执行能力，使得后者在国家战略和改革进程中获得了更大的自主权。通过一项新的5000万欧元援助计划，欧盟与约旦的司法合作将扩大到关键领域，例如，拘留的替代方法、社区制裁和法律援助，这些均作为近期立法改革进程中确定的优先事项。欧盟还将加强与约旦公安部的合作，确保调查取证阶段的信息共享，并为囚犯制订计划使其重新融入社会、改过自新。

文化教育方面一直是欧盟与约旦开展合作的重点领域。2018 年欧盟通过了对约旦的教育战略计划，该计划为欧盟提供了全面的现状分析，确定了优先发展领域并规划了实施该计划所需的财政支持。在 2012 - 2018 年期间，欧盟已承诺投入超过 3. 8 亿欧元来加强约旦整个教育部门——教育部、劳工部（职业培训中心）和高等教育部（Erasmus +）以及其他教育机构来支持其教育发展。欧盟承诺将继续支持政府为每个儿童提供优质教育，内容包括建设学校、监测教育系统的绩效、监测教育水平、支持配合教育政策和计划的相关机构。随着欧盟开展的文化活动规模越来越大，范围越来越广，欧盟与约旦之间的文化交流与融合也愈发频繁，促进了文化多样性和多元文化的发展。在欧盟国家文化机构（EUNIC）的支持下，欧盟在约旦采取了五方面的措施，包括支持当地的组织或倡议，为跨文化交流提供更多便利，通过免费活动促进约旦当地对欧洲文化的总体了解，支持约旦的创意产业，促进欧盟成员国和约旦之间的文化交流和艺术家往来，配合欧盟在约旦开展的地区文化项目发展。2018 年是欧洲文化遗产年，在欧盟的帮助下，约旦通过了“约旦遗产日”的文化倡议，为约旦的文化遗产保护和发展带来新的机遇。

环境保护与资源方面，为实现《巴黎气候协定》设定的目标以帮助约旦实现可持续发展，欧盟与约旦建立重要的合作伙伴关系，并将环境和气候变化行动纳入政府计划。欧盟帮助约旦加强绿色经济的发展以及向可持续消费和生产方式的转换，提供循环经济的发展模式。在双方 CLIMA – MED、CES – MED、SUDEP、CLIMA South 以及 Switch – MED 在内的区域性倡议协助下，努力实现清洁能源的使用和推广、经济增长、工业创新和基础设施发展等目标。此外，水资源问题长期以来是中东地区的焦点问题，在这一问题上欧盟努力达到水资源的公平分配。根据约旦政府的整体方法，欧盟将继续支持增加供水、修复现有管道、减少水损失并改善该部门的治理。此外，欧盟还帮助约旦建设和修复污水处理厂，升级污水管网，以减轻基础设施建设投资对国家财政带来的负担。自 2011 年以来，欧盟一直在协助约旦实施其能源改革战略，重点关注绿色能源领域，帮助约旦实现可持续发展目标。截至 2020 年，欧盟对约旦的能源行业投入超过 1.6 亿欧元，其中对约旦可再生能源使用和提高能源效率计划提供了 9000 万欧元的持续投资。此外还包括对约旦绿色走廊项目的特别支持，以实现国家电网中更多绿色能源的互联互通。目前欧盟正在为约旦的能源部更新行业战略提供技术支持，并引入新的绿色能源解决方案，特别是抽水蓄能项目，旨在更好地存储可再生能源，增加能源解决方案，进一步加强约旦绿色能源的开发和部署。

社会保障与公共事务方面，欧盟对约旦社会保障的支持在过去五年中获得了良好的发展势头，与约旦 2020 – 2025 年愿景、2016 – 2025 年人力资源开发战略、2017 – 2021 年社会发展部战略等国家政策和发展战略相配合，侧重于改进约旦治理体系，使之符合弱势群体和残疾人的国际收入标准。鼓励民间社会和私营部门的大量参与，通过实现社会保障服务的现代化和社会中心的翻新来提高服务质量。为提高就业率、改善就业环境、增加工作岗位，欧盟通过“职业技能和社会包容”计划为约旦提供了 5200 万欧元的财政支持，用以推进职业教育培训在约旦青年和家庭中的普及。同时欧盟大力支持约旦治理体系逐步从供给驱动转向需求驱动，让民间社会能够充分参与制定各级职业技术教育与培训部门的计划和政策，为年轻学徒的培训和实习提供更多便利。

自 2016 年以来，通过国家援助基金的重点帮扶，至少有 9000 名来自社会弱势群体的困难人群接受了系统的职业规范化培训。同时，为搭建更安全、更便捷的融资渠道，欧盟通过了一项 3500 万欧元的财政支持计划，帮助约旦地方政府创造更多就业机会。欧盟计划与约旦共同助力小额信贷部门的发展，深化信贷制度改革，为更多的约旦人提供资金，管理家庭财务，发展微型企业。

在公共财务管理上，通过预算支持和技术援助计划，欧盟一直在帮助约旦政府改善其在公共财政管理领域的绩效并加强问责机制。欧盟计划协助约旦财政部及其下属部门提高建设能力、绩效和透明度。欧盟的支持还促进了约旦公共财务管理战略的实施，特别是在内部控制和审计、外部审计和国内收入动员方面。欧盟同时支持约旦公共行政部门提高透明度、问责制和绩效，以造福约旦公民，使他们能够享受优质的公共服务。欧盟对约旦公共服务的支持通过多种手段实现，如：通过结对项目将欧盟成员国公共部门的专业知识带到约旦公共机构，6 年来，成功实施了 10 多个总价值 1500 万欧元的结对项目，为约旦公安部、宪兵队、标准计量组织、国家电力公司等政府机构提供帮助。目前欧盟正在为约旦政府提供两种不同的大规模技术援助项目：一是计划旨在通过实施公共行政改革，改善约旦的公共服务；二是建立健全以政府为核心的供给体系，加快推进经济增长所需改革的落实。①

五、约旦与海湾阿拉伯国家合作委员会

海湾阿拉伯国家合作委员会（以下简称“海合会”）于 1981 年 5 月 25 日在阿联酋阿布扎比成立，总部设在沙特阿拉伯首都利雅得。该组织共有 6 个成员国，分别为：阿拉伯联合酋长国、阿曼苏丹国、沙特阿拉伯王国、巴林王国、卡塔尔、科威特。成员国总面积 267 万平方千米，油气资源储量丰富。除 6 个正式成员国外，海合会一直与中东地区其他国家保持紧密联系，不断尝试进一步扩大海合会规模。在 2001 年 12 月召开的海合会第 22 次首脑会议上，最高理事会同意也门加入海合会卫生、教育、劳工和社会事务部长理事会等机构，加强与非成员国之间的合作。

2011 年 6 月在沙特吉达召开的海合会外长理事会第 119 次会议发表声明，欢迎约旦、摩洛哥加入海合会，积极寻求多边合作，拓展海合会对外合作范围；2012 年 11 月第 125 届外长理事会上，海合会分别与约旦、摩洛哥就建立“战略伙伴关系”达成为期 5 年的“共同行动计划”，并承诺

---

① Jordan and the European Union, https: //eeas. europa. eu/headquarters/headquarters - homepage/1357/jordan - and - european - union_en.

未来5年内向两国分别提供50亿美元的无偿援助，致力于将海合会打造为联通海湾地区与阿拉伯世界的重要纽带①。海合会以伊斯兰教信仰为基础的特殊关系、共同特点以及相似的政治制度为联系，将海湾国家联合在一起，以此希望成员国在各个领域内实现相互协调、共同合作和区域一体化，实现国家统一、地区稳定，加强和密切成员国人民间的交往与合作，根据《阿拉伯国家联盟宪章》，建立成员国之间更加密切的关系和更加牢固的纽带，更好地引导海合会完成阿拉伯民族复兴和伊斯兰事业。

海合会内设最高理事会、部长理事会和秘书处三大机构。最高理事会为该组织的最高权力机构，由各成员国元首组成。理事会主席按国名字母顺序定期在会员国之间轮换，任期一年。最高理事会每年举行一次例会，但可根据成员国要求安排召开特别会议。会议表决需2/3的成员国参加方可有效，每个会员国有一票，重大事项的决定需要参加表决的成员国一致通过，程序性事项的决定由成员国多数投票通过。部长理事会由所有成员国的外交部长或代表国家的各部门大臣组成。理事会每3个月召开一次例会，也可应成员国要求召开特别会议。理事会负责提出政策，准备建议、制订具体研究计划和实施项目，促进成员国之间在各个领域的合作与协调，鼓励、开展成员国之间在各个领域的活动。

海合会自成立以来，每年11月或12月轮流在6国首都召开首脑会议，至2021年共举行了41次。此外，1999年起一般在首脑会议之间召开非正式首脑磋商会议，截至2021年已召开17次。6国的外交、国防、内政、石油和财经等大臣（部长）也定期或根据需要召开会议。会议主要商讨6国和海湾、中东地区面临的政治、经济、外交、安全、军事等重大问题，各国之间互通情况，联合行动。迄今为止海合会最高理事会会议已先后发表了《科威特宣言》《阿布扎比宣言》《麦纳麦宣言》《多哈宣言》，并通过了《海合会与其他国家、地区集团和国际组织发展关系和进行谈判的长期战略》等一系列文件。

约旦与海合会成员国关系发展较为曲折。在海湾危机发生后，由于约旦采取与埃及、叙利亚、沙特等国相悖的立场，一度与这些国家关系紧张。海湾战争后，约旦主动提出改善同阿拉伯各国之间的关系。

在阿卜杜拉二世国王继位后，约旦与海湾国家基本恢复外交关系，

① 海湾阿拉伯国家合作委员会的中文简介参见外交部网站，https：//www.fmprc.gov.cn/web/gjhdq_676201/gjhdqzz_681964/lhg_682782/jbqk_682784/。

2003 年美国对伊拉克战争后，约旦还获得了半年的海湾优惠供油，并积极申请加入海湾合作委员会。海合会成员国中科威特是约旦第一大投资伙伴，在约旦投资总额超过 80 亿美元。

2011 年约旦正式申请加入海合会，受到最高理事会的高度关注，同年 5 月，海合会最高理事会举行第 13 次协商会议，讨论关于加强海合会与约旦哈希姆王国之间合作的相关决议，并欢迎约旦申请加入海合会，双方就正式加入的相关问题展开进一步交谈。9 月，部长理事会与约旦外交部长举行会议，讨论海合会与约旦准备开展合作的各个领域和发展伙伴关系的相关事项。同时最高理事会表示将成立一个由海合会成员国、约旦哈希姆王国和摩洛哥王国的高级官员组成的联合委员会，负责组织与两国的合作事宜。

在达成加入意向后，为进一步落实双方合作，海合会成员国与约旦哈希姆王国高官联合委员会于 2012 年 10 月 8 日召开会议，制定了海合会与约旦哈希姆王国联合委员会的工作机制，并就联合行动计划草案达成一致。在 2012 年 11 月 7 日举行的海合会国家与约旦哈希姆王国外交部长联席会议上，各方通过了《海合会与约旦哈希姆王国联合行动计划（2012—2017 年）》。

为落实上述安排，双方成立了联合工作组，并在海合会与约旦哈希姆王国联合委员会会议上批准了详细的行动计划。12 月，海合会最高理事会决定成立海湾基金，计划未来 5 年内分别向约旦和摩洛哥提供 25 亿美元的发展援助。2012 年，沙特、科威特、阿联酋承诺向约旦提供援助 7.5 亿美元，同时阿联酋、沙特、卡塔尔、科威特 4 国商定以赠款的形式为约旦哈希姆王国提供 50 亿美元，用以资助约旦的发展项目，为期 5 年交付，款项由 4 国平摊提供。

随着约旦与海合会逐步建立全方位、多层次的合作机制，约旦与海合会成员国及周边阿拉伯国家的关系水平得到大幅度提升，互动往来更加频繁。2013 年 1 月，阿卜杜拉二世国王访问巴林，并出席在科威特举行的“叙利亚人道主义问题高级别国际认捐会议”和在沙特举行的“第三届阿拉伯经济社会发展峰会”。2014 年 2 月，约旦首相恩苏尔访问埃及。6 月，阿卜杜拉二世国王出席埃及新总统塞西的就职典礼。2015 年 5 月，埃及总统塞西出席在约旦举办的 2015 年世界经济论坛中东北非峰会，会见约旦国王阿卜杜拉二世。2018 年 6 月，沙特牵头与阿联酋、科威特在麦加举行峰会，共同宣布为约旦提供25亿美元援助，帮助其渡过经济困境。经过长期协商，海合会与约旦拟定了包括贸易、投资、经济、金融产业、政治合作、法律与司法、高等教育和科研领域、信息文化、交通、通信和信息领域、旅游和文物保护、水电、体育项目等多领域的全方位合作计划。双方声明将努力通过双赢模式，在上述所有领域建立更深层次的伙伴关系，努力克服贸易投资障碍，积极协调支持各领域互动发展的项目计划，以共同的历史文化为契机，促进人民之间的相互联系与友好往来。①

① 《对外投资合作国别（地区）指南：约旦（2020年版）》，http：//www. mofcom. gov. cn/dl/gbdqzn/upload/yuedan. pdf。

第八章　防控世纪疫情与约旦国内治理

新冠肺炎疫情给全球经济带来重创，导致21世纪持续至今的全球化局势面临重大转向的可能性。疫情迅速蔓延的过程中，世界体系以及身处其中的各个国家均不得不在突发公共安全威胁面前作出迅速应对。目前，新冠病毒依然在部分国家尤其是广大发展中国家传播，抗击新冠肺炎疫情的战斗仍未结束。全球抗击新冠病毒的各方行动既普遍展现出道义关怀、团结合作的精神，但也暴露出全球化发展过程中暗含的国际体系的结构性差异问题，同时显现出不同发展阶段的国家其国家治理能力的强弱。各国的应对态度和抗疫举措不仅受制于经济发展水平，更与该国政治发展水平密切相关。具体而言，一国独特的政治制度、历史遗产、全球压力、族群结构是国家决策判断涉及的根据。换言之，深远来看，正是那些能够塑造和加强国家建构的因素①在左右政府应对疫情的策略选择。

为诠释发展中国家应对疫情威胁所做出的决策选择其背后促进国家建构的政治整合逻辑，本文选取目前较为有效地控制了疫情蔓延的中东地区发展中国家约旦为个案。约旦国土面积和人口规模都不大。与内战频繁、地区暴力冲突不断的周边国家相比，约旦是中东地区国内政局相对和平稳定的国家。与其他中东君主制国家相比，约旦较为现代开放，世俗化程度较高。然而约旦没有石油和天然气等自然资源，无法像海湾能源大国那样从能源经济获益成为“食利国家”，再加上国内工业基础薄弱，属于并不算富裕的发展中国家。由于极为需要相关部门创造收入，2020年6月上旬，约旦就急于恢复大部分经济部门，重开宗教场所，重新开放各旅游景

---

① ［瑞士］安德烈亚斯·威默：《国家建构：聚合和崩溃》，叶江译，上海：格致出版社，2019年版，第193—199页。

点。虽然很遗憾，2020 年下半年开始，约旦的感染和死亡人数迅速飙升，但回顾 2020 年初期，约旦政府相对较早地对新冠肺炎疫情作出了及时且广泛的应对。[①] 政府也因此获得国内民众的肯定。[②] 以政治发展的视野来看，约旦政府防控疫情的具体决策不仅仅是为了短期抑制公共卫生安全威胁，更是综合考量维护现有政治制度、反映国家政治文化、应和外部预期和兼顾国内族群权力关系等功能，从而实现国家建构所需要的政治整合的集中体现。

一、约旦的疫情概况（2020—2021）

（一）约旦疫情概况

综合《约旦时报》2020—2021 年两年间关于约旦新冠肺炎疫情的报道来看，约旦政府对于新冠疫情防控高度重视。在约旦本土暴发新冠肺炎肺炎疫情之前，约旦政府便已积极采取防控措施，卫生部每天发布新冠病毒最新舆情。2020 年 1 月 28 日，约旦卫生部决定：在各个边境口岸安排人员分三班值守，每班 4 人；在各边境点、机场提供了固定式和手提式扫描仪，对所有入境旅客，特别是来自东南亚的旅客进行检查。此外，巴沙尔传染病医院的 100 张床位已准备就绪，多家野战医院也随时待命。约旦政府承诺任何关于新冠肺炎疫情的行动计划、防疫措施、危机管理、舆情管控等信息都将公开透明，并在国家安全和危机管理中心内成立工作组密切关注疫情发展，卫生大臣萨阿德·贾比尔任工作组组长。

约旦出现首例确诊病例是在 2020 年 3 月 2 日，该患者是一名约旦人。约旦教育部第一时间向所有教学单位发布通告，敦促继续分发防疫宣传手册。3 月 4 日，劳工部已设立疫情专门控制室，与卫生部等其他部门通力协作，开展全国范围内的防疫措施检查。安曼市政府也已在其辖区内加强

① Kristyn Hartman, "How Jordan's COVID - 19 Lockdown Compares to U. S. Response," WCPO, March 25, 2020, https://www.wcpo.com/news/coronavirus/how-jordans-covid-19-lockdown-compares-to-u-s-response.

② Taylor Luck, "Jordan Announces Sweeping New Measures to Combat Coronavirus," *The National*, Mach 17, 2020, https://www.thenational.ae/world/mena/jordan-announces-sweeping-new-measures-to-combat-coronavirus-1.993768.

预防措施，为环卫工人分发医用口罩和手套，并在工作场所安装手部消毒剂，组织各种预防病毒传播的培训班。共有5所医院被列为新冠肺炎定点医院，分别是巴希尔医院、约旦大学新扎尔卡政府医院、阿卜杜拉国王大学医院、卡拉克医院和哈希姆王子军事医院。3月8日，约旦卫生部暂时禁止在约旦的外籍劳工和外国学生出国旅行，除非获得首相府的批准，学校和政府工作人员也不得出国旅行。此外，约旦政府还加强了对所有陆地和海上过境点的监测。

2020年3月10日，约旦政府宣布新一轮新冠肺炎疫情防控措施，以遏制新型冠状病毒的暴发，包括：1. 禁止往返黎巴嫩和叙利亚（货车除外）。2. 关闭北部口岸、与以色列相连的侯赛因国王大桥，包括南部口岸的旅客往来、官方代表团，货物运输相关人员以及经南部口岸的约旦工人除外。3. 从3月16日起，禁止来自法国、德国和西班牙的人员进入约旦，也不允许约旦人前往以上国家。4. 关闭与埃及的海上过境点，从埃及飞往约旦的航班减少一半。5. 暂停人员经凯拉麦边境往来伊拉克，保持贸易往来；官方代表团除外；保留埃尔比勒和巴格达机场的航班。6. 允许约旦人从以上国家入境，但需遵守卫生部的防疫规定，包括居家自我隔离14天。7. 外交使团、国际组织、居住在约旦的外国人、投资人不受以上旅行措施影响，但需遵守卫生部的防疫规定。8. 除非内阁允许，停止在约旦举行国际和地区会议，医学会议除外。此前，约旦卫生部还建议公民非紧急情况下避免外出旅行；拒绝来自韩国、伊朗和意大利的非约旦人入境，而来自上述国家的约旦人入境后将被转移到隔离区。

2020年3月14日，约旦首相奥马尔·拉扎兹宣布，所有教育单位暂停线下教学活动，为期两周，通过教育部网站和国家电视台进行在线教育；航运方面，自3月17日起，路上、海上边境过境点以及机场针对旅行活动全部关闭，贸易运输活动除外，所有在海外的约旦人应留在原地，邻国约旦人如被迫返回，可经由路上或海上边境过境点入境，但需遵从卫生部有关措施关于公共活动、宗教仪式和旅游业，约旦政府规定，停止一切公共活动和集会，引导公民尽可能居家，减少非必要外出；停止全部清真寺和教堂的礼拜和祷告活动，通过电视台统一播放主麻日讲经；关闭所有名胜古迹旅游点并进行消毒，为期一周；禁止咖啡馆和餐馆提供水酒及相关服务并禁止吸烟，官方机构有权关闭任何违反该规定的咖啡馆和餐馆；每周工作时间压缩至40%，且实行轮班制度。

2020 年 3 月 15 日，约旦新增病例数量开始出现增长，截至 3 月 15 日，约旦新增 10 例新冠肺炎病例，累计确诊 11 例，治愈 1 例。当日，约旦国王主持召开阿卜杜拉二世新冠肺炎疫情防控会议，决定成立由各位内阁大臣牵头的 10 个工作组以应对新冠肺炎疫情，分别涉及卫生保健、机场和边境事务、社会保障、战略库存组、教育、媒体跟踪等事务。截至 3 月 16 日，约旦新冠肺炎确诊病例达 29 例。据约旦卫生大臣萨阿德·贾比尔表示，所有确诊患者均为输入型病例或与其有直接接触者。之后，约旦政府宣布对入境人员的新措施：对经由机场或边境口岸入境人员实施 14 天的强制隔离，隔离地点位于死海地区和首都安曼的政府指定酒店；入境人员家人或其他人员均不得进入机场或边境口岸迎接，非授权人员不得进入机场或边境口岸。由约旦军方负责将抵达者运送到指定隔离酒店，死海地区的检疫由军方的皇家医疗服务机构负责，安曼的检疫由卫生部负责。安曼关闭娱乐场所，加强公交车站、公共场所、运输巴士、出租车和公园的清洁消毒。

2020 年 3 月 17 日，约旦政府暂停安曼金融市场活动。约旦国王发布敕令，同意内阁自 2020 年 3 月 17 日起宣布实施《国防法》（1992 年第 13 号）以应对新冠肺炎疫情。根据该法，首相有权宣布对所有人的行动自由和集会自由进行限制；有权对所有人员、地点和交通工具进行不受限制的检查，如遭遇反抗可使用暴力；有权对部分或所有地区实施交通管制直至封锁；有权关闭所有或部分公共场所；有权对交通和各类道路实施管制和封锁；有权对所有媒体的宣传报道实施审查和管控，如违反相关规定可以关闭相关机构；另外还有针对拍摄敏感地区、取消持枪证、禁止制造售卖武器弹药和爆炸物、禁止制造售卖无线电通信工具等相关规定。截至 3 月 18 日 8 时，约旦新冠肺炎确诊病例增至 56 例，约旦政府宣布：除首相指定的重要部门外，政府部门和机构将停止工作；除医疗等重要行业外，所有私营部门停业；非紧急情况下，市民应留在家中；限制 10 人以上的聚会；禁止国内旅行；暂停非紧急情况下的手术等；暂停公共交通；关闭商场和商业中心，仅保留食品区和药店；停止印刷报纸以防病毒传播；药店、杂货店、面包店以及食品、药品、水、电和燃料供应链保持运转；在边境过境点为返回的约旦人设置隔离帐篷，仍在国外的约旦人应留在原地。3 月 18 日 22 时，约旦政府宣布自 3 月 19 日起实施全国“封城”，如无特殊情况和必要需求，禁止人员跨省份流动。根据工作性质，维持日常生活运转的特别工种人群持相关部门颁发的许可证，可进行正常流动。3月19日，约旦国家电力公司（NEPCO）启动应急计划保障电力供应，以应对新冠肺炎疫情，确保电网的可持续性和效率。3月21日，约旦全国戒严进入第2天。约旦2020年第2号国防令于21日起执行，全国全天候戒严。3月26日，约旦政府决定封锁疫情最严重的伊尔比德省；约旦国王阿卜杜拉二世参加G20应对新冠肺炎特别峰会。3月29日，约旦计划与国际合作大臣维萨姆·拉巴迪表示，该部与捐助国和国际组织的代表进行了一系列视频会议，以建立多方捐助账户（MDA），旨在为约旦提供直接援助，支持约旦政府遏制和消除新型冠状病毒疫情。该部表示，预计主要捐助者、联合国组织和世界银行将向MDA捐款。3月30日，约旦政府为农民提供1000万约第的无息贷款，并予以5年的宽限期，该决定旨在支持受到政府防控措施影响的农民。3月31日晚，约旦首相欧马尔·拉扎兹宣布实施第4号国防令，将建立名为“Himat Watan”的国家基金，用于存储国内外为支持约旦抗击新冠肺炎疫情提供的捐款。4月1日，约旦国王阿卜杜拉二世召开电话会议，指示政府制订明确的经济计划以克服新冠肺炎疫情带来的影响，采取一切措施优先保障公民健康和福祉。

4月13日，约旦工业、贸易和供给大臣塔里克·哈穆里宣布，政府允许面积超过200平方米的食品杂货店营业预计可重新开放的商店约500家。此决定以减少现有商店的拥挤，满足斋月带来的食品需求增加。商店营业时间为10点至18点，平均每40平方米的面积允许1名公民购物。餐厅可提供送餐服务。此外，鉴于约旦境内不断激增的新冠肺炎病例，约旦政府决定公共部门假期延长至4月30日。旅游与古迹大臣麦贾德·施威卡表示，政府预计拨款3000万约第用于旅游业救济计划。4月14日，约旦国王呼吁建立各部门战略储备数据库。约旦政府颁布第7号和第8号国防令，规范了学校和大学教育、远程职业培训以及学生考试机制。同时，政府宣布斋月期间清真寺关闭，禁止进行公共礼拜。截至4月14日，约旦已累计向贫困家庭发放2.6万个食品包，向日薪工人发放3.1万张购物券。阿拉伯银行向Himmet Watan基金捐款100万美元。

4月16日，约旦政府决定疫情防控与复工两个战场协调作战，开始制定严格的复工复产条例，并根据国内具体情况允许食品加工、制药和出口型企业率先复工复产，复工企业应严格遵守健康和安全标准。4月19日，建筑业开始逐步复工。4月22日，约旦启动复工申请平台。约旦疫情最严重的伊尔比德省疫情有所好转，自4月23日起，开始解除部分地区隔离措施，但该省仍保持对外关闭。4月24日，约旦开始进入斋月，斋月期间，约旦放宽出行限制。5月12日，新闻事务国务大臣阿姆贾德·阿达亚拉表示，即日起允许民众自早8时至晚7时徒步或驾车出行，公交车、出租车、打车应用运营车辆等公共交通不再实行单双号政策，但仅允许搭载50%客容量。此外，约旦政府宣布公共部门将于5月26日复工。约旦首相奥马尔·拉扎兹发布“复工指南”，主要措施包括按比例分三批逐渐复工，保持间距并佩戴口罩、手套，定期消毒，以视频会议取代聚集型会议等。

5月18日，约旦国王阿卜杜拉二世主持国家政策委员会会议，首相奥马尔·拉扎兹在会上提出恢复经济新举措：政府计划与约旦武装部队和安全机构合作，于开斋节后两周对疫情清零的省份恢复人员流动；南方各省将视疫情发展，在严格遵守公共卫生和安全标准的情况下，率先解封；政府正在为从南部边境入境人员设立隔离区，可容纳逾8000人；政府决定每月向卫生人员发放奖金，奖励其在抗疫期间的不懈努力和奉献精神；政府已成立三个委员会，专门负责生产医疗用品和设备、食品加工和制药，以促进卫生和农业等部门的可持续发展。当日，首相拉扎兹主持召开疫情防控小组会议，讨论开斋节后公共部门复工、约沙奥马里边境设立隔离区进展、侨民返约、全面解封的具体指标等。拉扎兹指出，政府政策应慎重、周到、全面，统筹兼顾做好防控与复工复产工作。

2020年6月初，约旦新增病例呈现下降趋势，经过三个月的努力，约旦疫情蔓延趋势得到初步控制，政府在有序复工复产的同时，开始逐渐解封城市功能。6月5日，约旦重新开放清真寺。公安总局实施社区安全计划，对清真寺进行了彻底的清洁和消毒，发放防疫物资。在复工复产方面，政府适时推出中小企业救助计划，充分发挥银行和基金的支撑作用；旅游业是约旦经济的重要支柱之一，约占约旦国内生产总值的10%。政府把旅游业开放作为优先事项，宣布6月20日将全面开放全国各旅游景点，并将逐渐恢复国内航空，进一步缓解疫情危机对国内经济的冲击。此外，政府致力于推动企业扩大国内消费和出口，特别是药品和医疗用品的出口。6月6日，约旦境内解除全面宵禁，宵禁时间只限定为晚上12点至次日凌晨6点；允许跨省通行，开放境内公共交通；开放所有咖啡馆、餐厅及酒店等；开放约旦境内旅游景点；但电影院、公园、婚庆大厅将继续关闭。6月17日，亚喀巴侯赛因国王国际机场恢复国内航线。6月23日，约旦首相拉扎兹表示，在疫情纾解前，自 3 月 17 日启动的国防法继续有效。6 月 24 日，约旦大学战略研究中心对 1204 名民众和 700 名意见领袖开展民调，这是首相欧马尔·拉扎兹政府成立两周年以来进行的第 6 次民意测验。结果显示，92% 的民众和 94% 的意见领袖认为政府成功应对了疫情，疫情已经“得到控制”。37% 的民众和 43% 的意见领袖认为约旦形势正朝着正确的方向发展。

2020 年 6 月 27 日，约旦工贸供部批准旅游景点内的娱乐休闲场所恢复营业，并允许在保持社交距离和公共卫生措施的前提下举行国际考试，批准特殊教育和残疾人中心恢复营业。6 月 28 日，因新冠肺炎疫情中止的约旦亚喀巴与埃及努韦巴港口常规渡轮恢复航运。

2020 年 7 月 12 日，约旦国王阿卜杜拉二世表示，约旦成功应对了新冠肺炎疫情，现在应关注经济发展。经济、贫困和失业是未来面临的主要挑战。国王强调，应当重视疫情期间具有卓越潜力的行业，例如制药、医疗设备、农业、食品加工。7 月 13 日，约旦教育部提出三种返校方案：方案一是一到三年级学生全面返校。方案二是对于学生人数不足百人的 600 所学校实行全面返校。方案三是对于班级人数超过 40 人的学校实行分批复课，即部分学生周日、周二、周四上课，其他学生周一、周三上课，同时结合在线授课。7 月 19 日，国家传染病委员会发言人纳兹尔·奥拜达特发表声明，集中隔离两周后，居家隔离时间将缩短至 7 天。7 月 21 日，约旦政府宣布计划于 8 月重新开放国际机场。自 7 月 22 日起，各类经济活动工作时间延长至凌晨 0 点，民众外出活动时间延长至凌晨 1 点。至此，约旦第一轮疫情结束。第一轮疫情防控，约旦政府始终将公民生命健康权放在第一位，并审慎评估和分析疫情发展和产业链、供应链发展，在复工复产方面注重维稳，符合公共利益。

2020 年 8 月 4 日，约旦首相拉扎兹表示，自疫情暴发以来，约旦政府迅速封锁边境，并成为全球实施最严厉封锁措施的国家之一，约旦在疫情防控方面取得初步成效。鉴于周边国家确诊人数不断增加，约旦政府必须为可能出现的第二波疫情做好准备，并决定推迟实施原定于 8 月 5 日起对部分“低风险国家重新开放国际商业航班”的决定。8 月 8—9 日，约旦疫情出现小幅反弹，新冠肺炎确诊病例新增 15 例，但仍处于中等风险等级。鉴于 9 月份约旦的新学年和议会选举，约旦政府决定暂不重启全面戒严或延长宵禁时间，并根据疫情发展，在一周内设定第 11 号国防令及其修正案的启动日期。应对新学年以及可能出现的第二轮疫情，约旦政府致力于提升远程教育技术，扩大覆盖率，使其覆盖到约旦境内所有学生，并支持在校后备教育。8 月 30 日，为防止疫情反弹，约旦实施新冠肺炎实时跟踪信息系统，使公民随时了解隔离地区封锁通知和疫情变化轨迹，同时，加强各边境口岸的入境检测，增加隔离酒店的数量。

约旦首相奥马尔·拉扎兹对约旦国内出现第二轮疫情表示担忧，他呼吁民众增强防范意识，严格遵守相关规定，保持社交距离。此前，约旦政府一度取消了对人员流动的限制。然而，就在 9 月 8 日，该国新增确诊病例 103 例，其中本土新增 99 例，创疫情暴发以来单日新增确诊病例数新高；自 9 月 8—14 日，在卡拉克省古尔萨菲地区（首都安曼以南 150 千米）发现首例新冠确诊，之后疫情迅速蔓延，这是自新冠疫情全球大流行以来，首次在约旦南部省份形成感染链。9 月 10 日，据联合国难民事务高级专员公署宣布，世界上第二大难民营——约旦扎塔里难民营发现 3 例新冠病毒病例，约旦疫情调查小组对难民营中密切接触者进行核酸检测与排查。9 月 14 日晚，约旦媒体事务国务大臣阿姆贾德·阿达亚拉在新闻发布会上宣布，即日起，约旦政府开始采取更加严格的防疫措施，具体包括：暂停大多数公立和私立学校线下教学，改为为期两周的线上教学；各类咖啡厅和餐馆堂食关闭两周，仅提供打包和外送服务，店主有责任确保此过程严格遵循防疫措施，包括保持间距、佩戴口罩等；关闭全国范围内的清真寺和教堂两周；关闭全国街头市场两周；司法部将与有关部门合作，采取措施保障疫情防控措施落实；严格禁止举行庆祝活动、婚礼、葬礼或任何其他聚会，违者将受到严惩；严格控制包括内阁会议在内的政府线下会议人数。约旦卫生部、流行病学家正在密切监测相关数据，提醒民众遵守防疫规定。

9 月 15—16 日约旦新冠肺炎确诊病例新增 324 例，其中 313 例为本地新增病例，治愈 94 例。约旦巴希尔医院 35 名医护人员被感染。之后约旦新增确诊人数持续激增，9 月 20—21 日约旦新冠肺炎确诊病例新增 505 例，其中 495 例为本地新增病例，治愈 855 例。9 月 22—23 日约旦新冠肺炎确诊病例新增 997 例，其中 981 例为本地新增病例，治愈 278 例。之后，约旦新增确诊人数不断突破新高，9 月 24—26 日 3 天新增 2019 例，其中 1984 例为本地新增病例，治愈 319 例；10 月 7 日，约旦国王阿卜杜拉二世任命贝希尔·哈苏奈为新首相，并组建新内阁。10 月 11—12 日，新增

2075 例，10 月 11 日开始，约旦对从沙特奥马里边境入境的卡车司机实行居家隔离。10 月 15—17 日，新增 5503 例，新闻事务国务大臣阿里·阿伊德宣布，由于感染人数激增，10 月 16—17 日约旦各省全面封锁。10 月 20—21 日，新增 4683 例，之后约旦日新增确诊继续呈几何式增长，10 月 27—28 日，约旦新冠肺炎确诊病例新增 6887 例，其中，27 日确诊 3800 例为历史最高，之后继续陡增，11 月 1—2 日，约旦新冠肺炎确诊病例新增 9136 例，其中 1 日新增 3259 例，2 日新增 5877 例，再创历史新高。截至 11 月 9 日晚，约旦累计确诊病例超过 11 万。11 月 11—15 日，约旦实施全面戒严。截至 11 月 17 日，约旦位列中东国家累计确诊人数第五位，前四位分别是：伊拉克、沙特、摩洛哥、利比亚，但每百万人确诊和死亡人数均处于首位。

11 月 22 日内阁会议通过了最新抗疫决议：一是推迟实施国家军事服务计划；二是升级并推广 Darsak 2 在线教育平台；三是降低药价。11 月 23 日，约旦首相贝希尔·哈苏奈参加巴希尔重症监护中心落成典礼，该中心是全约最大的重症监护中心，拥有治疗新冠肺炎的全套设备和 70 个 ICU 床位，并配备了呼吸机，目前已准备接收新冠重症患者。约旦流行病学第 47 周（11 月 21—27 日）新增确诊环比减少 4516 例，约旦核酸检测呈阳率从 23.5% 降至 17.4%。约旦卫生部表示，约旦新增确诊病例经过仅两个月的飙升后企稳，约旦流行病学曲线呈下降趋势，但仍需警惕。

为了平衡疫情防控与经济发展，政府已经推出 3.2 亿约第的社会保护一揽子计划，并推出公司法、破产法及加强公私伙伴关系的法律修正案，用以帮助受疫情影响最严重行业的工人和企业、维护粮食安全、扶持加强约旦医疗用品行业。此外，政府还将研究确保行业可持续发展和经济复苏的新措施，重点是优化营商环境、提升电子政务服务。

12 月 7 日，约旦卫生部门在扎尔卡省建立了首家治疗新冠肺炎的方舱医院，占地 5200 平方米，包括 300 张床位，含 48 张危急病例床位和 12 张中度病例床位。12 月 8—9 日，约旦新冠肺炎确诊病例新增 6150 例，8 日、9 日分别新增 3062 例、3088 例。截至 9 日晚，累计确诊 250219 例，居全球第 38 位，死亡 3206 例，治愈 202058 例。12 月 9 日，约旦卫生部表示，已配置冷链设备存储疫苗，疫苗注射优先考虑卫生工作者、老年人和慢性疾病患者。12 月 14 日，鉴于国内医疗系统的巨大压力，约旦批准紧急使用辉瑞疫苗。12 月 16 日，约旦卫生部推出新冠病毒疫苗接种登记电子平台，计划根据疫苗数量，分批次为 60 岁以上慢性病患者接种。

为应对国内持续蔓延的新冠肺炎疫情，约旦陆续建成多所方舱医院收治新冠肺炎患者。12 月 9 日，伊尔比德方舱医院竣工，这是约旦第二家方舱医院。12 月 20 日，安曼方舱医院竣工，12 月 23 日，马安方舱医院竣工。12 月 27 日，约旦卫生部公布新冠肺炎疫苗接种申请网站。截至 12 月 28 日，约旦累计新冠肺炎确诊病例超 28 万例。

2021 年 1 月 13 日，约旦开始进行辉瑞和国药疫苗接种工作，预计 29 个疫苗中心每天能接种约 5000 人。1 月 14 日，约旦国王阿卜杜拉二世接种第一针中国国药集团新冠疫苗；约旦政府宣布，拟根据核酸检测阳性率、疫情曲线改善等相关指标，分三阶段重开经济部门，学校教育拟采取线下与线上结合方式。1 月 15 日，约旦开始取消周五戒严和入境申报。1 月 19 日，约旦卫生大臣纳齐尔·阿比达特表示，约旦已有超过 1.2 万人接种了新冠疫苗，在线上平台申请接种的总人数超过 25 万。1 月 18 日，约旦卫生部、社会发展部人员开始对“白床”老年人护理协会（White Bed Society）的老年人进行接种。1 月 23 日，约旦卫生部宣布，已有超过 3 万人接种了新冠疫苗，逾 30 万人已在线上平台注册申请接种。

截至 2 月 2 日，约旦逾 4 万人接种了疫苗。2 月 2 日和 2 月 3 日，约旦新冠肺炎确诊病例分别新增 1132、1280 例，约旦新冠肺炎流行病学曲线开始呈下降趋势，并于 2 月 4 日接种第二剂疫苗。2 月 7 日，约旦卫生部表示，为方便七旬老人密集地区接种新冠疫苗，政府在安曼侯赛因青年城新增两个疫苗接种中心。至此，约旦全境新冠疫苗接种中心总数达 85 个。2 月 7 日，约旦教育部宣布逐步恢复课堂教学，并向学校指派卫生观察员；叙利亚难民儿童实施轮班制教学。截至 2 月 9 日，申请预约接种新冠疫苗的约旦公民、在约外籍人士总数达 40 万。

2 月 9 日，约旦食药监局批准紧急使用阿斯利康疫苗，这使阿斯利康成为继辉瑞和国药集团疫苗之后在约旦获批的第三种疫苗。

2 月 10—17 日，约旦新冠肺炎新增病例数量再次反弹，日均新增超 2000 例，核酸检测阳性率再次突破 8%。截至 17 日晚，累计确诊 355106 例，死亡 4503 例，治愈 330805 例。约旦卫生部表示，约旦已经发现了 1000 多例新冠病毒变种菌株，变种病毒的迅速传播可能导致确诊病例数上升。2 月 23 日，卫生部发布了约旦新冠疫情官方数据，截至 2021 年第 7 周，新冠病毒检测呈阳性的人中，男性占 52%，女性占 48%。25—34 岁之间的确诊病例数最高，而 5 岁以下儿童确诊病例数最低。常规隔离床的使用率为 22%，ICU 床的使用率为 23%，呼吸机的使用率为 9%。大多数确诊病例出现在安曼，然后是伊尔比德和扎尔卡。从 2 月 28 日起，因新冠肺炎确诊病例数量激增，约旦首相贝希尔·哈苏奈指示政府部门和公共机构严控出勤率，政府部委、机构、公立大学、国有企业和地方政府出勤率将控制在 30% 以内。

3 月 1 日，约旦食品和药品监管局批准强生疫苗紧急使用，这是继辉瑞、中国国药和阿斯利康疫苗之后获批的第四种疫苗。3 月 14—15 日，约旦新冠肺炎确诊病例分别新增 8053、9417 例，核酸检测阳性率分别为 18.79%、19.36%，15 日单日确诊病例再创历史新高。截至 3 月 15 日晚，累计确诊 486470 例，死亡 5428 例，治愈 401319 例。3 月 30 日，约旦公布一揽子刺激计划，以应对新冠肺炎疫情冲击。专家预计 4 月份约旦疫情或将达到顶峰，日新增确诊病例数量可能达到 11000—12000，疫情拐点于 5 月底出现。

4 月 4 日，首批 10 万剂中国国药集团新冠疫苗运抵约旦首都安曼。约旦国家安全与危机管理中心数据显示，截至 4 月 5 日，接种第一剂新冠疫苗的总人数达到 350997 人，接种第二剂的人数为 117153 人，共有 102 万人申请接种疫苗。4 月 11 日，约旦政府宣布斋月期间疫情防控措施，具体包括：允许居民步行至清真寺进行晨礼和昏礼，时长在半小时内；餐馆、糕点店及药房的外卖服务时间延长至凌晨 3 点；允许酒店在 8：30 前为入住客人提供餐饮服务等；呼吁民众在斋月期间尽量使用线上购物 APP。4 月 18 日，由欧盟援助的、以应对叙利亚难民危机的 COVAX 第二批 14.64 万剂新冠病毒疫苗运抵约旦。4 月 22 日，约旦政府宣布不再强制使用由约旦卫生部开发的、告知感染风险的应用程序 Aman。4 月 23 日，约旦政府恢复清真寺每周五一小时聚礼。截至 5 月 17 日，据联合国难民署统计，约旦已有超过 6600 名生活在难民营中的难民接种了新冠病毒疫苗，超过 17000 名难民已在官方平台上注册，占难民营总人数的 15%。5 月 25 日，约旦国家流行病委员会成员巴萨姆·希贾维表示，约旦新增确诊病例和死亡人数显著下降，表明第二波疫情已结束，约旦第一和第二波疫情间隔两周。

6 月 6 日，约旦卫生部宣布自 1 月 13 日开展全国疫苗接种运动以来，共有 271.4567 万人注册接种新冠病毒疫苗，其中 174.8084 万人已接种第一剂疫苗，55. 9894 万人接种了第二剂。6 月 12 日，约旦内政大臣马赞·法拉亚表示，通过建立方舱医院和实施疫苗接种，约旦疫情逐渐趋稳，已进入新冠肺炎疫情的恢复阶段。截至 6 月 19 日，约旦第二大省伊尔比德省接种疫苗人数已达 40. 9564 万人，其中 12. 6179 万人已接种两针，两针疫苗接种人数占全约的 14. 5%，伊尔比德政府决定重启政府机构、学校线下教育及其他社会公共活动。6 月 20 日，联合国难民署表示，约旦境内难民营中符合接种条件的难民已有 40% 免费接种了新冠病毒疫苗。6 月 29 日，约旦政府公布疫苗接种三阶段计划：第一阶段是 7 月 1 日前实现约旦境内疫苗第一针接种者超过 200 万，第二针接种者超过 100 万；第二阶段是 9 月 1 日前疫苗接种者超过 450 万；第三阶段是 11 月初疫苗接种者超过 600 万。约旦国家流行病委员会成员和传染病专家建议 12—18 周岁人群在秋季学期开学前接种新冠病毒疫苗，以便尽快恢复正常的教学工作。

截至 7 月 2 日，约旦首剂疫苗接种者达 249. 52 万，完成双剂接种者为 142. 11 万，卫生部新冠病毒疫苗接种平台登记人数达 324. 72 万。7 月初，约旦口罩日产能已增加到 550 万只，疫情暴发前约旦口罩日产能不足 2 万只。2020 年约旦出口医用口罩 1 亿只，出口额 1600 万约第。沙特现为约旦口罩最大的进口国。7 月 5 日，据约旦数字经济与创业部及约旦军方统计数据显示，约旦接受首剂疫苗接种的人数达 257. 15 万人，接受两剂人数超过 150 万人，接种平台登记总人数为 329. 19 万。目前约旦疫苗接种计划在降低疫情传播方面效果显著。中国国药新冠疫苗在约接种数量最多，完成首剂国药疫苗接种人数达 136. 75 万人，完成两剂国药疫苗接种人数为 83. 35 万人。7 月 28 日，约旦卫生部前秘书长称，过去几天数据表明约旦正在进入第三波疫情，但程度不及前两波严重。

截至 8 月 6 日，约旦首剂疫苗接种者达 311. 96 万人，完成双剂接种者为 239. 54 万人，卫生部新冠病毒疫苗接种平台登记人数达 367. 92 万人。目前约旦已有近 1/4 的人口接种双剂新冠病毒疫苗，但距实现群体免疫仍有差距。8 月 11 日，约旦卫生部更新了疫苗接种报告。据统计，目前已有约 375. 19 万人在卫生部疫苗接种平台注册；已有约 320. 99 万人接种单剂新冠疫苗；已有约 245. 03 万人接种了双剂疫苗。8 月 12 日，卫生部助理秘书长加齐·沙卡斯指出，由于政府即将开放社会各部门、恢复线下教学，因此有必要加快疫苗接种速度，以限制疫情传播。根据世卫组织数据，截至 8 月 16 日，中东北非地区新冠肺炎确诊病例数已超过 1219 万例，其中伊朗占36%、海湾合作委员会国家占20%、其他国家占44%。在中东北非国家中，约旦新冠肺炎累计确诊病例位列第三。8月23日签发中国科兴疫苗紧急使用授权，科兴为约旦批准的第九种新冠病毒疫苗。截至8月30日，约旦累计确诊病例79.63万人，死亡1.04万例，目前有1.16万例正处发病期，604人住院治疗。约旦卫生官员称，疫苗接种计划使约旦核酸检测阳性率目前控制在5%以下。约旦新闻发言人8月31日称，政府将于9月1日取消所有宵禁限制，恢复学校线下教学，政府部门恢复正常办公和对外服务；剧院、婚庆和会展部门已明确开放容纳量上限：婚庆场所容纳人数上限为50%，最多不超过200人。9月13至15日，约新冠肺炎确诊病例分别新增1086、973、1116例，核酸检测阳性率分别为3.32%、3.11%、3.41%，截至9月15日晚，约旦累计确诊81万人，死亡1.06万人。9月22至25日，约新冠肺炎确诊病例分别新增1028、913、871、438例，核酸检测阳性率分别为3.84%、2.98%、3.5%、2.64%。截至9月25日晚，约旦累计确诊81.88万人，死亡1.07万例，在院治疗484人。媒体事务大臣杜丁9月23日称，约旦拟增加新冠病毒疫苗高校接种中心数量，为10月高校恢复面授课程做好准备。约旦双剂完全接种目标将为450万人。截至9月24日，约旦首剂疫苗接种者达366.19万，双剂完全接种者为322.47万，卫生部新冠病毒疫苗接种平台登记人数达410.48万。

（二）约旦政府的抗疫举措及效果

约旦政府始终将约旦公民的生命安全放在第一位，举全国之力抗击疫情，及时公开透明发布疫情信息，构建全民参与严密防控体系，全力救治患者、拯救生命，积极探索实现平衡疫情防控与经济社会发展和改善民生。

约旦应对第一波疫情可分为三个阶段。第一阶段是应急阶段，包括卫生部每天发布新冠病毒最新数据和舆情、加强边境口岸隔离措施、实施《国防法》、适时关停航班、餐饮娱乐和清真寺、实施宵禁、为民众提供防疫物资和生活必需品。第二阶段是适应阶段，包括线上教学、居家办公、逐步研究解封和复工复产策略，适时推出经济扶持政策，重点是扩大财政赤字、减税、为中小企业提供补贴支持、设立抗疫基金等。第三阶段是恢复阶段。受疫情影响，疫情给约旦经济造成重大的负面影响，约旦失业率不断上升，在约旦疫情最严重的时期，约旦政府以牺牲巨大的经济利益为代价，维护公民的生命与健康。经济损失主要体现在：旅游业严重缩水、工业产业链断裂、服务业受损、投资下降、财政收入下降、对外贸易受损等方面。但是自新冠肺炎疫情在约旦暴发以来，约旦民众对政府的信心较疫情暴发前有显著增强，对自己国家的制度更为认同，这有利于约旦疫情防控和复工复产。在第三阶段，约旦政府与私营部门合作、约旦央行与商业银行合作，建立投资基金，制定青年就业促进计划，降低失业率；此外，逐步研究航班恢复、约旦侨民和留学生接返工作、学校复学、疫苗合作等方面的事宜。

疫情暴发后，约旦政府每日发布最新疫情防控信息，积极发展制药、医疗用品产业。约旦医疗部门积极研制核酸检测盒、分离约旦新冠肺炎病毒毒株、自主研发呼吸机、在亚喀巴设置移动检疫站，约旦武装部队将死海隔离区改建为能容纳 2000 张床位的野战医院供确诊患者在此接受隔离治疗。约旦政府将巴希尔医院、私立医院“花园医院”作为约旦重要的新冠肺炎专治医院，又开设巴希尔重症监护中心作为全约最大的新冠肺炎重症监护中心，配有治疗新冠肺炎的全套设备和 70 个 ICU 床位，并在伊尔比德、安曼和马安兴建三所野战医院。在疫苗分配方面，约旦是世界上首批为难民提供疫苗的国家，约旦扎塔里难民营内设有全球首个难民新冠肺炎疫苗接种中心。此外，约旦政府计划在疫情结束后努力将约旦打造成中东地区医疗旅游目的国。目前约旦医疗旅游网已由私立医院协会（PHA）与 14 家医院合作开发，供海外寻求治疗的人在线登记，该网站将向游客提供电子签证、预约和支付服务、医疗咨询等多种云服务，同时还将设立热线电话提供具体帮助。

关于学校复学，约旦教育部发布返校手册，明确学校在教室内外分配防疫空间，佩戴口罩，学生之间保持 1 米以上距离。提倡患有基础疾病（如慢性肺病、肥胖症、糖尿病和癌症）导致免疫缺陷的师生进行远程教育。出现发热、疲劳、喉咙痛或咳嗽等症状的学生不得到校。搭乘校车应佩戴口罩并保持 1 米以上距离，学校可酌情增加校车数量。未达标的学校应采取在校和在线相结合的方式授课。

在保障基本民生方面，约旦政府各部门通力合作，推出多项扶持政策。伊尔比德省是约旦重要的农业省份，也是约旦第一波疫情最严重的省份。自 3 月 2 日约旦出现首例新冠肺炎确诊，约旦政府对粮食安全就予以高度重视。3 月下旬，约旦国王阿卜杜拉二世参观约旦最大的粮仓——伊尔比德粮仓，听取工贸供部大臣关于疫情期间约旦战略粮食储备的汇报，强调要加强约旦的战略粮食储备，确保在疫情期间能能满足约旦人民一年多的粮食需求；能矿部将电费支付推迟到 6 月并同意分期付款；社会发展部公布社会保护措施，并向 35 万个贫困家庭提供财政支持。4 月下旬，约旦开始实施渐进式分批复工。根据内阁决定，重要政府部门公职人员复岗，须经大臣批准，人数不得超过 30%；核心部门复岗人数比例不得超过 50%。工贸供部与约旦传染病委员会协商，允许食品、药品、消毒用品、清洁用品、包装等工业部门以 40% 的工人数量、两班制形式恢复生产。所有企业应严格遵守卫生防疫规定，复工人员应戴口罩、带手套，保持适当距离，使用卫生和消毒设备洗手，违反防疫规定的企业将被吊销执照。

为降低疫情对经济社会带来的负面影响，约旦政府采取多项经济援助措施，向中小型企业提供有力支持。2020 年 4 月 1 日约旦央行推出 5 亿约第的中小企业融资计划，实行优惠利率，延迟还贷、税收和社保费。5 月 31 日，约旦央行宣布批准 2.33 亿约第中小企业疫情专项贷款和 12 亿约第的软贷款，支持企业抗击疫情、复工复产。疫情给约旦工业部门带来巨大挑战，约旦政府助力中小企业拓展新市场。受疫情影响，很多企业更改生产线，以生产疫情期间需求量较大的产品，如口罩、消毒剂、医疗用品、药品和食品等。

2020 年 5 月 3 日，约旦工业、贸易和供给大臣塔里克·哈姆里宣布，所有经济部门将于 5 月 6 日起全面复工，前提是约旦工人的比例不低于 75%；饭店和咖啡厅仅允许提供配送服务，推迟学校、清真寺、娱乐场所的开放时间；全面恢复各省内公共交通，但载客量限制为 50%；允许公民在省内驾车或步行，直至下午 6 点宵禁开始；除专门治疗和隔离新冠病例的哈姆扎王子医院外，专科诊所 5 月 31 日开始复诊，启动“云预约”专科门诊服务。

约旦化工部门具有巨大发展潜力，也是雇佣约旦劳动力最多的行业。该行业包括 700 多家企业，每年能生产 37.5 万吨的洗手液、消毒剂和清洁剂，产量是当地市场需求（8.5 万吨）的四倍多。该部门为约旦抗疫提供了很大的支持。疫情期间，化工行业需求旺盛，特别是洗涤产品、消毒剂、化肥和农药等产品，预计可提供 3.4 万个就业机会。

旅游业是约旦经济发展重要支柱之一，为促进旅游业复苏，约旦政府通过提供优惠贷款、减税等政策，为行业各个方面如交通、导游、旅行社、住宿等提供政策支持，以减小新冠肺炎疫情造成的影响，促进旅游业稳步发展，所有支持计划总额达 2 亿约第，约旦旅游业 5. 5 万名员工和近 3150 个机构将从中获益。例如，约旦央行提供总额 1. 5 亿约第的优惠贷款，专门用于约旦所有酒店和旅游设施的薪金和运营费用，贷款的期限为 42 个月，包括 12 个月的宽限期，政府将承担 2% 的贷款利息，条件是受益企业在使用贷款期间不得解雇约旦籍劳工。从 2020 年 7 月至 2020 年 12 月，旅游行业可分期缴纳的 2019 年所得税，免交罚款和滞纳金。从 2020 年 7 月 1 日起，酒店和旅游饭店的一般销售税将从原来的 16% 降低到 8% ，亚喀巴经济特区保持 7% 的税率不变，旅游饭店和酒店的服务费从 10% 降至 5% 。持照经营的古董商店也将从优惠贷款中获益，金额为 300 万约第，由旅游促进委员会担保。

面对新冠肺炎疫情和世界经济下行压力，约旦在危机中把握低油价的机遇和数字经济发展趋势，积极适应国内新需求新变化：疫情之下，尤其是斋月期间，尽管宵禁时间有所调整，但大多数家庭选择线上购物；居家办公成为常态；约旦政府启用网站 https：//one. gov. jo，作为所有疫情防控相关平台的统一入口，包括疫情跟踪软件、获批提供送货上门服务的企业名录、企业复工复产申请、免费远程教育、社会保障登记、青年志愿服务平台、慈善工作、举报疫情期间非法集会等内容。华为公司和约旦数字经济与创业部、王储基金会与教育部合作，为公立学校学生提供技术学习服务；约旦教育部、数字经济和创业部与多家远程教育平台和智能手机应用合作，为中小学生提供系列基础课程视频；此外，教育部还与约旦主要大学合作，推出大学生自学在线学习平台，并在“教师云平台”推出长达 90 小时的教师培训项目；约旦卫生部发放 500 只实验性电子手环，用于跟踪居家隔离人员健康状况。

大数据、人工智能和云计算等一些重要技术在防控疫情中发挥作用，远程办公、教育和医疗保健的网络使用和数据需求迅速增长，但约旦网络环境较差，网速较慢，需要改善信息基础设施，这些都导致了约旦对 5G 技术的迫切需求。约旦数字经济与创业部自成立以来就旨在加强包括基础设施数字化、数字化技能培训、数字经济创业、金融服务数字化、数字化平台在内的各项建设，为缩小数字鸿沟、改善营商环境，为约旦经济发展注入新动能而努力。可以预见，未来约旦将在开放框架中加强技术合作，深入研究引入 5G 网络的可能性，为建设数字政府、助力产业结构优化升级提供支持。

为扩大约旦青年就业，劳动者就业培训，约旦政府计划建立多行业的约旦人就业和培训中心，融资额超过 180 万约第。例如，约旦农业部与国际劳工组织签署服务计划，将在 4 个省建立 6 个约旦人农业就业和培训中心，培训结束后雇用数百名青年从事农业生产。再如，疫情严重打击航空、酒店、餐饮娱乐、实体零售等行业，但线上医疗、家政等行业需求明显增加。就业转换需要新的职业技能，约旦政府计划为职业技术学校提供足够的资金，同时，计划与相关企业合作，通过税收减免和补贴的方式，促进企业加强劳动者就业培训。

总体而言，约旦国内主导的抗疫举措得到了大多数约旦公民支持，在抗击疫情的同时注重平衡经济发展，保障粮食安全，发展制药业和医疗用品产业，努力推动约旦成为后疫情时代地区投资中心，充分运用大数据、云计算、人工智能等新科技，这些既是约旦抗击疫情的重要举措，也是未来约旦经济发展的新趋势。

二、防控疫情与政治制度改革缓进

罗伯特·利伯曼（Robert C. Lieberman）总结政治变迁的关键源自政治制度模式和政治观念模式不匹配时产生的矛盾、张力乃至冲突。[①] 支持以复合分析路径解释观念和秩序之间的摩擦孕育着引发变迁的政治行动的研究，用欧洲国家经济政策[②]和美国种族政策[③]决策变动来论证正是制度性政治秩序和转变中的政治观念之间的脱节驱动了政治发展的过程。发展中国

① ［美］罗伯特·利伯曼著：《观念、制度与政治秩序：解释政治变迁的综合模型》，载《比较政治学研究》2018 年第 2 辑，第 195 页。

② 参见 Peter A. Hall, *Governing the Economy: The Politics of State Intervention in Britain and France*, Cambridge: Oxford University Press, 1986; Kathleen McNamara, *The Politics of Everyday Europe: Construction Authority in the European Union*, Oxford: Oxford University Press, 2017。

③ 参见 Ellen D. Wu, *The Color of Success: Asian Americans and the Origins of the Model Minority*, Princeton: Princeton University Press, 2015; Julilly Kohler - Hausmann, *Getting Tough: Welfare and Imprisonment in 1970s America*, Princeton: Princeton University Press, 2017; Leah Wright Rigueur *The Loneliness of the Black Republican: Pragmatic Politics and the Pursuit of Power*, Princeton: Princeton University Press, 2016。

家的公共政策同样是政治观念、政治文化和制度安排冲突的后果，同样发生在历史和制度环境制约之下。中东变局以来，在以民主要素为表相，围绕内部权力利益争斗频繁的中东国家，政治变迁是动态进行的过程。约旦正在发生的观念与制度摩擦是非精英层愈加强烈地争取民权以改善民生的政治观念和维持王权核心、部落稳定的原有政治秩序之间的交叉汇合。

尽管宪法意义上国家实行议会内阁制，但事实上约旦政治制度既包含民主要素，也体现出国王集权的特质。国内政党政治不发达，内阁具有非党派属性①，议会实行多党制，但议会权力羸弱。约旦大选选出来的议会基本形同虚设。2011 年约旦修宪，然而至今整体仍处于非常缓慢的政治改革进程中。海外观察者认为，约旦政府此前面临来自民众的严重信任危机，但是因为突发的疫情威胁，反而获得缓解政治改革压力的极佳机遇。②疫情暴发前，媒体和舆论的中心是广受民众诟病的约旦政府领导人透明度问题，而疫情暴发后，首相和内阁的防疫措施才是媒体和民众关心的重心。

（一）疫情并未打断约旦民主化进程

西方的比较政治学和政治发展理论学者大多认为，民主制度是促进国家建构的最有效制度。③ 有学者在解释美国对中东国家政策时，“民主化”甚至可以基本等同于“国家建构”。④ 有利于国家建构的政治制度改革要求政治领导人具有政治包容性，能超越族群限制去面向大众。政治现代化要求行政机构顾全的群体利益不应具有排斥性。⑤ 从 2010 年末以来，中东发展中国家长期面临反复出现的各种规模社会运动。这些社会运动多数是不得利者试图争取更多的政治经济权利。

从约旦的政治改革以及民主化进程来看，对行政部门而言所面临的民

---

① 唐志超编著：《约旦》，北京：社会科学文献出版社，2016 年版，第 99 页。

② Jane Arraf, “Jordan Keeps Coronavirus in Check with One of the World's Strictest Lockdowns,” *NPR*, March 25, 2020, https://www.npr.org/sections/coronavirus - live - updates/2020/03/25/821349297/jordan - keeps - coronavirus - in - check - with - one - of - world - s - strictest - lockdowns.

③ Larry Jay Diamond, “Rethinking Civil Society: Toward Democratic Consolidation,” *Journal of Democracy*, Vol. 5, No. 53, pp. 4 - 17; Samuel P. Huntington, “Democracy for the Long Haul,” *Journal of Democracy*, 1996, Vol. 7, No. 2, pp. 3 - 13.

④ James F. Dobbins, “American's Role in Nation - Building: From Germany to Iraq,” *Survival*, Vol. 45, No. 4, 2003, pp. 87 - 110.

⑤ ［瑞士］安德烈亚斯·威默：《国家建构：聚合和崩溃》，第 193 页。

众诉求最有针对性的有：批判政府透明度不够，要求以提升政府透明度从而惩治破坏国家经济发展的腐败问题。于是，政府频繁更换首相、首相频繁重新组阁。表面上，政治精英在及时回应社会运动的要求，但应该说，行政部门具体掌权者的更替并未真正解决国家盘根错节的政治顽疾。新冠肺炎疫情大流行前，根据美国国际共和研究所（International Republican Institute）[①] 和2018年的《阿拉伯晴雨表》[②]（Arab Barometer）调研结果显示，约旦人对政府的信任度持续下降。普通民众相信国家机关普遍腐败，内阁的大臣们更是如此。

新冠肺炎疫情大流行给予约旦政府与国民之间重塑互信的意外机遇。约旦在防疫初期虽然也有过短暂的、极小范围的恐慌。比如因指挥疏漏导致防疫物资无法迅速运输到位、超市在封城前数小时内被抢购、宵禁指令配合度不到位、封锁禁令开始但送面包的送货车无法进城等等。那些起初表现得考虑不周的抗疫举措恰恰体现了约旦政府长期以来治理能力的不足。但约旦政府很快展现了令人印象深刻的动员能力。医疗卫生、国家安全、信息、交通等各职能部门大臣能够迅速根据现有政策执行出现的问题调整后续出台政策的细节，修正错漏，并通过新媒体和传统传媒平台实时公布。开诚布公并且切实有效的防疫政策帮助约旦控制住了疫情蔓延，也稳定了民众初期的不理解情绪。更何况，世界其他国家在疫情到来的初期也出现过混乱和恐慌。当然，能够迅速做出防疫决策也和约旦国家规模不大、国内安全环境稳定有关。

伴随疫情常态化，民众对政府腐败的担忧会逐渐回归。即便在抗疫最严峻时期，媒体已经担忧腐败没有根除会削弱抗疫举措的有效性。尽管国王阿卜杜拉二世发表声明说抗疫期间不存在任何浪费和徇私，但很快就有报道称，约旦农业大臣因卷入分发宵禁期间个人许可证的腐败事件而辞职。[③] 大臣们的辞职在某种程度上等于在重演约旦政治改革失败的一贯模式。约旦领导人让大臣们负责应对疫情，也保留了将腐败归咎于这些个人

---

① "New Poll: Jordanians Remain Frustrated with the Economy and Government," *International Republican Institute*, March 31, 2020, https://www.iri.org/resource/new-poll-jordanians-remain-frustrated-economy-and-government.

② "Arab Barometer V: Joran Country Report," *Arab Barometer*, 2019, https://www.arabbarometer.org/?report=jordan-country-report-2019.

③ Mohammed Al-Arsan, "'Mobility Permits' are behind the Resignation of the Minister of Agriculture," *Ammannet*, April 2, 2020.

的回应方式，而不是承认政治腐败已经是系统性问题，也不可能触及反思集权的王室统治。更值得关注的是，约旦政府承诺并不会将疫情“政治化”转嫁统治危机，也承诺会举行议会“云选举”①，保证国家的民主化政治改革继续进行。

（二）迫切的经济复苏需求

此次全球性疫情导致各国公共财政和医疗系统普遍陷入危机。疫情冲击了约旦国家的医疗系统，也对国家的公共财政系统造成了巨大打击。②约旦公共债务增长速度惊人。根据约旦《明天报》公布的数据，截止到2020年3月底，约旦公共债务总额达到308.29亿约第，占预计GDP的99.8%，预计到年底比重将达到110%。③

约旦国土面积狭小，除钾肥外自然资源稀少，没有充足的石油和天然气等能源经济优势，却也因此未如产油国一样受疫情期间国际油价下跌的重大冲击。约旦经济结构的问题主要在于本身经济实力不强，是经济发展水平不高的发展中国家。即便没有新冠肺炎疫情摧毁经济，约旦此前的经济情况已经不容乐观。在约旦政府的经济发展规划中，侨汇、外援和旅游业是三大支柱④，是国家最重要的经济来源和政府财政预算的来源。令人遗憾的是，侨汇、外部援助和旅游业都极为仰仗外部因素。约旦经济是比较典型的当代依附经济。这种结构上的偏颇和脆弱导致约旦经济发展始终不稳定。

在疫情发生之前，国际货币基金组织向包括约旦在内的中东国家提供贷款时，往往施加繁复的政治经济金融结构改革要求。但受援国普遍简单以削减食品补贴、教育补贴、养老补贴等形式作为所谓的改革来降低公共开支，而不是真正实施结构性改革。⑤削减民生层面的补贴会迅速激起民众对政府经济政策的不满。当然，值得说明的是，约旦民众举行抗议活动

---

① Lara Ali Atoum, “COVID - 19 Dynamic,” *The Jordan Times*, May 31, 2020, http://www.jordantimes.com/opinion/lara-ali-atoum/covid-19-dynamic.

② Jordan Ministry of Health, “Coronavirus,” *Jordan Ministry of Health*, https://corona.moh.gov.jo/ar.

③ 中国驻约旦哈希姆王国大使馆经济商务处编译：《约旦新冠疫情舆情动态第76期》。

④ 王林伶：《约旦经贸文化》，北京：社会科学文献出版社，2017年版，第108—109页。

⑤ 曲翔宇：《民众游行反对政府经济政策 约旦首相被迫递交辞呈》，载《环球时报》2018年6月5日。

提出的诉求是推进不损害民生利益的改善性政策，而不是根本性的改革经济金融结构。表面上风起云涌的一轮轮示威和抗议活动完全谈不上是推翻现有政治制度的政治革命。

疫情加剧了约旦经济的不稳定。在疫情最集中和严重时期，约旦政府宣布以强制性的物理疏散为防疫工作核心，维持高强度的封锁和隔离政策，迅速和彻底地封闭国家边界，同时在国内加大暴力国家机器的安全投入。为此不惜牺牲三大支柱之一的旅游业。极其严格的封锁政策导致与约旦旅游业相关的酒店、餐饮等行业经济损失巨大，失业率激增。

为了尽快复工复产，约旦政府颁布多号国防令提振国家经济。比如对于受疫情影响最严重的旅游业，约旦首相宣布将以大额拨款、允许分期缴纳 2019 年所得税、削减销售税从 16% 至 8% 、降低服务费从 10% 至 5% 、禁止解雇旅游业员工保护行业经济。[①]

受到疫情影响，约旦其他行业也陷入发展低谷。以约旦房地产业为例，约旦土地和测量部统计 2020 年前两个月约旦放低长交易额同比下降 16% ，房地产收入下降了 34% 。并且由于疫情中房地产市场低迷，土地价格持续下降，房地产的利润下降了 10%—20% 。[②] 当然，疫情之前，约旦的房地产业就已经饱受利润下滑的困扰。[③] 从业者期待政府能够救市，希望能够在政策上简化房地产的审批程序，也期待政府能够引进更多的投资者投资约旦房地产市场。此外，目前约旦建设房地产业主要依赖外籍劳工，然而因为疫情来带的经济压力和潜在的卫生安全隐患提高了聘用外籍劳工的成本。约旦央行和国家的基金会发放补贴、为医院融资、批准更多的小额贷款。另外，疫情引发回国潮，约旦侨民能够提供的侨汇也在显著减少。

与经济下行相对应，也正是因为约旦的经济结构不稳定、经济自主性不强，约旦的政府和企业甚至欢迎新技术，在疫情稳定之后就更加对新技术提升经济抱以厚望。比如约旦最大的英文报纸《约旦时报》就发表数篇

---

① 中国驻约旦哈希姆王国大使馆经济商务处编译，《约旦新冠疫情舆情动态第 75 期》，中国驻约旦哈希姆王国大使馆经济商务处，2020 年 6 月 16 日，http：//jo. mofcom. gov. cn/article/xgyq/202006/20200602974586. shtml。

② DLS，"Real Estate Indicator，" *Department of Land and Survey*，http：//www. dls. gov. jo/en/Pages/Real – EstateIndicators. aspx.

③ Lalaine C. Delmendo，"Jordan's Housing Market Still Struggling，" *Global Property Guide*，Aug. 8，2019，https：//www. globalpropertyguide. com/Middle – East/Jordan.

评论，呼吁信息和通信技术的全球合作。报道中特别提到中国华为公司与约旦数字经济、教育部门的合作，也强调5G网络将为抗击疫情提供强大的技术工具。[①]

（三）防控疫情成效影响政治现代化改革进程

政治社会学者理查德·拉克曼（Richard Lachmann）认为，国家力量如果不够强大，生态灾难会压垮国家。而随着国家发展轨迹摆脱外部影响，国家政策和国家力量，只会进一步由精英阶层和阶级关系的结构来决定。[②] 另外，自20世纪下半叶起，保留传统君主制的国家都面临政治体制层面的现代化困境。[③] 这些国家发现，在政治现代化过程中，集权于君主推动全面改革，会与扩大和吸收那些由社会及经济现代化所产生的新社会集团的必要性之间产生权力冲突。简言之，是传统威权与现代威权的矛盾。此前，约旦政治改革背后的现实是政府，主要是首相和内阁承担下几乎所有的抗议压力，而国王本人权力并未受到真正冲击。

原本中东变局以来，约旦民主化对政府失望是常态，民众示威活动不断。历次示威抗议活动中，游行民众往往提出宪法改革、推翻腐败政府、解散议会、反对税费提升等一系列政治要求。[④] 约旦政府疲于应对。约旦的政治改革方向本应是促进议会制和削减国王权力。但2016年新宪法客观上反而加强了国王的权力。[⑤] 然而疫情期间，尤其是与其他中东北非国家相比，约旦积极、及时、彻底的抗疫措施成效显著。约旦民众认可应对新冠肺炎疫情过程中，国家的动员能力强、反应迅速，因而对本国的自信心

① "Putting Technology at the Forefront of Jordan's COVID－19 Fight," *The Jordan Times*, June 13, 2020, http://www.jordantimes.com/opinion/taofeike/putting－technology－forefront－jordans－covid－19－fight.

② ［美］理查德·拉克曼：《国家与权力》，郦菁、张昕译，上海：上海人民出版社，2013年版，第163页。

③ ［美］塞缪尔·亨廷顿：《变化社会中的政治秩序》，王冠华、刘为等译，上海：上海人民出版社，2008年版，第145页。

④ Raed Omari, "Dozens Protest Income Tax Lax, Economic Policies near Prime Ministry," *The Jordan Times*, December 2, 2018, http://www.jordantimes.com/news/local/dozens－protest－income－tax－law－economic－policies－near－prime－ministry.

⑤ 章远：《约旦的政治、经济与对外关系》，载刘中民、孙德刚主编：《中东地区发展报告（2018—2019）》，北京：世界知识出版社，2019年版，第226页。

增长。① 处于疫情风暴中，约旦大学战略研究中心的民调显示，77%的受访者相信政府有能力处理危机，79%的民众对政府抗疫措施满意。② 研究国家建构的理论认为，大量的规范预期和认知预期模式化，会形成有序的复合体，有利于集中发起满足社会要求的社会活动。③ 民众的信心当然会对政府推进国家建设提供更具发展前景的良性期望。

当然，警惕和评判的声音依然存在。比如政府不断以应对病毒蔓延为契机，以抑制网络上假消息的传播为理由，持续加大信息管控力度。此举等于赋权政府更严苛地限制公共批评的尺度，而约旦的公共批评在2011年以来原本处于松动的政治环境中。政府管制信息引发了对言论自由的争议。伴随疫情严峻程度下降，此前对言论自由度的争议逐渐持续发酵。相较于中东地区其他外在表现上明显压制新闻言论的国家而言，新冠肺炎疫情大流行会造成约旦的治理增加透明度不断变化。

三、防控疫情压力下的政治文化

探讨发展中国家的国家建构前景是无法抛开帝国主义时期制造的历史遗产，以及受此影响，逐渐杂糅形成的国家政治文化。比如后殖民时代，曾经被殖民国家的少数族群与精英阶层重合问题就以殖民时代历史遗产的形式融入后续的政治现代化进程中权力配置难题的解释框架里来。曾经的殖民者、帝国主义强国给被控制的领土带来了与本国的政治统治风格，也与新成立的国家产生长期的特殊关联性。这种既认可过去帝国的政治文化思想，又认为帝国、大国至今有一定的扶持义务的思想并行存在，共同组成影响今天发展中国家国家建构的历史遗产。

与全球各处正在发生的变化一样，约旦政府因抗疫措施而产生的那些

① Mousa A. Al – Abbadi, "Fighting COVID – 19: Jordan as a Role Model," *The Jordan Times*, May 31, 2020, http://www.jordantimes.com/opinion/mousa – al – abbadi/fighting – covid – 19 – jordan – role – model.

② Maria Weldali, "Majority Express Satisfaction with Handling of Coronavirus Crisis – CSS Poll," *The Jordan Times*, May 19, 2020, http://www.jordantimes.com/news/local/majority – express – satisfaction – handling – coronavirus – crisis – % E2% 80% 93 – css – poll; "Jordanian Indicator Polls Series," *Center for Strategic Studies*, February 5, 2020, http://jcss.org/ShowNews.aspx? NewsId = 812.

③ ［美］贾恩弗朗哥·波齐:《国家：本质、发展与前景》，陈尧译，上海：上海人民出版社，2007年版，第89页。

人道主义图景往往让人印象深刻。通过媒体，人们可以看到一户户涌入本地超市抢购、囤积生活用品的家庭，商店门口排着保持一定社交距离的队伍，用于隔离和救治的康复中心门口的士兵等等新闻图片和视频。这些景象强化政府为了控制病毒的致死率而做出的努力。为抗击新冠肺炎疫情而造成的变化很可能对社会凝聚力、地方政府和国家能力造成深远并且长期的影响。回看历史，约旦成立之初的国家建构经历着内部部落和费萨尔民族政府的合作，在外部经历着部落和英国殖民力量的博弈。但约旦国家建构主要依靠外援型国家能力建设，也就是英国的管控。[①] 当前的约旦既保留了与英国独特的两国联系，也保留了国王的极高领导地位，还在尊重宗教传统的基础上主动选择了整体世俗化的社会生活方式，在阻击疫情蔓延的过程中仍然如此。

（一）与英国的特殊关系

约旦能够建立为现代意义上的国家与英国息息相关。在成为现代民族国家之前，生活在今天约旦土地上的民众以部落生活为基本生活方式。第一次世界大战前，哈希姆家族成员侯赛因·伊本·阿里在被奥斯曼青年土耳其党恢复“圣裔”身份后，就希望能获得外部强国英国的支持，建立独立的阿拉伯国家。一战后，英国以委任托管的形式直接占领并管理约旦地区。外约旦独立建国后，英国委任统治并未结束，英国控制着约旦的政府开支和议程设定，抑制部落势力增长。相当长的时间里，约旦并非完全的独立主权国家。英国在 20 世纪 40 年代后期约旦允许英国驻军的同盟条约签署之后才结束对外约旦的委任统治、承认外约旦独立、给予约旦财政补贴，等于保留了军事外交上的一系列特权。英军全部撤出后，英国仍然是约旦主要的经济以及军事援助国。约旦是为数不多的与英国、美国、以色列均保持关系友好，甚至可以称得上是保持密切关系的中东阿拉伯国家。

英国与约旦的历史渊源也在此次新冠肺炎疫情跨国合作和经济援助方面有所体现。比如 2020 年 6 月 4 日，约旦国王积极响应并参加英国首相鲍里斯·约翰逊倡议召开的全球疫苗首脑视频会议。[②] 有 25 位国家元首、政

---

① 韩志斌、薛亦凡：《约旦国家建构中的部落问题及其影响》，载《西亚非洲》2020 第 1 期，第 119、125 页。

② “Remarks by His Majesty King Abdullah II At the Global Vaccine Summit,” King Abdullah II Official Website, June 4, 2020, https://kingabdullah.jo/en/speeches/global-vaccine-summit.

府首脑、联合国秘书长和世卫组织总干事等要人参加此次视频峰会。[①] 5 月初到 6 月间，英国中东事务大臣承诺向中东国家提供 3000 多万英镑用以为重症患者提供医疗设备、培训医护人员，用于帮助伊拉克、黎巴嫩和被占巴勒斯坦领土抗击疫情，以及为也门弱势群体减轻新冠肺炎疫情冲击。[②]

在具体公共行政领域，英国对约旦的影响细化至普通公共机关的公务人员。比如欧盟通过“支持改善治理和管理”（Support for Improvement in Government and Management，SIGMA）项目在为约旦提供公共培训以帮助公务员返岗。首相拉扎兹 5 月 12 日向政府机构分发了由“支持改善治理和管理”赞助的《重返工作岗位手册》[③]，而这部手册具体是由约旦公务员事务局与英国首相府绩效和政策发展理事会、公共行政研究所合作编写。两日后，政府以该切实可行的指导手册为蓝本，在线重点培训人力资源、行政、通信类公共机构公务员。

（二）国王形象、政府形象和国家形象

与周围石油资源相对丰富的伊拉克和沙特不同，约旦受地缘、地域和自然资源限制，其地区政治地位高于其经济地位。约旦国王阿卜杜拉二世在国际社会的外交形象非常正面，与世界各国政府政要的关系都比较好。2011 年以来，约旦媒体报道中，是国王主导着国家的有限改革。其间，民众对国王和王室的不满情绪偶见报端，但不是主流。疫情防控工作不仅如前文所述提升了政府形象，也提升了国王的威望。约旦国王勤于与各国主流媒体主动接触。一些有关防疫的政策决定是由国王本人向外界公布的。比如 4 月中旬的西方媒体采访中，国王就介绍鉴于约旦已经拉平了防控曲线，随后即将开启分批复岗、复工、复课，对公共活动的限制也会逐渐解禁。抗疫过程中，国王认可中国的抗疫成就，并在接受《纽约时报》的公开采访中提到马云捐赠的试剂盒成倍提升了约旦的检测能力，坦诚对马云

---

① 中国国务院李克强总理在此次全球疫苗峰会视频会议上致辞，支持疫苗研发和抗疫合作。外交部网站：《外交部就李克强总理在全球疫苗峰会视频会议上致辞等相关情况答问》，中华人民共和国中央人民政府官网，2020 年 6 月 5 日，http：//www.gov.cn/xinwen/2020 - 06/05/content_5517559.htm.

② Department for International Development，“UK aid Supporting the Fight Against Coronavirus in the Middle East，” *UK Government*，May 23，2020，https：//www.gov.uk/government/news/uk - aid - supporting - the - fight - against - coronavirus - in - the - middle - east.

③ “Jordan and SIGMA，” *SIGMA OECD*，http：//www.sigmaweb.org/countries/jordan - sigma.htm.

向约旦捐助防疫物资表示感谢。[①]

与国王基本正面的形象相比，约旦国民对政府形象的感受相对复杂许多。约旦政府的防疫举措严格程度超过周边国家。比如约旦 2020 年 2 月 2 日就颁布了入境管制命令，是最早停止中国护照入境的国家之一，农业部 2 月 2 日起暂停进口中国动植物产品以预防新冠病毒。[②] 内政、卫生、新闻、食品、药品、安全部队等与防疫有关联的部门长官不间断地频繁召开新闻发布会，呈现出信息公开透明的正面形象。综观约旦全国媒体，可以发现拉扎兹内阁的新闻宣传策略：大臣们几乎每天开一次例行新闻发布会，用政府的社交媒体频道发布疫情的信息。大臣们反复出现在国家电视台的采访中，向观众解释最新的病毒传播情况和政府抗击病毒传播的举措，尤其是卫生大臣萨阿德·贾比尔（Sa'ad Jaber）新闻事务国务大臣阿姆贾德·奥代拉（Amjad Odailah）。有意思的是，这些频繁露脸的重点部门的活跃大臣们甚至超过了拉扎兹首相和国王本人，成了政府的门面。

约旦国民大多接受并且配合政府不断颁布和修正的防疫举措。鉴于病毒简直破坏到日常生活的方方面面，记者们采访到的基层民众纷纷表示，以往从未如此认真地聆听和关注政府的声明及政策，更别说迅速遵照执行了。一方面，约旦政府通过公布海量信息，并不断地逐步修正此前政策的疏漏；另一方面，加强警察和军队的辅助，保证民众既支持政府出台的严格规定也高度遵守相关政策。由此，从积极面来看，约旦民众近十年来前所未有地没有被消极困顿情绪笼罩，转而认可当前政府的危机处理能力。数月前，约旦政府在为不愿解决系统性腐败和经济不平等问题而饱受质疑，目前的总体舆论则让国王和拉扎兹内阁获得极大的喘息时间。这场形象上的转机甚至惠及到政府防疫政策以外政策的社会反馈。

特别是与周围那些能力更不足、更不透明、压制程度更严重甚至内战不止的邻国相比，约旦的防疫举措塑造的国家形象应该得到肯定。反思者则认为，与政治表现更差的国家相比得到赞扬，是民族主义式的。[③] 当时评论认为，这类赞扬能够持续必须高度依赖约旦切实能够有效抑制疫情，

---

① Mousa A. Al – Abbadi, "Fighting Covid – 19: Jordan as a Role Model".

② 中华人民共和国驻约旦哈希姆王国大使馆经济商务处：《约旦对中国护照持有者采取入境限制措施》，中华人民共和国驻约旦哈希姆王国大使馆经济商务处，2020 年 2 月 4 日，http://jo.mofcom.gov.cn/article/wb/202002/20200202933678.shtml.

③ "New Poll: Jordanians Remain Frustrated with the Economy and Government".

乃至应对可能的第二波疫情。一旦疫情出现崩塌或者反复，约旦国民能否坚持相信认为政府在分享可靠的信息，能否坚持配合政府哪怕在政策失败可以快速有力地调整，仍然具有不确定性。毕竟只有当公众相信一国政府有能力，并且政府会对民众的批评作出有效回应时，政权的合法性和政策效力才是有保障的。上述争议还只讨论了行政部门，而尚未涉及王室、议会、军队等其他。另外，前文已经提到疫情中仍然出现官员腐败事件，目前此类事件也未被全面清算。在公民全情投入关注政府政策、也即前所未有的公众监督面前，约旦政府非常需要维持疫情通报中展示的透明度。领导层能否直接处置已经出现和可能出现的腐败以及徇私行为，惩罚不法者，并在更长远的时间里针对性地更正既有政治制度中滋生腐败的制度设计，对今后整合国家建设所需的民众认可至关重要。

（三）圣裔家族身份与民众宗教生活

约旦的宗教与政治关系的独特性在于王室统治的最重要合法性来源之一是宗教意义上的圣裔家族，伊斯兰教是约旦国教。但是，约旦也是中东地区世俗化程度最高的国家之一。从地缘政治的角度来看，约旦处于阿以冲突的前线，还是周边宗教极端主义势力、宗教恐怖主义势力极力期望染指的国家。然而，约旦情报总局（GID）和反恐部门在应对恐怖主义方面经验丰富，战功卓著。因此，即便在“伊斯兰国”组织肆虐的三年，仅有12%的约旦人认为宗教极端主义是最严重的关切。① 为避免恐怖分子利用疫情渗透入约旦境内，约旦在疫情期间加强了群体监控。② 既重视伊斯兰教、尊重其他宗教，却也并不保守的约旦宗教文化导致在防疫需求面前，出现两个重要的政策取向，即一方面防疫政策必然覆盖宗教生活，另一方面，涉及宗教场所和宗教生活的封锁隔离政策非常严苛，但因为宗教保守势力的影响力不强，约旦关于限制宗教生活的防疫政策并未如沙特一样遭遇保守宗教势力的阻挠。

约旦 2020 年 6 月重开清真寺后，仅限于祈祷时段开放，开放期间不得使用空调和风扇。所有的清真寺都要求入寺人员佩戴口罩、手套、保持安

① “Jordan: Extremism & Counter – Extremism,” The Counter Extremism Project, 2020, https://www.counterextremism.com/countries/jordan.

② Mousa A. Al – Abbadi, “Fighting Covid – 19: Jordan as a Role Model”.

全距离，自带祈祷垫。[1] 2020年的斋月和疫情防控时间段重合。为了疫情防控，开斋节三天全面戒严。按照约旦当地媒体往年旺盛的斋月消费市场，今年被新冠疫情的严格宵禁所抵消。然而与国民普遍理解和配合政府要求居家隔离的防疫政策一样，斋月的宵禁政策在当地媒体的评论中被解释为普通家庭改变了消费方式，转而更多地运用网络进行在线购物，在客观上减少了经年斋月夜晚的铺张浪费。首相拉扎兹称约旦社会保护网络斋月期间覆盖需要帮助的家庭，体现约旦人“最高的团结价值”[2]。

四、国际抗疫援助

塑造国家政治形态的力量不仅来自于国家内部政治制度、国内历史遗存，还受全球性力量的影响。参与全球机制程度越高，与世界权力中心联系度越高，国家内受到排斥的群体越少，这是世界文化自上而下扩散的机制。[3] 约旦国王于疫情防控严峻期间，在《华盛顿邮报》发表了题为《是时候回归全球化并且这次要做对》的署名文章。该文呼唤打破国家间壁垒，而不是重建壁垒，呼吁围绕人类福祉，以更准确地加强国家间合作来实现“再全球化”、更好的全球化，从而在后疫情时代建立起新世界。[4] 在发达国家对全球化反思之声日盛的时刻，约旦国王重申全球化重要性的论断在道义上声援了支持继续推进全球合作的人群。有成熟产业结构的发达国家不再全面肯定全球化。[5] 应该说，在疫情危机来临时，发达国家考虑

---

① 中国驻约旦哈希姆王国大使馆经济商务处编译：《约旦新冠疫情舆情动态第69期》，中国驻约旦哈希姆王国大使馆经济商务处，2020年6月5日，http：//jo. mofcom. gov. cn/article/xgyq/202006/20200602971136. shtml。

② 中国驻约旦哈希姆王国大使馆经济商务处编译：《约旦新冠疫情舆情动态第60期》，中国驻约旦哈希姆王国大使馆经济商务处，2020年5月15日，http：//jo. mofcom. gov. cn/article/xgyq/202005/20200502965040. shtml。

③ ［瑞士］安德烈亚斯·威默：《国家建构：聚合和崩溃》，第198页。

④ King of Jordan Abdullah II, “It's Times to Return to Globalization but This Times Let's do it Right,” *Washington Post*, April 27, 2020, https：//www. washingtonpost. com/opinions/global – opinions/its – time – to – return – to – globalization – but – this – time – lets – do – it – right/2020/04/27/b5e8b442 – 88b4 – 11ea – 8ac1 – bfb250876b7a_story. html.

⑤ 约旦本国发表的评论文章也存在唱衰全球化、认为去全球化不可避免、忧虑中国的全球供应链地位受公共卫生危机破坏的论调。Kemal Dervis，“Less Globalisation，More Multilateralism，” *The Jordan Times*，June 10，2020，http：//www. jordantimes. com/opinion/kemal – dervis/less – globalisation – more – multilateralism。

的是调整产业链、重视产业链安全。约旦国王的专稿则代表了发展中国家在发达国家考虑调整产业链时的忧虑。毕竟对于资源匮乏、经济水平落后的国家而言，长期来看，即便统治者空有声誉，却没有惠及民众的经济发展来支撑非生产性的政治精英，国家建构过程中的政治整合难题将一直存在。

约旦在疫情期间顺利开展国际抗疫合作得益于其长期奉行的平衡外交政策。约旦政府始终做到疫情相关信息公开透明共享，充分利用现有合作机制，与多国及时交流信息，分享疫情防控经验和策略，深入研究疫情对各方合作造成的影响，适时规划疫后战略合作新领域。

（一）惠及弱势的国际组织援助

一般情况下，国际组织，比如国际货币基金组织在向约旦提供抗击疫情紧急金融援助以及额外支持时，公开的主要目的是惠及受疫情影响严重的家庭及弱势群体，更长远的目的是加强公共卫生，协助中东地区克服经济危机。[①] 为提高疫情后经济应对能力的国际援助并不再像疫情之前的国际经济援助一样，强调被援助国需要进行触及根本的政治或者经济结构改革。可是由于疫情影响尚未结束，这场前所未有的病毒流行所带来的世界经济未来还难以预测，欧盟、国际组织的援助将援助的重点用于缓解医疗物资短缺、提高国家卫生系统的防护能力、提供医疗培训，还涉及扶助难民和贫困失业的青年人口，通过教育赋予他们疫情后的就业能力。从英国召开的全球疫苗峰会来看，防疫后期，国际援助也应该会涉及疫苗援助。疫情前，约旦的失业率已经高达 19%。对约旦的国家建构而言，失业人口和难民如若能够在国际援助下同时取得经济补偿和就业培训，则既可以一定程度上缓解政府债务危机，也可缓解失业和群体对立产生的统治危机。

2020 年 3 月 31 日，约旦国王阿卜杜拉二世与德国总统施泰因迈尔、新加坡总统哈莉玛、埃塞俄比亚总统萨赫勒、沃克·祖德、厄瓜多尔总统莫雷诺在《金融时报》发表联署文章称，新冠疫情是超越边境、种族和信仰的全球威胁，呼吁国际社会共同努力遏制和应对新型冠状病毒传播，建立新的全球联盟，以加快治疗和疫苗的研发，确保快速生产，采购和公平

① "Confronting the COVID－19 Pandemic in the Middle East and Central Asia," *IMF*, April 15, 2020, https://www.imf.org/en/Publications/REO/MECA/Issues/2020/04/15/regional－economic－outlook－middle－east－central－asia－report.

分发测试套件，加快生产并确保将来的疗法和疫苗的公平分配，包括向难民等弱势群体分配等。

在约旦国际抗疫合作中，与约旦合作的国际组织主要是联合国及其下设组织，涉及联合国开发计划署、联合国近东救济工程处、联合国难民署、联合国儿童基金会、世界粮食计划署、世界卫生组织、世界银行、国际劳工组织等，用以助推疫情防控与经济社会复苏、营造良好的投资环境、加快公共社会进行数字化转型、青年就业、社会保障、多边合作等。具体如下：

自新冠肺炎疫情在约旦暴发以来，约旦各部委加强与联合国及其下设组织沟通协调。约旦环境部与联合国开发计划署合作，在约旦各城市入口垃圾场安装7台新型医疗废弃物再消毒设备，还向14家医院提供防护设备，并对医护人员进行培训。联合国开发计划署协助约旦医疗部门建立3个疫情分诊部，分别位于巴沙尔医院、扎尔卡政府医院、阿卜杜拉国王大学医院。联合国近东救济工程处在约旦的所有诊所疫情期间正常营业，继续为难民和当地民众提供基础的卫生服务，并呼吁设立紧急新冠病毒应急基金；近东救济工程处还为118000多名巴勒斯坦难民学生提供远程教育技术。约旦计划与国际合作部与联合国难民署驻约旦代表处签署协议，旨在为约旦提供248万美元的援款，其中援款中120万美元为紧急资金；联合国难民署向约旦提供6辆救护车和2辆公共汽车，还向国际社会呼吁对约旦提供2700万美元援款，以帮助约旦抗击疫情。联合国儿童基金会采购了价值分别为379万美元紧急卫生设备和用品，以支持约旦卫生部；联合国儿童基金会的青年经济计划“阿马鲁纳”为2600多名妇女和青年提供培训。世界粮食计划署与约旦政府密切合作，提供现金援助以满足约旦50万叙利亚难民的基本粮食需求。世界卫生组织向约旦卫生部捐赠防疫用品与设备，包括100万支口罩、1万套防护服、1万副防护面罩、200台无线检测包、护目镜及外科手术设备等，并且，世卫组织与约旦卫生部联合开展血清传染病学研究，以确定疫情在普通人群中的感染程度和无症状感染的比例。世界银行批准2000万美元贷款计划以帮助约旦抗击疫情。此外，在世行为发展中国家抗击疫情提供的60亿美元的“一揽子快速援助计划”中，世行为约旦提供2000万美元贷款属于该计划的一部分。世行还批准一项1亿美元的对约财政援助计划，以增加就业机会，并为约旦人和叙利亚难民创造更好的工作条件；批准3.74亿美元的“紧急现金转移疫情响应项目”，向约旦27万户贫困和脆弱家庭提供现金支持。约旦技术和职业技能发展委员会（TVSDC）与国际劳工组织（ILO）签署谅解备忘录，拟在约旦马弗拉克、伊尔比德、扎尔卡和巴尔卡等4个省建立6所新农业推广中心，提供技术、后勤和财政支持，并通过与合作社签订合同，扩大约旦农业领域就业。

据佩特拉通讯社2020年3月31日报道，欧盟宣布向约旦和其他接收叙利亚难民的国家提供2.4亿欧元援助。4月初，由欧盟出资、欧盟与约旦王储基金会（CPF）合作的紧急呼吸机面罩项目完成模型设计并进入测试阶段。该项目旨在帮助疫情期间约旦企业转型和创新，支持约旦制造业发展。6月，欧盟为在约旦的叙利亚难民提供2010万欧元援助。11月欧盟宣布向约旦提供2.5亿欧元紧急援助，旨在帮助约旦抗击第二波新冠疫情。此外，欧盟为约旦提供3500个奖学金机会，并向2245名涉叙难民和约旦贫困青年提供1500万欧元无偿援助，支持其接受高等教育。

为支持约旦抗击疫情，3月，国际货币基金组织（IMF）对约旦13亿美元扩展基金计划进行调整，允许政府增加医疗保健等社会支出，帮助约旦恢复并实现增长，通过政府优先事项提高约旦经济的吸引力，增加投资和增长，维持宏观经济稳定，应对债务发行和重组，以及提高能源和电力等关键部门的效率。此外，IMF向包括约旦在内的部分国家提供约1000亿美元资金支持。

据《约旦时报》2020年5月18日报道，国际原子能机构向约旦卫生部捐赠价值15万约第的医疗设备。此次捐赠除个人防护装备、诊断试剂、实验室耗材和生物安全柜外，还包括两个逆转录聚合酶链反应（RT－PCR）早期检测设备。

（二）限制与信息共享并存的邻国合作

周边国家几乎与约旦同时开始面临防疫的考验。各邻国之间既要减少跨境交流避免疫情扩散，也力求以信息共享追踪确诊患者的行动路径。在有条件隔离的前提下进行邻国互助是约旦和周边国家预防疫情暴发的主要交往方式。沙特、约旦、以色列等为拉平曲线、减少新增病例均采取了暂停国际航班的举措。沙特是约旦的邻国，也是约旦最重要的贸易伙伴。然而在疫情压力下，约旦政府不得不加大对沙特边境口岸的管控，减少两国陆上贸易数量。疫情高峰时期，约旦要求往返两国的司机在特定地点集中隔离，严防疫情输入。类似的，约旦也在3—5月关闭了与黎巴嫩、叙利亚、以色列等邻国的路上通道，仅保留运送必需物资的货车通行。用于防疫的高效危机追踪信息共享模式也许能够拓展延续到疫情结束之后跨境反恐安全合作。但是，遗憾的是，受限于隔离措施和经济困境，约旦与周边领国的大型技术合作项目都限于停滞或推迟接收。原本被寄予促进国家发展厚望的新能源、可再生能源等项目都被当前的约旦专业委员会视为没有技术依据的财务负担。人员交流受阻导致未来能否安抚下层群体，解决国内已经严重的失业问题、为归国侨民寻找工作岗位，都将是影响国内政策制定和施行的不确定因素。

（三）与友好国家的抗疫合作

2020年5月11日，德国向约旦提供的6.25万个欧洲产新冠病毒检测试剂盒已运抵安曼。10月24日，约旦政府与德国签署合作协议，德国援助约旦7750万欧元。其中，5000万欧元用于社会保护并预防疫情导致的贫困，2750万欧元支持叙利亚难民儿童在2020/2021学年接受正规教育，系约旦应对叙利亚危机计划项目。10月31日，德国政府承诺向约旦提供价值3.943亿欧元的新发展援助，以赠款、技术援助和软贷款形式，将在未来几年用于资助约旦教育、水、卫生和可再生能源等领域优先发展项目，其中5000万欧元赠款用于应对新冠肺炎疫情危机。

2020年4月，韩国决定向约旦提供总价值为20万美元的人道主义援助，帮助约旦防控新冠肺炎疫情。

2020年11月，沙特在约旦投资基金拟投资4亿美元在安曼建设一所医院和医科大学。该基金由沙特出资90%，约旦银行出资10%。该项目将提供5000个工作岗位。

此外，美国、丹麦、加拿大、卡塔尔发展基金通过约旦难民卫生基金（JHFR）向约旦捐助1000万美元用于抗疫。此外，丹麦和美国还和约旦签署了870万美元的捐助协议。JHFR于2018年成立，用于支持约旦卫生系统，目前基金正帮助卫生部扩大检测和患者管理，还将加强约旦实验室的检测能力，建立支持未来个人和家庭健康需求的系统。

约旦生物医学实验室与美国斯克里普斯研究中心合作，成功分离约旦新冠肺炎毒株，并将毒株完整基因组序列免费发布至全球数据库，这使约旦成为少数取得这一成就的阿拉伯国家之一。

2021年6月27日，约旦国王阿卜杜拉二世、埃及总统塞西、伊拉克总理卡迪米在伊拉克首都巴格达举行三方会议，讨论抗击新冠肺炎疫情、提振经济、加强能源合作、打击恐怖主义等问题。三国领导人一致认为，目前地区国家面临的最大挑战是新冠肺炎疫情、经济困难、安全和恐怖主义威胁，应统一立场，采取共同行动，继续协调叙利亚、也门、巴以冲突等地区热点问题，帮助地区内其他兄弟国家应对挑战和渡过危机。根据会后发表的联合声明，三国领导人同意在多个领域加强协调合作，包括在伊拉克和埃及间经约旦输送电力和天然气、在伊拉克巴士拉与约旦亚喀巴之间建设输油管道、三国间加强安全与信息合作打击恐怖主义、贩毒和网络犯罪等领域。

（四）中国的跨国援助与人类命运共同体关怀

中国是约旦最大的三个进口来源国之一，也是约旦重要的贸易伙伴。中国有力地扭转本国疫情局势以来，尽己所能地为有需要的国家提供用于抗击疫情的大量经济和物资援助。

抗击新冠肺炎疫情，约旦始终与中国相互支持，充分利用“一带一路”倡议、中阿合作论坛等现有机制，以此次抗击新冠肺炎疫情为契机，进一步打造中阿卫生健康共同体，努力使两国成为“健康丝绸之路”建设的楷模。在“健康丝绸之路”框架下，两国深化中阿媒体合作，坚决抵制疫情期间各种媒体上流传的谎言和谣言，加强同阿拉伯各国民众的沟通和交流，反对种族歧视和排外情绪，深化中阿人文交流互鉴，促进民心相通。

约旦始终与中国积极开展合作，守望相助、携手抗疫，弘扬“共商、共建、共享”的全球治理理念，注重提升卫生公共产品供给的决策公共性和收益分配公共性，彰显了两国战略伙伴关系的价值和两国人民的深厚友谊。这既是为了更好地抗击疫情，同时也兼顾了国家发展战略，不断丰富两国战略伙伴关系的内涵，高质量共建“一带一路”，造福两国人民，促进地区和平、稳定与发展。2020年2月23日，约旦国王阿卜杜拉二世就新冠疫情向习近平主席致慰问电，表示约旦与中国团结一起应对新冠肺炎疫情，并坚信中国的能力和赞扬中国抗击疫情所付出的努力。

官方层面，2020年5月中国政府向约旦捐赠75万美元防疫医疗物资，其中包括2万份检测测试盒、1万件医用防护服、6万只口罩、1万副防护镜、1 万双手套和 200 台额温仪。[①] 驻约旦大使潘伟芳于 5 月 31 日代表中国政府和约旦计划与国际合作大臣维萨姆·拉巴迪签署援助物资交接证书。[②] 为阐明中国的国际抗疫合作观念，潘伟芳大使在约旦主流媒体发表《守望相助、共克时艰，携手打造人类卫生健康共同体》署名文章，向约旦读者阐释中国基于多边主义构建人类卫生健康共同体紧迫性的认知。[③] 2021 年 4 月 25 日，中国政府援助约旦的国药集团新冠疫苗运抵约旦首都安曼。中国驻约旦大使陈传东、约旦卫生大臣菲拉斯·哈瓦里等前往机场迎接并出席疫苗交接仪式。

新疆维吾尔自治区宣布向亚喀巴经济特区管理局（ASEZA）捐赠 200 个红外测温仪；中国企业国投矿业及其参股企业阿拉伯钾肥公司向约旦卫生部捐赠 120 万美元医疗物资，包括 6 万个 N95 口罩、5000 套防护服、5000 个护目镜、5000 个防护面罩。华为公司与约旦数字经济部合作，向约旦多所学校捐赠 70 台平板电脑，支持学生通过在线学习汲取现代化知识。在约旦官方佩特拉通讯社 4 月的报道中，中国商人马云向约旦捐赠包括 10 万个检测试剂盒、30 台呼吸机、50 台红外体温检测仪、30 万个医用口罩和 1 万套防护服在内的医疗物资和医用设备，用以控制约旦和全球新冠病毒的传播。[④]

一些民间团体、留学生、参加过中国援外奖学金和援外培训项目的官员也积极参与两国卫生合作，生活在义乌的约旦商人们向义乌市出入境局捐赠了 1 万副手套和 5000 副口罩；在武汉生活了 7 年的约旦人伊萨本来有机会随撤侨包机离开武汉，但就在飞机起飞前的最后一刻，他和妻子毅然选择留下来与他们钟情的武汉共度时艰，为武汉募集口罩等各种医疗物资；对外经济贸易大学的留学生们与中国人民同呼吸、共命运，开展援助

---

① 《潘伟芳大使出席中国政府援助约旦抗疫物资交接仪式》，中国驻约旦哈希姆王国大使馆，2020 年 6 月 2 日，https：//www. fmprc. gov. cn/ce/cejo/chn/zygxyw/t1785043. htm.

② 中国驻约旦哈希姆王国大使馆经济商务处编译：《约旦新冠疫情舆情动态第 68 期》，中国驻约旦哈希姆王国大使馆经济商务处，2020 年 6 月 1 日，http：//jo. mofcom. gov. cn/article/xgyq/202006/20200602969389. shtml。

③ 《约旦主流媒体刊登潘伟芳大使第三篇署名文章〈守望相助、共克时艰，携手打造人类卫生健康共同体〉》，中国驻约旦哈希姆王国大使馆，2020 年 3 月 30 日，https：//www. fmprc. gov. cn/ce/cejo/chn/zygxyw/t1763625. htm。

④ 中国驻约旦哈希姆王国大使馆经济商务处编译，《约旦新冠疫情舆情动态第 39 期》，中国驻约旦哈希姆王国大使馆经济商务处，2020 年 4 月 8 日，http：//jo. mofcom. gov. cn/article/xgyq/202004/20200402953089. shtml。

中国的爱心活动；其中，正在攻读博士学位的约旦学生马日万了解到湖北省急需口罩等防护用品，第一时间组织29名在华约旦学生进行募捐，从日本购买500只医用N95口罩、100瓶消毒液，并通过约旦驻华使馆送至武汉市红十字会；面对一些媒体对中国的无端指责，约旦工业、贸易、供应部政策研究室主任，商务部高级援外学历学位专项计划项目（MOFCOM奖学金）学员之一、对外经济贸易大学国际贸易专业博士生Bashar Jaber（中文名姜柏青）在阿拉伯媒体平台上发表题为《与中国人民共克时艰是我们的人道主义责任》《中国抗击新冠肺炎疫情的承诺及对国际社会的责任》等文章，为中国发声；54名参加过中国援外奖学金和援外培训项目的约旦政府官员、军警官员、企业管理人员等在社交媒体WhatsApp上自发组成了“约旦学员驰援中国群”，用实际行动支持中国抗击疫情。中国在约旦投资和入股的企业，比如中国国投集团也帮助约旦本土企业采购医疗物资，直接捐款和捐赠医疗防护用品。

中国的跨国援助既是双边深厚友谊的表现，也是倡导国际间团结协作抗击疫情、构建人类卫生健康共同体的积极努力。

（五）疫苗合作

2020年6月4日，约旦阿卜杜拉国王参加全球疫苗峰会视频会议，希望约旦能够与其他国家一样平等地获得新冠病毒疫苗。2020年8月29日，中国国药集团生产的新冠病毒疫苗开始在哈姆扎王子医院进行为期4天的志愿者试验，3个月后进行最终评估。哈姆扎王子医院是约旦唯一获得食品药品监督管理局批准进行疫苗临床试验的医院，拟招募500名志愿者。参与此次疫苗合作的还有阿联酋、巴林、埃及等阿拉伯国家。9月，约旦启动新冠病毒疫苗第三期临床试验。该试验由中国国药集团、中国生物技术股份有限公司共同发起。12月中旬，约旦政府批准紧急使用辉瑞疫苗，并且成立专门委员会审查在阿联酋测试的中国国药新冠病毒疫苗，在颁发紧急使用许可后，约旦与阿联酋协商在约旦提供中国国药疫苗，并将其纳入国家新冠疫苗接种计划。该疫苗将覆盖约20%的约旦公民。

2021年1月11日，第一批辉瑞疫苗运抵约旦。随后，约旦卫生部宣布，1月13日启动新冠病毒疫苗接种计划。3月15日，联合国近东巴勒斯坦难民救济和工程处在约旦的伊尔比德卫生中心和扎尔卡营地卫生中心为570名难民接种新冠病毒疫苗。4月25日晚，中国政府援助约旦的国药集团新冠疫苗运抵约旦首都安曼。中国驻约大使陈传东、约旦卫生大臣菲拉斯·哈瓦里等前往机场迎接并出席疫苗交接仪式。陈传东在交接仪式上说，新冠肺炎疫情发生以来，中约两国并肩抗疫、守望相助。中方克服困难向约方提供疫苗援助，履行了将疫苗作为全球公共产品的承诺。约方积极参与国药集团新冠病毒疫苗临床试验，率先为难民接种疫苗，在国际抗疫合作中发挥积极作用。中国将继续与约旦加强合作，坚定支持约方抗击疫情和恢复经济，巩固和深化两国战略伙伴关系，共同推动构建人类卫生健康共同体。哈瓦里感谢中国政府和人民向约旦提供包括疫苗在内的抗疫援助和支持。他在接受记者采访时表示，中国疫苗在全球得到广泛使用，证明了其良好的有效性和安全性。他本人也接种了国药集团新冠病毒疫苗，没有不良反应。中国疫苗是约旦抗击疫情的“宝贵财富”，期待两国合作不断加深。

2021 年 2 月 8 日，中国驻约旦大使陈传东分别拜会约旦参议长费萨尔·法耶兹、卫生大臣纳齐尔·阿比达特，就中约双边关系、两国开展卫生健康领域合作、共同抗击新冠肺炎疫情及各领域务实合作等进行了深入交流。在此次两国卫生合作中，除了两国政要相互声援，两国人民民心相通、风雨同舟也是一个亮点。

五、以防疫政策促进族群包容

最后一项影响国家建构的宏观政治整合论点是避免族群分裂。也就是削弱因族群、部落、教派等群体划分的边界，或者强化边界重叠的程度。社会结构分裂会加剧冲突。[①] 尽管宗教教派问题是困扰中东近年地区政治的重大族群张力来源，但是约旦的族群问题却主要产生在部落分野以及难民和国民之间，而非宗教或者语言差异。族群切割给约旦推行有效防疫带来的问题集中于部族的族内政治影响以及抗疫和难民加重防疫负担引发本国国民不满两方面。

（一）整合族群政治以配合防疫

在推崇中东地区民主化的政治改革鼓吹者看来，中东地区抗击疫情的

① ［瑞士］安德烈亚斯·威默：《国家建构：聚合和崩溃》，第 199 页。

斗争很可能给予政府以控制病毒传播为借口而收紧民众言论自由的权力。在言论自由已经被高度政治化的语境下，紧急特权极易被理解为滥用。而许多发展中国家都不得不与那些会侵蚀政府防疫举措的谣言进行斗争。在疫情暴发前，约旦社会的政治活动就在谴责政治腐败之余极力倡导保护言论自由领域。政府则强力推动广受争议的2015年《网络犯罪法》，加强对社交媒体发言的管控。鉴于疫情前反对派主导的社会运动渐多，疫情结束后此类运动很可能会重起，相比于强力镇压，约旦政府很可能紧握疫情带来的紧急特权。

身为急需外部经济和安全方面援助的发展中国家，约旦总体而言是个政府非常在意西方政治评论、民众接受西方式政治学说程度较高的中东国家。为回应上述担忧，在3月17日，约旦首相拉扎兹就于社交媒体的政府公众号中强调会区别表达权和传播谣言。他解释前者是受保护的权利，而后者只能制造恐慌，并且表示政府会意志坚决并明确地处理二者的区分，会继续处罚那些散布未经证实的消息之人。① 实际上，在政府正式宣布限制传谣的权力之前，媒体就报道过有人因散布关于病毒的谣言而被捕的新闻。但约旦根深蒂固的部族政治却仍然可以保护本该受惩罚的行为。约旦报章也纷纷表达了对徇私和族内政治会影响该法律实施的忧虑。比如某部落威胁要用《网络犯罪法》起诉发布有关该家族最近的一场婚礼以及伊尔比德（Irbid）病毒暴发的任何信息的人。② 此外保护新冠病毒感染患者个人隐私也被认为不应简单以信息共享而随意公开。在公示疫情信息中越来越透明的行为和政府扩大新行政控制权力之间的不兼容揭示了国家治理中矛盾：一方面，密集的公众监督和国家抑制疫情暴发有正面作用；另一方面，发展中国家的政府许多并不成熟、监督也不足，由此紧急特权很可能被利用以打压不满政府的其他政治势力。

（二）以防疫缓解难民压力

约旦的族群结构重要的特性体现在境内数量众多的难民上。按照统

① "Twitter: Prime Ministry JO," *Twitter*, March 17, 2020, https: //twitter. com/PrimeMinistry/status/1239977492502523904? s=20.

② Ahmed Al Tamimi, "Statement from the Al – Talafheh Clan Connected to the 'zafaf party' in Irbid," *Al Ghad*, March 20, 2020.

计，约旦与周边的土耳其、伊朗等国家是全世界接收难民最多的国家。[①]尤其是叙利亚内战以来，大量入境的叙利亚难民让小国约旦不堪重负。以往，周边国家发生战乱增加了约旦在维护边境安全方面的军事投入，更直接地加重了接待难民方面的开支。每年约旦的国际援助中有很大一部分是难民援助。疫情发生之后，难民营中的居民既害怕疫情在难民生活的社区暴发，也担心密集且缺乏基本卫生设施的生活空间一旦发生疫情则迅速扩散，会造成医疗系统不堪重负。约旦的防疫机构不得不在医疗资源紧缺之时，仍然在难民营内争取进行尽可能多的测试。此外，约旦完全谈不上经济实力强大，甚至应该说多年来都不容乐观。约旦资源短缺已经在本国不断膨胀的人口和涌入境内的难民之间造成敌意。难民在约旦境内人数众多，且并不都居住于难民营，大规模检测难以全面覆盖所有难民。然而，难民检测直接关系到约旦这样的难民接收国结束疫情的最终时间。约旦是粮食净进口国，甚至连茶叶、咖啡、植物油等超过90%的消费品都依赖外国进口。难民增多和滞留本国导致约旦的粮食难题雪上加霜。如果完全落实约旦国王提出的“难民享受与其他公民相同的教育和卫生服务”，约旦的公共债务只会愈加积重难返。没有外部丰厚的经济援助，约旦要兼顾控制政府开支、族群公平和减轻经济负担并不现实。尽管还未完全清算，但约旦严厉的防疫管制举措所形成的经济成本显然也终将落在国民身上。针对民众的税收变化会扩大这种不平等，并很可能在疫情平静后，因为经济拮据而产生的对难民不满情绪会激活未来政治动荡。约旦的难民问题绝对不是单纯的约旦国内政治发展或者政治改革就能解决的问题。缓解难民难题离不开全球性合作。

约旦充分利用和发挥其平衡外交的优势和在中东地缘政治中的区位优势，通过多边机制，及时向其他中东国家分享抗疫进展、诊疗防控措施，充分体现了国与国之间的人道主义关怀互助。在此次疫情合作中，约旦接受的捐款、贷款、医疗物资除了用以保障本国公民的生命健康权，还为约旦境内众多叙利亚难民度过疫情提供帮助，彰显了约旦一贯的人道主义情怀和责任担当。全球化是约旦发展进程中的重要推动力，约旦依赖全球化，需要全球化，受益于全球化，并一直致力于推动全球化。

---

① Philip Connor, “Middle East’s Migrant Population More Than Doubles Since 2005,” *Pew Research Center*, October 18, 2016, p. 15, http: //assets. pewresearch. org/wp - content/uploads/sites/2/2016/10/18092506/Middle - east - migrants_FINAL_PM. pdf.

自新冠肺炎疫情全球暴发后，约旦积极致力于疫情防控，践行多边主义，成为人类卫生健康共同体理念的推动者之一。2020 年 4 月，约旦国王阿卜杜拉二世在《华盛顿邮报》发表的《回归全球化，做对做好全球化》延续了约旦领导人在以往的国际卫生合作中多次倡导的公平、正义、多边主义的精神。约旦境内有大量难民，这是约旦以往的国际卫生合作必须直面的问题，也是约旦疫情防控的难点之一。另外，鉴于约旦本身资源较为匮乏，约旦经济的重要支柱比如侨汇、旅游业等与全球化息息相关，疫情加剧的粮食安全、能源安全、水安全、社会稳定等问题也使约旦必须呼吁加强国际合作，通过多边主义来提供全球卫生公共产品，谋求更宏大的人类共同发展愿景。

约旦国王向世界提出的“再全球化”建议，代表了希望互助合作的全球化支持者的典型观点。国家中心主义一旦在全球成为主流政治趋势，那么对资源匮乏的小国而言是灾难。[①] 就发展中国家而言，全球化，或者更严谨地说，经过调整重新出发的全球化是这些国家维系国内政治整合、实现国家建构所离不开的世界发展趋势。疫情常态化之后更是如此。返回故国的侨民、远离故土的难民、经历过疫情困难的民众都需要重建家园，发展中国家无力独自完成所有的政治制度设计和经济结构改革。他们渴望地区大国、世界强国共同承担疫情后的重建成本，渴望全世界各国以合作消除不公义、重塑共同发展的信心。否则，疾病、贫困、失业、不平等仍然会盘踞在世界的各个角落，动荡和战乱就滋生于斯。正如中国《抗击新冠肺炎疫情的中国行动》白皮书的结束语所言，全世界人民“对美好生活的向往和追求没有改变”，“和平发展、合作共赢”[②] 仍然应是世界历史前进的必然方向。

---

① 章远：《中东疫势丨约旦呼吁“再全球化”背后：小国抗疫的难处和依靠》，澎湃新闻，2020 年 5 月 9 日，https：//www. thepaper. cn/newsDetail_forward_7306181。

② 《抗击新冠肺炎疫情的中国行动》，中华人民共和国国务院新闻办公室，2020 年 6 月 7 日，http：//www. scio. gov. cn/zfbps/32832/Document/1681801/1681801. htm。

第九章　全球合作观与约旦的愿景

随着受新冠肺炎疫情感染人数的减缓以及死亡率逐渐下降，各国政府行政层面纷纷考虑恢复生产和生活，并努力减少受疫情影响的经济损失，同时着手加大重塑群体信心的力度。约旦位于中东黎凡特地区，地理上既靠近能源大国也毗邻战乱国家。约旦是阿拉伯国家中相对稳定、开放但并不算富裕的小国。中国近年来一直是约旦第一大进口来源国。中国与约旦两国在政治、经济、投资、基础设施建设、能源开发、教育文化等多方面多领域均交往频繁。

全球抗击疫情的过程中既展现出道义关怀、团结合作的精神，但也暴露出全球化发展过程中暗含的国际体系的结构性差异问题，同时显现出不同发展阶段的国家其国家治理能力的强弱。突发的公共卫生安全威胁会对国家提出及时能够应对危机的国家能力要求。如果国家相应的治理能力不足，则公共卫生安全有可能外溢为更广阔领域的安全危机。面临疫情考验，几乎所有国家都不得不在保护国民健康与生命和经济发展孰先孰后的直接困境中选择。约旦选择了优先保护公共健康，牺牲经济。

一、全球合作观

新冠肺炎疫情一度使约旦政府获得了与国民重塑互信的意外机遇。约旦政府应对疫情的决策不仅仅是为了短期抑制公共卫生安全威胁，更是综合考量维护现有政治制度、尊重国家文化、迎合外部预期和兼顾国内族群权力平衡等国内稳定的需求。

尽管也和世界其他国家相似，约旦在防疫初期也有过短暂的小范围恐慌，出现类似物资运送效率受阻、宵禁不到位等混乱场面。但约旦各职能部门大臣能够迅速调整政策细节，并在社交媒体和传统媒体实时公布政策内容、修正失误，有效帮助国家稳定疫情，也稳定了民众情绪。

约旦以强制性的物理疏散为防疫工作核心，封闭国家边界，在国内加大警力和军队投入，实施高强度的封锁和隔离政策。作为一个严重依赖旅游业和侨汇的国家，全国戒严导致旅游相关的酒店、餐饮等行业均损失巨大。即便如此，从表现上来看，约旦国民大多理解并且配合政府的严格防疫举措。民众认可约旦政府的危机处理能力。与防疫有关联的内政、卫生、新闻、食药监管、军队等部门长官频繁召开新闻发布会，政府同时反复承诺对新冠肺炎信息公开透明，输送给公众被强化的“公开透明”正面印象，继而惠及政府其他政策的社会反馈。

从第一波疫情应对来看，由于防控有力，约旦政府一度收获了此前不多见的来自国内外的谨慎赞誉。邻国伊拉克的卫生部视约旦的一系列有益举措为应对疫情的榜样。乐观的情绪在约旦媒体公布的疫情研究报告中也有体现，比如《罗亚新闻》刊载的分析指出5个月内约旦就可以结束疫情。社交媒体上稍许抱怨言论自由遭到监控的质疑，也被肯定政府切实控制住疫情的情绪所掩盖。政治形势对约旦政府而言甚至是21世纪以来最好的局面。

阿卜杜拉二世国王并不忌惮与西方媒体主动接触。2020年4月，面对疫情好转，约旦国王很快接受美国媒体采访称约旦已经“拉平了防控曲线”，并提到中国商人马云[①]捐赠的10万个测试试剂盒提升了约旦两倍的检测能力。[②] 约旦国王呼唤打破国家壁垒，而不是重建及至新建贸易壁垒。[③] 阿卜杜拉二世国王分别在2020年5月举行的新冠病毒全球响应募捐倡议会议、9月举行的亚喀巴进程会议和世界经济论坛的可持续发展影响峰会以及11月举办的“彭博新经济论坛”等各类重要场合中反复呼吁世

---

① “Transcript: King Abdullah II of Jordan on Face the Nation,” *CBS*, April 19, 2020, https://www.cbsnews.com/news/transcript-his-majesty-king-abdullah-ii-of-jordan-on-face-the-nation-april-19-2020/.

② 2020年7月约旦国王授予马云代表约旦全国最高荣誉的阿卜杜拉二世·本·侯赛因国王一级卓越勋章（the King Abdulllah II ibn Al Hussein Order for Distinction of the First Degree）以表彰马云对约旦抗疫作出的贡献。“King Honours National Institutions, Individuals for Distinguished Efforts to Counter COVID-19,” *King Abdullah II Official Website*, July 31, 2020, https://kingabdullah.jo/en/news/king-honours-national-institutions-individuals-distinguished-efforts-counter-covid-19。

③ King of Jordan Abdullah II, “It's Times to Return to Globalization but This Times Let's do it Right,” *Washington Post*, April 27, 2020, https://www.washingtonpost.com/opinions/global-opinions/its-time-to-return-to-globalization-but-this-time-lets-do-it-right/2020/04/27/b5e8b442-88b4-11ea-8ac1-bfb250876b7a_story.html.

界各国应该继续推进全球化和“再全球化”。

2020 年 9 月新一轮亚喀巴进程会议由约旦国王主持召开。会议的核心议题就是呼吁以全球化、国际融合、积极的相互依存关系来应对疫情带来的安全挑战。随后，在约旦国王参加的世界经济论坛的可持续发展影响峰会上，[①] 阿卜杜拉二世国王承认新冠肺炎疫情表现了全球体系的不足，但他同时反复强调，只有通过“再全球化”才可以适应疫情之后的世界，新冠肺炎疫情等于是为包括联合国在内的多边国际组织提供了重新审视组织作用的历史性机遇。国王的观点是，只有坚持全球化，未来遇到新的挑战时，世界才能应对。

阿卜杜拉二世国王在 2020 年 11 月 16 日的“彭博新经济论坛”[②]提出的重要主张中，其一就是呼吁加强国际合作，提出约旦抗击疫情需要加强全球合作；其二就是继续强调“再全球化”的重要性，提议各国都要夯实全球体系基础；而其他四点要求无论是加强粮食安全、复苏经济还是将疫苗视作全球公共产品抑或提升约旦优势产业在全球供应链上的地位都离不开普遍重视全球化的国际环境。相较于数月前，国王在新冠病毒全球响应募捐倡议在线会议上提出建立一个包容的、合作的、将人类福祉置于首位的更加一体化[③]的世界的发言，约旦对全球性的团结的信心也在消退。

与疫情以来唱衰全球化、鼓吹调整产业链从而去全球化的西方政客不同，约旦国王的专稿则代表了另一派重要的声音。在广大的发展中国家特别是阿拉伯国家看来，全球化，或者更新为另一种形式的全球化仍然是这些国家亟需的世界发展趋势。在发达国家对全球化反思之声日盛的时刻，[④]

① “Remarks by His Majesty King Abdullah II At the WEF Sustainable Development Impact Summit,” *King Abdullah II Official Website*, September 21, 2020, https://kingabdullah.jo/en/speeches/wef－sustainable－development－impact－summit.

② “Remarks by His Majesty King Abdullah II at the Bloomberg New Economy Forum,” *King Abdullah II Official Website*, November 16, 2020, https://kingabdullah.jo/en/speeches/bloomberg－new－economy－forum; “Jordan's King Abdullah II: Globalization Can Help Connectivity,” *Bloomberg L. P.*, November 16, 2020, https://www.bloomberg.com/news/videos/2020－11－16/jordan－s－king－abdullah－ii－globalization－can－help－connectivity－video.

③ “Remarks by His Majesty King Abdullah II Before the Coronavirus Global Response Pledging Conference,” *King Abdullah II Official Website*, May 4, 2020, https://kingabdullah.jo/en/speeches/coronavirus－global－response－pledging－conference.

④ 约旦本国发表的评论文章也存在唱衰全球化、认为去全球化不可避免的观点。Kemal Dervis, “Less Globalisation, More Multilateralism,” *The Jordan Times*, June 10, 2020, http://www.jordantimes.com/opinion/kemal－dervis/less－globalisation－more－multilateralism。

约旦国王重申全球化重要性的论断在道义上声援了支持继续推进全球合作的人群。应该说，在疫情危机来临时，发达国家考虑的是调整产业链、重视产业链安全，发展中国家在发达国家考虑调整产业链时，忧虑的是国家中心主义一旦在全球成为主流政治趋势，那么对贫弱的小国而言是毁灭性的。[①] 依赖援助的小国坚信，全球化、再全球化、新全球化都是可以调动全世界力量和资源、惠及各国的良策。

约旦是全世界接受难民数量最多的国家之一，难民占全国人口的20%。然而难民居住分散，并非集中于难民营。约旦每年接受大量的国际难民援助来帮助改善国内难民的生存状况。难民营里的人口密度显见地高于普通社区，约旦医疗卫生防疫机构不得不在难民营进行多次测试。2020年后期疫情严峻化，对约旦这样并不富裕的小国而言，要对所有难民提供平等的帮助是极为困难的。准确检测、有效隔离、广泛的接种疫苗等因素都将会影响约旦这样的难民承接国家的疫情彻底结束时间。

难民问题需要全球性的合作，否则疾病、失业、贫困、不平等等顽疾仍然会盘踞在各个角落。摆在约旦政府面前的全球性难题不仅是难民问题。约旦是粮食净进口国，疫情和2022年俄乌冲突伴生的粮食危机都影响到约旦这样的粮食净进口国的国家稳定。约旦的难民问题和粮食问题绝对不是单纯的约旦国内政治发展或者政治改革就能解决的问题。缓解难民难题离不开全球性合作。从约旦的立场来看，无论是重新恢复以往兴盛的旅游经济、创造更多就业岗位、输出海外劳工获取更多侨汇、缩减收入鸿沟、改变难民困境、避免粮食以及能源危机都离不开全球化。

由于经济形势下行，原本被寄予促进约旦国家发展厚望的新能源、可再生能源等项目都被当前的约旦专业委员会视为没有技术依据的财务负担。人员交流受阻导致未来能否安抚下层群体，解决国内已经严重的失业问题、为归国侨民寻找工作岗位，都将是影响国内政策制定和施行的不确定因素。

约旦的再全球化建议是全球化支持者的时代呼声。他们渴望各国人民和各国政府一道重建合作信心，不仅团结起地区意义上的，更应是聚集起全球意义上的群体合作意愿，去消除不公，谋求更远大的人类共同发展愿景。后疫情时代，约旦以及和约旦一样坚定支持全球化的国家是中国人类

① 章远：《中东疫势丨约旦呼吁"再全球化"背后：小国抗疫的难处和依靠》，澎湃新闻，2020年5月9日，https://www.thepaper.cn/newsDetail_forward_7306181。

命运共同体倡议的天然伙伴。与相对排外的区域化相比，比旧有全球化、现有国际机制更机动的议题导向式全球合作是人类维持可持续性发展的替换选项。

二、全球合作观的中东地区安全约束

约旦的政治发展道路是个很有意义的中东政治图景观察样本。2019 年初，苏丹总统奥马尔·巴希尔（Omar al – Bashir）政权被推翻，阿尔及利亚总统阿卜杜勒 – 阿齐兹·布特弗利卡（Abdelaziz Bouteflika）被迫辞职。利比亚和也门也继续深陷军阀纷争的混乱局面。中东观察者纷纷探讨北非爆发“第二次阿拉伯之春”① 的可能性，中东国家政治发展的前途似乎再次迎来一波考验。事实上，自中东变局发生以来，学界对在该地区再次爆发类似社会革命的预判一直存在。② 当用政治发展理论来考察中东正在经历的变动，理性化的分析者普遍很难否认这一地区的政治过程、政治表现乃至政治文化都有其相对稳定的独特之处。概言之，中东政治发展始终在革新和复盘中呈现“钟摆”③ 现象。

鉴于中东地区各个国家历史发展道路的差异，在一国发生政局变动的情势下，相关研究者在政治变动初期以国别研究开展的经验观察和验证假设确实是有效的研究方式。然而，如果后续研究仍然停留在偏重专题性地讨论单个国家，则会产生对准确地描述中东国家的政治发展结构和提炼地

① See Andrew England, “In Algeria and Sudan, A Second Arab Spring is Brewing”, *Financial Times*, April 1, 2019; David Hearst, “The Second Arab Spring? Egypt is the Litmus Test for Revolution in the Middle East”, *Middle East Eyes*, April 16, 2019, https://www.middleeasteye.net/opinion/second – arab – spring – egypt – litmus – test, 2019 – 05 – 25; Theodore R. Bromund, “Second Arab Spring? Not Quite”, *Newsday*, April 16th, 2019, https://www.newsday.com/opinion/columnists/ted – r – bromund/algeria – mass – protests – bromund – abdelaziz – boutefika – 1.29717350, 2019 – 05 – 25; Mohammed Ayoob, “Will the Second Arab Spring Go the Way of the First”, *The National Interest*, April 20, 2019, https://nationalinterest.org/feature/will – second – arab – spring – go – way – first – 53357, 2019 – 05 – 25.

② Andrew England, “How the Middle East is Sowing Seeds of a Second Arab Spring”, *Financial Times*, March 5, 2018, https://www.ft.com/content/a6229844 – 1ad3 – 11e8 – aaca – 4574d7dabfb6, 2019 – 05 – 25.

③ 王林聪：《中东国家政治发展的新变化及其影响》，载《当代世界》2018 年第 10 期，第 43 页。

区政治发展的理论解释框架启发性不足的问题。面对中东国家普遍出现的政治发展困境，尤其是持续伴生外源性干扰因素之时，阶段性地以结构主义视角分析研究对象国政治制度变迁的约束条件、寻找面向未来的国家建设难题的解决方案，系相关政治学者的重要研究路径。中东变局是一场兼有国内斗争、地区内竞争和外部干预的政治变化过程。作为一场社会运动，中东变局常见的直接后果是政府戏剧化更迭、社会进一步分裂、群体间疏离感加剧、内战（部分国家）长期持续、地区实力均衡关系被打破、极端主义思潮蔓延等等。由此，当地民众则面对政治失序、经济凋敝、社会不安之境况。近年来，中东地区国家陆续出现低迷的选举投票率和舆论对选举结构的广泛质疑，彰显大众对中东变局后国家民主化改革进程的失望和不信任。化解中东政治发展危机的重要阻碍来自于中东的复合型安全结构约束，这其中既有国家和地区内生性的安全规范缺失，也有来自于地区外的干预文化和干预行为，以及内外安全困局的交互集合。如果中东地区安全结构内外交困的约束局面不予以突破，中东政治发展进程仍然将极为缓慢甚至停滞。

结构主义分析模式的研究定位处于普遍的理性主义分析模式和特殊的文化主义分析模式之间。结构主义的分析方法在本体论上偏重研究整体主义的行为者关系，在方法论上重视因果法则和结构上的动态法则，秉持现实主义的比较策略。① 对同时存在基本性差异又具有历史联动的中东地区的政治发展研究而言，更适合采用结构主义分析视角。按照斯考切波（Theda Skocpol）对“革命”后国家的比较分析和归纳，他认为通过社会革命能够产生理性的、自治的和强有力的国家，而那些成功的国家往往具有官僚制和容纳大众的特质。② 中东国家的政治体制兼有前现代性和现代性。无论是共和制还是君主制国家，在中东变局发生前，政治强人支撑的威权主义政治表现较为突出。基于对当时执政者治下国家政治积弊、治理失效的失望情绪，社会运动活动家和参与者都试图通过改变现行政治制度来摆脱国家落后、经济萎靡、民生困顿的不良状态。当“第二次阿拉伯之

① Mark I. Lichbach, “Social Theory and Explanations in Comparative Politics”, in Mark I. Lichbach and Alan S. Zuckerman eds., *Comparative Politics: Rationality, Culture, and Structure*, Cambridge: Cambridge University Press, 1997, pp. 245, 255.

② Theda Skocpol, *State and Social Revolutions: A Comparative Analysis of France*, Russia and China, Cambridge: Cambridge University Press, 1979, pp. 285 – 304.

春”的称谓开始见诸各国媒体之时，回头重新审视始于2010年那场中东变局的过程，冷静的观察者不难发现：绝大多数政治抗争的结果并非出现运动参与者和支持者在运动初期所想象的、西方式民主自由政治体制的复制。政权更替之后，继任者既没有优先提升官僚制的专业性，大众利益亦未得到应有的足够代表，思想上的自由民主浪潮也没有抵御住极端主义意识形态在特定人群中的传播甚至蔓延。对没有实现政权更迭，统治者平稳躲过被推翻压力的那些国家，不论是上层还是基层，都逐渐丧失政治改革的激情和动力。

从学理来看，政治发展理论兴起于20世纪五六十年代，[①] 随着民主化第三波浪潮达到高峰，[②] 随后转入理论调整阶段，[③] 并逐渐形成地区性的分化。传统政治发展理论主要包含两个目的向度：一是旨在解释新兴国家的民主程度制度化；二是旨在指导发展中国家实现政治现代化，并巩固民主制度。伴随20世纪90年代之后发展中国家民主模式多元化的历史现实，21世纪的政治发展理论者逐渐降低早期理论演绎中所含的西方式普适性逻辑误区，通过反思而将研究重心转到关注不同政治文化下的国家治理能力和寻找适应当地的民主模式。中东变局以来的主流政治发展论述基本沿袭了强调治理的技术性和政治文化的地区特性的研究路径。[④]

中东政治发展当然具有复杂性，而广受普遍关注的共性问题是：社会

---

① G. A. Almond and G. B. Powell, *Comparative Politics: A Developmental Approach*, Boston: Litter, Brown, 1982, p. xv.

② Such as Samuel P. Huntington, *Political Order in Changing Societies*, New Haven: Yale University Press, 1968; Lucian W. Pye and Sidney Verba, *Political Culture and Political Development*, Princeton: Princeton University Press, 1965; Leonard Binder et al. , *Crises and Sequences in Political Development*, Princeton: Princeton University Press, 1974.

③ Samuel P. Huntington, "After Twenty Years: The Future of the Third Wave", *Journal of Democracy*, Vol. 8, No. 4, 1997, pp. 3 – 12.

④ Walter Laqueur, "The Perils of Wishful Thinking: On Europe and the Middle East," *World Affairs*, Vol. 174, No. 6, March/April, 2012, p. 13; Jonathan Hill, "Authoritarian Resilience in Morocco after the Arab Spring: A Critical Assessment of Educational Exchanges in Soft Power," *The Journal of North African Studies*, Vol. 23, No. 3, 2018, p. 413; Imad Salamey, "Post – Arab Spring: Changes and Challenges", *The Third World Quarterly*, Vol. 36, 2015, p. 111; 黄民兴：《再论中东剧变的背景、发展阶段和主要特点》，载《史学集刊》2016年第5期，第226页；牛新春：《西方意识形态的“有用”与“无用”——中东国家政治危局的进一步警示》，载《人民论坛·学术前沿》2014年第8期，第57页；王泰：《阿拉伯剧变后中东的政治发展：困境与反思》，载《阿拉伯世界研究》2017年第1期，第84页；曾向红、陈亚洲：《政治妥协与突尼斯的和平政治过渡——基于对突尼斯“伊斯兰复兴运动”的考察》，载《外交评论》2016年第2期，第62页；田文林：《中东政治转型：反思与重构》，载《西亚非洲》2018年第1期，第67页。

分裂、族群纷争、教派对立、资源分配不公。不可否认，中东变局的发生源于突发事件产生外溢效应引发大规模民众抗议，但情势的扩大化离不开外部势力的渗透。应该说，中东变局以来，不同政体的中东国家在促进地区政治发展的政治承诺兑现、政治资源集中和明确的后续分配方案等良性方面取得的成效不同，而相当一部分国家没有取得有效进展。那些能够抵御社会动荡的国家，大多得益于政府的及时应变，并且能够获得足够的外部大国从政治、军事或经济层面对当政者的支持，能否从本源上解决政治发展道路问题反而不是“突破变局”的主因。民主化程度并非国家实现稳定的关键性指标，但中东国家长期存在的安全结构问题，比如恐怖主义外溢、内战频发、巴以和平困境、教派争端、大国干预等现象始终没有消失，这些顽疾只在具体内容和表现形式上呈现一定的摇摆，是影响中东国家政治发展的恒量。

（一）中东变局以来的地区政治发展危机

重视政治文化的政治发展研究学者鲁恂·派伊（Lucian W. Pye）对发展中国家构建现代化民族国家的核心建议是克服一系列政治发展危机。派伊认为，一国的政治发展可遇到多重危机，包括认同危机、合法性危机、贯彻危机、参与危机、整合危机和分配危机 6 个方面。[①] 危机是社会变迁的动力，也是现代民族国家在社会转型期必须破解的压力问题。具体到中东国家，它们在政治发展过程中亟待化解的危机体现在以下三方面：

其一，政治转型的认同权威危机。政治转型期的认同意味着政治共同体内的个人和群体认可某种政治关系、遵从某种政治秩序，民众承认权威的合法与合规。就中东政治而言，转型期认同关乎 4 个层面的认同：主权归属认同，包括领土认同、边界认同；对政府、领导人的认同；民众对干预合法性和有效性的认同；外部对中东政治改革进程的认同。

中东现代秩序的形成发轫于一战之后，表现出明显的阶段性特点。二战之后，中东地区阿拉伯民族国家陆续独立，第三次中东战争之后，原有阿拉伯国家间的联盟出现裂痕，这是该地区的第一次地缘政治分裂；1979 年的伊朗伊斯兰革命之后，伊朗试图输出伊斯兰革命，教派冲突升级，教派关系因竞争而不断变化，再次改变着地缘政治的联盟；第三阶段是冷战

① ［美］鲁恂·W. 派伊：《政治发展面面观》，任晓、王元译，天津：天津人民出版社，2009 年版，第 80—84 页。

终结之后，美国作为中东地区外部唯一核心主导国，通过战争和援助等干预行动来改造中东秩序；第四阶段是2010年底中东变局之后，以美国从伊拉克撤军为标志，美国逐渐弱化在中东的唯一强势主导身份，同时中东各国分别进行政治体制改革或调整，地区力量格局再次处于重组和变化之中。

不论是后殖民时代，还是后冷战时代，中东国家当政者都不同程度继承前政治体系的制度安排，并深刻影响着该国的政治发展道路。在有关领土边界等事关国家主权的地理问题上，中东地缘政治问题的根源与霸权政治遗产有关。稳定发达的以色列在中东的地位显见提高，巴勒斯坦问题正面临着在中东议题中重要性的被边缘化。2017年，以色列高调举行众多纪念《贝尔福宣言》发表100周年的庆祝活动。在欧洲的纪念一战结束百年系列活动中，英国仍然视《贝尔福宣言》为本国值得骄傲的历史成就，并拒绝巴勒斯坦政府所要求的公开道歉。① 殖民时代的政治遗产，一方面，埋下了中东民众总是质疑外部干预的防御性心理；另一方面，殖民文化的延续预示着外部政治强权始终难以完全放弃干预中东政治进程的企图，尽管中东国家政府并不反感前殖民国家的经济援助。

动荡社会中，政权的统治权威、认同权威遭遇的挑战，来自于治下不同团体对发展需求的差异。中东地区相关社会群体的权益表达的需求、对经济治理成效的期望，都会通过对政府和当政者合法性的质疑而形成认同权威方面的危机。正如蒂姆·尼布洛克（Tim Niblock）的观察，中东变局之后，政治反对派往往声称他们能够提供政府无力提供的国内安全和周边安全从而从民众中获得合法性认同。中东变局打破认同权威，甚至危及到了政权的存续，导致以海湾君主制国家为代表的政府在下一步政治转型中更在意缓解“政权不安全感”②，而不是作出重大的制度变革。

其二，政府政策的贯彻危机和参与危机。政治现代化的行政难题是基于政府视角的贯彻危机和基于民众视角的参与危机。贯彻危机意味着难以形成顺畅的中央与地方关系、城乡关系和官民关系。参与危机意味着不断

① Lizzie Dearden, “UK Refuses to Apologise to Palestinians for Balfour Declaration and Says It is ‘Proud of Role in Creating Israel’”, *Independent*, April 26, 2017, https://www.independent.co.uk/news/world/middle-east/palestinian-authority-uk-balfour-declaration-israel-sue-israel-zionism-refuse-apologise-lawsuit-a7702866.html.

② ［英］蒂姆·尼布洛克：《政权不安全感与海湾地区冲突的根源析论》，舒梦译，载《阿拉伯世界研究》，2019年第1期，第5—7页。

新参与进入政治体系的大众力量催生的新利益要求无法获得足够的表达，政策难以体现不断更新的民意。[①] 具体到中东国家，政治现代化过程中的贯彻危机是政府自上而下政治执政能力广受批评、城乡发展不均衡、领导人执政能力有限，从而使政令难以畅达，政策执行体系欠缺；参与危机是社会自下而上政治参与不畅、是革新派与保守派不断博弈而滋生的矛盾体现。

在没有发生政治制度变革，也没有发生根本性政权交替的中东国家，自上而下的政治改良也在潜移默化地进行着。在2011年集中爆发示威游行之后，约旦、摩洛哥、巴林等君主制国家国王或解散内阁重组政府，或在保有国王事实权力的基础上允许修宪改革。中东君主制国家能够从中东变局中平稳渡过，还与王室及时向国民发放经济补助有直接关系，但这无疑加大政府的财政负担。值得注意的是，政治精英的政治改革设想需要与相对保守的宗教势力和相对狭隘的部族势力进行利益协调，一旦改革举措触动他们的核心利益，则会面临参与危机。

当然，中东变局毕竟为国家政治转型、民众在更大程度上参与政治提供了历史性机遇。从长远来看，中东国家政治调整若能基于国情、政治文化（例如，改革与伊斯兰文化传统未形成激烈对抗）且聚焦发展问题，政治改革举措和策略能相对温和，则可以推动一定程度的可持续的政治发展。与此同时，中东国家政府还应注意到中东变局后国内政治力量的新变化，建立包括一些伊斯兰组织在内的包容性政府，通过合法参政畅通它们表达政治诉求的渠道，避免其因被边缘化而产生参与危机。

其三，变革催生的整合危机与分配危机。在过渡政治体系里，整合危机表现为政府活动和大众政治之间出现分裂和碎片化，而政府施政能力低下则引发分配社会财富和福利无法缓解经济发展压力的分配危机。[②] 对于中东国家而言，变革暴露出国家治理能力普遍不足的问题，外部强势干预又造成相关国家无法维持整合的被动局面。具体而言，中东变局催生的政治发展危机包括：中央政府无力有效整合治下利益群体的要求，开放多党

① ［美］鲁恂·W. 派伊：《政治发展面面观》，第82—82页。
② ［美］鲁恂·W. 派伊：《政治发展面面观》，第83—84页。

制带来新的社会割裂，社交网络[①]不能聚合民力实现公平与正义，民众没有通过社会运动改善生活状况。

在政治发展过程中，一旦政府的施政水平和施政效率低下，那么政府内部机构之间、社会团体与利益集团之间、行政官僚和普通公民之间就会存在既得利益群体和被忽视的群体之间的利益整合不足，以及出现资源分配不公的危机态势。中东变局并未直接催生国家治理能力的显著提升，利比亚就是一个突出的例子。在后卡扎菲时代，利比亚出现两个政府、两个议会并立的局面，境内多个民兵组织拥兵自立，国内陷入四分五裂的局面。国家无法维持对统治领土和人口的有效控制，统治和治理能力都不充分，国内的失业率甚至高于剧变之前，国家内聚力严重不足造成社会割裂。更糟糕的是，羸弱的政府和地方割据、国家碎片化给恐怖主义、极端主义思想和极端主义组织滋生培育了社会土壤。当反对恐怖主义问题紧迫之时，政府能够给予参与反恐的社会力量，包括一些反政府派别在内一定的生存空间，甚至允许它们参与财富分配。待到共同威胁消除之后，政府不得不面对已经壮大的国内政治对手。比如，因为参与打击“伊斯兰国”而取得更多国际认同的库尔德人已在争取谋求更多的政治利益和地位。从伊拉克库尔德自治区的独立公投效果来看，依据欧美国家官方和主流媒体在公投后模糊的表态，西方国家还没有把战后迅速建立一个新的民族国家纳入中东地区议事日程。

从社会运动角度看，中东变局是为没有执政地位的非得利民众争取更多福利、要求参与财富分配的集体反抗行动，背后是民众与政府沟通不畅、与政府无法有效互动的激化产物。一般来说，在社会动荡时期，政府如果无法有效整合社会利益，则会给外部干预势力的介入提供机会。比如，当叙利亚内战趋于明朗化之时，政府军已经控制了绝大部分领土，但外部大国仍然希望通过扶植反政府势力继续影响叙利亚未来政治走向。“谁来主导叙利亚战后重建”问题折射出当下巴沙尔政权面临的社会整合和未来国家政治、安全、经济发展之困境。[②] 又如，利比亚战争使该国退

---

① Hassan A. Barari, “Social Media and the Second Wave of the Arab Spring”, *The Jordan Times*, April 15, 2019, http: //www. jordantimes. com/opinion/hassan - barari/social - media - and - second - wave - arab - spring.

② 王晋：《叙利亚重建的困境、归因与超越》，载《西亚非洲》2019 年第 1 期，第 3—29 页。

出了中东强国行列，利比亚国家未来的总统和议会选举因国内持续恶化的安全局势和林立的党派而充满不确定性。也门内战是代理人战争，背后映射着伊朗和沙特对地缘主导权的争夺。上述国家均不是完整意义上的“有效政府”（Effective Government），在国家治理方面尚无具有超越国内不同利益集团、政治力量及外部干预的相对“自主性”（Autonomy），也无法有效满足国内各群体的民生发展需求。政治发展理论要求有效的、成功的政治发展必须解决上述三方面危机。在比较政治学学者看来，国家将在政治发展过程中解决危机而达到现代化的目标。[①]

（二）化解政治发展危机的安全结构约束

中东国家目前所处的政治转型期是对此前“民主建设断层”[②] 的补偿，需要以国家内部统治安全和国家外部秩序稳定的双重安全为保障。本章所指的安全结构，涵盖国内安全局势、周边安全状况和地区安全态势，是一种多重安全关系相互影响而形成的结构性安全秩序联合整体。[③] 不论是在国内层面、地区层面还是在国际层面，中东诸国内部的竞争性政治、域外大国的干预以及地区内外政治力量之间的交织造成了多重安全威胁，形成了阻碍化解政治发展危机的安全结构约束。与其他地区政治发展经验不同，中东变局以来，中东国家的安全结构具有复杂性、特殊性，地区内外各方政治力量之间始终处于互相结盟、对抗斗争、再重组直至走向权力集团实力相对均衡的某种微妙的和平状态。

（三）政治转型期安全环境的塑造

中东地区复杂的结构性安全约束延缓了地区政治转型的进程。民主化扩散波的研究者认为，在政权更迭过程中，后发国家会承袭前面成功改变政局结构国家的经验，在示范效应的鼓励下积极挑战既有统治，最终完成滚雪球一般的民主化。但是，扩散波研究者也承认随着信息交流速度的提

---

① 陈鸿瑜：《政治发展理论》，长春：吉林出版集团有限公司，2009 年版，第 78 页。

② 余建华：《中东变局的历史方位与国际背景》，载余建华：《中东变局研究》，社会科学文献出版社，2018 年版，第 3 页。

③ ［英］巴里·布赞、［丹］奥利·维夫：《地区安全复合体与国际安全结构》，潘忠岐等译，上海：上海人民出版社，2010 年版，第 6—10 页。

升，民主化的成功率和扩散率呈负相关性。[①] 经过了 8 年多时间，一些中东国家政治发展目标从中东变局最初的“基于一党专政和一人独裁的政治体制转变为多党选举执政的民主体制”[②]，转而再次不得不面对强人政治的复兴。

中东变局之后的政治转型是多元化的，但并不完全符合西方“民主促进”派的初衷。中国中东学界的普遍观点是中东变局之前中东地区有自己的政治进程，中东变局激进化的破局，却“只破不立”，缺少跟进的合理国家建构措施。随着中东部分国家威权政治的回潮，中东变局可能带来的突击性政治变革机遇基本消逝，接下来中东国家政治发展将回到漫长的调整、适应和重构的历史进程。

在这个过程中，安全结构约束仍持续地考验着中东政治发展的探索之路。应该说，如果不解除中东地区内的安全结构约束，那么倡导分权的民主制度就只能成为国家碎片化和教派冲突的载体；地区外的安全结构约束如果无法得到制约，那么中东取得的任何政治体制改革成果都不可能稳固，政权的合法性就无法由本土民众提供，增加了中东国家探索自身特色民主化之路的艰难程度；而内外交织互动的安全结构约束强制改变了地区政治势力的事实力量对比，造成安全结构的稳定性受损，为将来的中东国家政治发展增添了不确定性因素。但无论如何，中东国家在中东变局之后都认识到不能否定有关改革的政策取向，需要在内外安全交困中寻找符合中东国家国情的政治转型发展道路。

其一需要重视以经济发展促稳定。中东国家在推进政治转型与发展过程中，内外矛盾交织，给各国政府带来了持续性的维稳压力问题。国内分离势力崛起、大选暴力、跨境移动的恐怖主义和外溢的暴力冲突、难民及回迁问题等等，无法用一揽子的政治变革来解决上述问题。如果我们深入探究各类利益矛盾或社会问题产生的根源，它们在很大程度上都与经济发展有密切关系，这是因为经济治理水平是国家治理的核心。基于此，提升中东国家经济发展水平对维护地区安全、降低安全问题的影响力、摆脱结构性安全约束困境至关重要。取消伊朗的经济制裁、苏丹的经济制裁都曾在一定程度上推进了两国的经济发展。例如，2016 年 1 月西方国家部分解

---

① ［美］库尔特·韦兰：《欧洲民主化的扩散波——组织发展的影响》，高俊龙、李亚奇编译，载《比较政治学研究》2016 年第 10 辑，第 62 页。

② 王锁劳：《有关北非中东剧变的几个问题》，载《外交评论》2011 年第 2 期，第 3 页。

除对伊朗经济制裁的协议生效后，为伊朗经济发展注入了利好因素，该国当年经济增速达到 13.4%，商品贸易总额比上年猛增 154.9 亿美元。[①] 当然，受到伊朗经济结构本身问题、失业率居高不下、高通胀率等长期性因素影响，伊朗在 2017—2018 年国内生产总值增长率又滑落至 3.8% 和 -4.6%，[②] 由此我们就不难理解该国发生"十月抗议"事件了。

其二需要重视族群复杂性。在中东，社会思潮多元化，同时存在着包括"泛阿拉伯主义"、"泛伊斯兰主义"、"泛突厥主义"等跨国思潮，而民族主义随着全球民粹主义的复兴，可能对现有民族国家发起新一轮的挑战。中东是宗教多元化程度相当低的地区。[③] 文化地位处于弱势的人群会渴望从外部寻求心理认同，从更广阔的环境里获得认同整合后的归属感。与族群联盟密切相关的中东新的地区政治秩序正在酝酿和形成之中。

其三需要重视解决中东安全问题的长期性。鉴于中东安全问题具有历史延续性、跨国性、外部干预性特点，因此对于化解制约国家政治发展的安全结构约束，我们要有对于解决该问题长期性的认知。中东变局之后的政治发展偏离了中东变局参与者的政治理想，至今中东地区仍未实现更加开放民主富裕的政治发展图景，而暴力冲突、难民问题和恐怖主义却始终困扰着中东乃至世界其他地区的政界和普通民众。

中东国家政治转型与发展需要内外安全稳定的社会环境，稳定甚至应放在国家发展的首位。针对多层面的安全结构约束，中东国家需要抓住和正视维稳的关键因素，内外联动，才可有效地持续推进政治发展，提升国家政治治理能力。

回溯中东变局以来的政治发展历程，中东目前国家内部和国家之间仍然陷入可能导致政治发展危机的竞争主导权和提升控制力过程中。但需要警惕的是，如果中东政治发展仍然长期停留在各方力量不断争夺更多战略利益的阶段，而遑论提升经济治理水平、维护民生，那么不论是西方式的还是中东式的政治现代化都将是空谈。

中东变局以来，地区传统的安全困局并没有得到根本性缓解，武装对抗仍然频发，暴力冲突反复出现，恐怖主义事件不时见诸报端，安全局势

---

① EIU, *Country Report*: *Iran*, June 26th, 2019, p. 10.

② EIU, op. cit..

③ Pew Research Center, "Global Religious Diversity", *Pew Research Center*, April 4, 2014, http://www.pewforum.org/2014/04/04/global-religious-diversity, 2019-02-20.

持续动荡，政治发展进程也因安全结构约束而受阻。中东地区的安全问题关系着区域内国家的生存状态、民众安居乐业的水平。稳定能为一国经济增长、产业转型、政治治理水平提升提供所需的社会环境。刻板复制西方式民主制、抛开政府执政水平和本地利益群体需求盲目追求现代化，绝不应该是衡量中东国家政治发展的指标。中东的政治发展不能忽视民生问题，而国富民强不是单纯由政治体制决定的。当前，中东国家提升政府治理能力的紧迫性应优先于仓促推进民主化，而培养政府能力、避免治理失范需要为国家，主要是为合法的执政政府，提供安全稳定的内外结构环境，以更强大的主权国家施政能力来突破安全结构约束。约旦政治发展的解困思路也应因循此道。

三、约旦的愿景

2015 年约旦推出“约旦 2025 愿景和国家战略”作为国家综合发展规划，[①] 对未来 10 年的国家发展目标提出明确要求，通过解决贫困、降低失业率和控制财政赤字以及促进 GDP 增长等一系列举措提振约旦经济。

根据“约旦 2025 愿景和国家战略”，约旦将继续关注国内经济发展、就业、贫困等问题，稳定国内市场，发展多元化经济，加大财政改革力度，推动绿色经济发展。

“约旦 2025 愿景”以 4 年为期划分阶段，完成阶段性任务后进行一次中期评估，根据现实进度及时调整发展规划。根据目标设定，约旦当局计划国家年度 GDP 增长率从 2014 年的 3.1% 逐步提高到 3 年后的 4.9%，到 2021 年增长为 6.9%，到 2025 年增长到 7.5%。该计划还力求政府财政赤字从 2014 年拨款后占 GDP 的 3.5% 开始逐年递减，到 2025 年完成赤字清零，并逐步将总体债务从 2014 年占 GDP 的 82.3% 减少到 2025 年的 47.4%。在贸易方面，约旦寻求以出口为导向的经济战略，通过促进与该地区其他国家，特别是与海合会成员国之间的贸易来提高贸易总额。愿景中提出，约旦国家出口总额增长率以 2014 年出口总额为基点，计划到

① Omar Obeidat, “Gov't Launches ‘Jordan 2021’ Development Blueprint,” Jordan Times, May 11, 2015, https: //www.jordantimes.com/news/local/gov%E2%80%99t－launches－jordan－2025%E2%80%99－development－blueprint.

2021年增长7%，到2025年增长至10%。贸易投资总额以2014年22亿约第为基准，计划到2021年增加8.3%，到2025年增至8.8%。为促进工业发展，“约旦2025愿景”计划采取发展产业集群的方法，在扩大现有产业的同时，大力发展产业互补的支持性集群。规划中确定了建筑和工程、运输和物流、旅游活动、保健与生命科学、数字和商业服务、教育服务和金融服务等8个具有高度发展潜力的集群。计划到2021年，约旦工业生产总值在2014年51.7亿约第的基础上增长4%，到2025年增至5%，工业制造对GDP的贡献计划从2014年的22%增长至2021年的25%，到2025年预计占比27%。在旅游业发展上，约旦将继续加大投入以提高约旦在全球旅游竞争指数中的排名，争取在2025年达到全球第40位，增加世界遗产数量，到2025年达到10座。在旅游业收入上，约旦计划到2021年旅游收入总额能够达到52亿约第，到2025年达到65亿约第，旅游业对GDP贡献在2021年达到8.5%，在2025年达到9%。[①]

然而，约旦的经济发展态势不容乐观。由于疫情影响，约旦进出口贸易、旅游业等支柱产业发展受到严重制约。近年来，约旦一直面临贫困、能源短缺、高失业率、通货膨胀等结构性经济问题。尽管在防疫措施调整下，2021年约旦财政收入较上年有所增长，但今后约旦国内经济形势依然严峻。为帮助约旦缓解新冠肺炎疫情带来的负面影响，约旦政府于2020年9月公布了《约旦2021—2023年度发展规划》[②]，对“约旦2025愿景”进行中期审查。该项规划主要以发展经济与促进就业为主要目标，通过有效利用疫情危机带来的机遇，进一步提高约旦经济的竞争力。根据该规划设定，约旦政府将加强与私营部门的合作，加大对农业、信息和通信技术、医疗和制药领域的投资，以成为地区枢纽来应对后疫情时代的挑战。

根据约旦国家统计局公布的数据显示，2021年约旦总体经济水平较上年有所回升，各行业在疫情的持续影响下均有较好的发展表现。2021年，约旦工业生产指数增长至89.85，同比增长13.01%。其中制造业生产指数

---

① “Jordan 2025, A National Vision and Strategy”, *Ministry of Tourism & Antiquities* (*Jordan*), 2015, https://www.mota.gov.jo/ebv4.0/root_storage/en/eb_list_page/nationalvision_and_strategy_2025.pdf.

② 《约旦政府宣布约旦2021—2023年度发展规划》，中华人民共和国驻约旦哈希姆王国大使馆经济商务处，2020年9月27日，http://jo.mofcom.gov.cn/article/jmxw/202009/20200903004730.shtml。

上升 12.32%，对约旦年度工业发展贡献突出。① 据约旦农业部统计，2021 年约农产品出口总量 53.43 万吨，同比增长 12.5%。约旦农业出口占全国出口总值的比例从 2020 年的 15.1% 上升至 17.1%。② 2021 年约旦所得税和销售税收入达到 52.13 亿约第，同比增长 12%。其中，销售税达 40.37 亿约第，增长 14%；所得税收入达 11.76 亿约第，同比增长 7%。③ 各项数据平稳上升表明，约旦经济发展有逐步回暖的可能性。

2022 年 6 月 6 日，约旦颁布《经济现代化愿景》（Jordan's Economic Modernization Vision）④，引起了广泛的关注。据报道，该计划将在未来的 10 年内分三个阶段实施，其中重点是实现经济全面可持续增长和创造就业机会，确保人民更好的生活质量：

（一）约旦提出经济现代化愿景的动机和理由

近年来面临全球金融危机及其影响、所谓中东变局及其后果、恐怖主义在地区和世界范围内升级和扩大等长期挑战，叙利亚危机造成了一波又一波的难民潮，冠状病毒大流行及其负担，俄乌冲突扰乱了供应和供应链，引发了粮食危机、通货膨胀浪潮和全球价格上升，都是约旦不得不面对的压力和挑战。

根据 2019—2021 年的全球指标综合排名情况，约旦的优势在于环境绩效、对腐败的态度和企业家精神；约旦的中等优势在于竞争力、经济复杂性、竞争性产业绩效、社会进步、人才竞争力；实现了质的飞跃的指标涵盖了创新、人类发展、电子政务、减少性别差距、外部直接投资等领域。

（二）约旦经济现代化愿景概述

该愿景将在 10 年内三个阶段的时间框架内，通过 8 个经济增长引擎来

---

① "Industrial Production Index Increases by 13.01% in 2021", *Department of Statistics* (*Jordan*), Feb. 14, 2022, http://dosweb.dos.gov.jo/ipi_feb/.

② "Khaled Al - Hneifat has Increased the Value of Agricultural Exports to More than One Billion Dollars for the Third Quarter of 2021", *Ministry of Agriculture* (*Jordan*), 2021, http://www.moa.gov.jo/Ar/NewsDetails/الحنيفات_ارتفاع_قيمة_الصادرات_الزراعية_الى_مايزيد_عن_مليار_دولار_لربع_الثالث_للعام٢٠٢١.

③ 《2021 年约所得税和销售税收入同比增长 12%》，中华人民共和国驻约旦哈希姆王国大使馆经济商务处，2022 年 1 月 11 日，http://jo.mofcom.gov.cn/article/jmxw/202201/20220103237361.shtml。

④ "The Economic Modernization Vision", Jordan Exports, The Hashemite Kingdom of Jordan, 2022, https://jordanexports.jo/wp - content/uploads/2022/06/Jordan - Economic - Modernization - Vision.pdf.

实施，涵盖35个主要和次级行业部门，其中包含超过366项举措倡议，每个倡议都制定了详细的当前情况说明、目标、制定和实施倡议的相关部门、明确的时间表、跟踪完成情况的绩效衡量指标，以及在实施过程中应解决的事项参考清单。

实施经济现代化愿景的路线图是在综合考虑短期、中期和长期的必要行动的基础上制定的。路线图既确定旨在实现最高水平整合的各部门之间联系，并由此确保能取得切实的成果。

实施经济现代化愿景的路线图由一系列高度可实施的举措组成，这些举措由来自公共及私营部门、民间团体、学术界、议会的500多名专家组成的国民经济研讨会（national economic workshop）持续数月讨论总结而来，其中重点关注2022—2025年这一区间。

路线图中包含了8个推动愿景实施的驱动引擎，每个驱动引擎都被划分给特定的部门来运作。8个驱动引擎分别是：（1）高价值产业：矿业、化工业、制药业、工程业、针织业、食品业等；（2）未来服务：教育、研发与创新；（3）文化与自然旅游、医疗旅游、宗教旅游、影视产业；（4）信息和通信技术、创意产业、贸易运输；（5）能源、水资源；（6）国内外直接投资、公私部门合作重大项目等；（7）绿色经济与绿色生活；（8）城市发展与生活质量。

经济增长8大引擎的主要目标分别是：（1）用高价值产业推动约旦成为地区工业中心；（2）以支持国家发展为目标，在服务领域实现飞跃；（3）打造约旦成为一个全球目的地，巩固约旦作为旅游和电影制作主要目的地的地位；（4）提升领导力和创造力，培养符合未来需求的人才，并因此加速约旦的经济增长和提高生活质量；（5）改善约旦的自然资源使用，增加可持续性；（6）塑造有吸引力的投资环境，刺激本地投资和国际投资；（7）促进可持续性实践，将其作为约旦未来经济增长和提高生活质量的组成部分；（8）通过发展和应用以公民和环境为中心的综合生活理念，提高所有约旦人的生活质量。

驱动引擎是通过将逻辑上相关的行业部门分为连贯的组别来确定的，各组织之间协调一致行动。这些部门组别的分组均基于三项要素：

1. 行业部门间的联动：一个部门与其他部门联动以形成价值链或增长组（例如：采矿业与化学工业，或农业与食品工业），促进跨领域整合。

2. 行业部门的互补作用：推动增长的部门与具有增长潜力的部门。

3. 行业部门的共同特征：部门之间具有共同的特征，例如：共同关注知识或创新作为竞争优势的来源。

（三）高价值产业的驱动

高价值产业驱动引擎包括9个行业，含104项举措倡议，特别注重建立综合价值链，刺激生产力和创新，并通过在供应、知识和市场流动等方面无缝连接各部门，实现全国工业组合的协同增效。出口是快速增长的高价值产业，高价值产业驱动引擎将指导推进约旦工业经济未来战略的实施，致力于将约旦发展成地区主要工业中心和产品出口中心。

（四）主要目标

通过为快速增长的出口提供高价值、高质量的产品，使约旦发展成为该地区的工业中心。

1. 工业部门（15项举措）。工业占约旦GDP的17.4%，工业部门的工人占全国工人总数的13.6%。然而工业部门受到当地市场有限、生产成本高、缺乏有专业技能的劳动力、与研发部门联系薄弱等制约，无法出口竞争和利用自由贸易协定吸引新投资。建议举措有：支持本地产品推广计划、降低能源成本，尤其是电力成本，帮助中小企业提升生产力和成本竞争力、为行业提供科学研究成果等。

2. 食品工业（15项举措）。食品工业占工业部门贡献率的27.6%，是高价值产业中最重要的子行业之一。约旦的食品工业优势在于历史悠久、声誉良好，挑战在于高生产投入，专业人才短缺，当地市场原材料有限。建议举措为：实施与食品工业相关的食品安全战略、加速食品加工纵向一体化、吸引对食品工业领域的投资、加强对食品行业的营销和推广、完善食品行业法律法规等。

3. 制药业（11项举措）。约旦的制药业是中等规模的次级工业部门，拥有专注于品牌仿制药和针对国际标准化产品的成功商业模式。约旦制药业面临的挑战集中于当地市场小、定价严格、注册程序慢、成本高、税收高等问题。建议举措：简化政府注册新本地制造药品程序、支持新药的研发和生产、制定监管立法、为当地制药业制定促销政策等。

4. 纺织业（10项举措）。约旦纺织业占工业部门GDP的8.1%，占出口的27.5%，是主要工业子部门。纺织业与美国关系牢固，受自由贸易协定保护。纺织业的问题在于非约旦人的工人比例过高，成本过高，原料严重依赖进口。建议举措为：扩大职业培训、鼓励当地人才就业、吸引投资、增加大型和小型公司之间的联系等。

5. 化学工业（9 项举措）。化学工业占工业部门产出贡献的 11.7%，占工业出口的 30.4%。由于拥有强大的矿产基础，约旦在化肥、磷酸盐产品及衍生物、钾盐和溴的生产中处于领先地位。建议举措为：建立化学工业综合体、制定从钾盐和磷酸盐制造中间产品和最终产品的详细战略、去国际营销约旦化学工业、准备专门的化学工业教育计划等。

6. 采矿业（14 项举措）。约旦拥有丰富的矿产资源，具有得天独厚的矿业优势，其中最重要的是磷酸盐和钾盐（世界储量排名第七和十二位）以及溴，此外还有硅砂等工业岩石，以及大量的油页岩矿石。建议举措有：制定国家矿业战略、建立独立的地质调查机构、为采矿业引入外国直接投资、完善物流基础设施等。

7. 农业和粮食安全（15 项举措）。农业部门是约旦的主要生计来源。近年来受到气候变化现象的影响，耕地缺水和资源不足现象在农村尤其突出。农业部门消耗了全国 50% 以上的用水需求，且大部分地块是分散的难以组织化，作物产量也有限。2022 年初，约旦启动了《国家可持续农业规划（2022—2025 年）》。建议举措有：建立食品安全专门机构、修订与农业和畜牧业有关的法规政策、基础设施更新，建设包含冷却在内的供应链等。

8. 工程行业（8 项举措）。工程行业占工业部门 GDP 的 5%，是约旦工业的新兴子行业。约旦在供暖、空调、通风、电气工业等领域都拥有不同学科的工程师。建议举措有：吸引世界领先公司在工程领域为当地公司创造市场、建立研发中心、加快采用第四次工业革命解决方案、加强部门合作、启动专门的工程学院教育等。

9. 物流行业（15 项举措）。约旦物流行业当前面临的最突出挑战包括：城市之间的连通性差、用于运输货物的铁路基础设施薄弱以及清关程序耗费时间和金钱。有机会发展储存设施，港口和货物的空运。建议举措有：审查与物流行业相关的立法、强化环境政策法规、加强区域互联互通、改善行业基础设施等。

（五）未来的经济增长战略

经济现代化愿景的两大支柱之一是在未来 10 年内充分释放全部经济潜

力，并将重点放在具有高增长潜力的新兴及有前景的行业，从而增加公民的经济机会和提高妇女在劳动力市场的参与度。第二支柱为生活品质支柱，侧重未来，是提升公民素质，也是生命的可持续性发展。两大支柱互补性不断增强，不论第一还是第二支柱，都落脚在可持续发展上。第一支柱将具体体现在三个综合经济战略目标上：为公民提供更多的就业机会，提高人均国内生产总值，以及提高约旦在世界经济论坛（World Economic Forum）发布的全球竞争力指数（Global Competitiveness Index）中的地位，创造世界领先的创新技术能力。

创造就业为优先事项，改善公民收入和购买力是经济支柱的另一个战略目标。经济增长支柱将寻求实现三个目标：（1）到 2033 年，为超过 100 万的青年人提供劳动力市场结业机会；（2）实现人均收入年均 3% 的增长；（3）提高约旦的全球竞争力指数排名进入 30%。

为释放约旦经济的全部潜力的指导方针，经济增长将基于 8 项指导性原则：重点、竞争力、兼容性、投资、出口、相互依存、创新、全面性。

（六）金融规划

计划从 2022—2033 年平均每年投资 35 亿约旦第纳尔，从以下三个方向制定和实施有效的措施来吸引外国投资和刺激国家投资：（1）政府财政；（2）外国资金（投资和援助）；（3）地方财政（投资者和私营机构）。

（七）经济现代化愿景

（1）提供明确的目标和优先事项，提高信息透明度；（2）确立国家的比较和竞争优势，刺激增长并创造经济机会；（3）统一国家各部门共同按照路线图实现国家战略；（4）以更好、更可持续的行动方式实现国家目标；（5）加强基于数据和信息的决策，以减少政策制定的随机性和民粹主义性质；（6）衡量绩效，加强问责、跟进，提升所需的干预能力，不断改进实施机制；（7）制定各方面互动的路线图，制定与愿景建议相冲突的计划的替代方案；（8）丰富与约旦的发展伙伴之间的合作协议，以直接支持优先事项。

约旦经历百年风雨，在王室领导与约旦人民共同奋斗下，虽身陷国际风云之中却保持相对和平与发展。面对中东变局，约旦调整政策、积极应对，维护住国家原有统治基本结构和社会安定，成为中东国家稳定与安全的代表。中国和约旦双方正在共同经历承前启后的重要历史节点，在时代契机下，中约两国承诺继续深化双方战略伙伴关系，努力实现共建“一带一路”与“约旦 2025 愿景”顺利对接，加强双边全方位合作，推动中阿文明交流互鉴，成为南南合作典范。同时，中国支持约旦在巴以问题上寻求公正、全面、和平解决的努力，中国也在众多外交场合呼吁国际社会共同关注巴以问题，帮助中东实现长久和平。经历 21 世纪以来 20 余年的风雨，约旦政局总体稳定，经济缓慢复苏，虽受高失业率、高贫困率困扰，但约旦社会运转仍安定有序。在控制国内局势、大力促进经济增长、保障社会民生的切实目标下，约旦的政治发展与外交成就会在未来取得更大进步。

参考文献

薛华明、李云生、冯韵文、蒋澄：《约旦》，北京：科学普及出版社，1957 年版。

吕祐编著：《约旦人民在斗争中》，北京：世界知识出版社，1958 年版。

[约旦] 艾赛德·穆罕默德·卡西姆等：《约旦的风暴》，北京：作家出版社，1961 年版。

[苏] 列·尼·科特洛夫：《现代约旦》，北京大学历史系翻译小组译，北京：北京人民出版社，1973 年版。

[英] 詹姆斯·伦特：《约旦国王侯赛因传》，钟伟云等译，北京：世界知识出版社，1992 年版。

杨孝柏、赵培森、王德新：《圣裔的王冠：约旦王室》，北京：社会科学文献出版社，1998 年版。

[美] 努尔·侯赛因：《信仰的飞跃——约旦王后的传奇生活》，刘冰、张培芳、刘娟译，北京：东方出版社，2006 年版。

程皖：《美国对约旦外交政策研究（1949 - 1969）》，南昌：江西人民出版社，2011 年版。

梁国诗：《当代哈希姆王国社会与文化》，上海外语教育出版社，2003 年版。

王铁铮：《中东国家通史·约旦卷》，北京：商务印书馆，2005 年版。

唐志超编著：《约旦》，北京：社会科学文献出版社，2016 年版。

马昌前、孙来麟主编：《约旦研究》，北京：中国地质大学出版社，2016 年版。

王林伶：《约旦经贸文化》，北京：社会科学文献出版社，2017 年版。

刘宝莱主编：《中国和约旦的故事》，北京：五洲传播出版社，2017 年版。

刘宝莱：《中国驻中东大使话中东：约旦》，北京：世界知识出版社，2014 年版。

罗兴武、董竹：《沙漠中的博物馆——约旦》，上海：上海锦绣文章出版社，2010 年版。

［约旦］萨米尔·艾哈迈德等：《文明的追随：中国的崛起和阿拉伯人的未来》，刘欣路、吴晓琴译，北京：北京师范大学出版社，2014 年版。

［澳］珍妮·沃克、保罗·克拉默：《孤独星球（Lonely Planet）：约旦》，李文雯等译，北京：中国地图出版社，2018 年版。

冀开运：《二十世纪约旦史》，兰州：甘肃人民出版社，2004 年版。

李茜：《约旦现代化进程研究》，北京：社会科学文献出版社，2021 年版。

刘欣路：《约旦文化教育研究》，北京：外语教学与研究出版社，2021 年版。

［英］菲利普·罗宾斯：《约旦史》，叶如帆、曾湘琴译，上海：东方出版中心，2020 年版。

韩志斌、薛亦凡：《约旦国家建构中的部落问题及其影响》，载《西亚非洲》2020 年第 1 期。

闫伟、田鸿涛：《“哈希姆认同”：约旦政治文化的意涵与建构路径》，载《西亚非洲》2021 年第 5 期。

Rodney Wilson, ed., *Politics and the Economy in Jordan*, London: Routledge, 1991.

Andrew Shryock, *Nationalism and the Genealogical Imagination: Oral History and Textual Authority in Tribal Jordan*, Berkeley: University of California, 1997.

Joseph Ginat and Onn Winckler, eds., *The Jordanian – Palestinian – Israeli Triangle: Smoothing the Path to Peace*, Brighton: Sussex Academic Press, 1998.

Lamis Andoni, “King Abdullah: In His Father's Footsteps?” *Journal of Palestine Studies*, Vol. 24, No. 3, 2000.

Adnan Abu Odeh, *Jordanians, Palestinians and the Hashemite Kingdom in the Middle East Peace Process*, Washington DC, US Institute of Peace, 1999.

Mohammed Torki Bani Salameh, “Political Reform in Jordan: Reality and

Aspirations", *World Affairs*, Winter 2017.

MohammedTorki Bani Salameh and K. I. El – Edwan, 'The Identity Crisis in Jordan: Historical Pathways and Contemporary Debates', *Nationalities Paper*, Vol. 44, No. 6, 2016.

MohammedTorki Bani Salameh, "Muslim Brotherhood and the Jordanian State: Containment or Fragmentation Bets (1999 – 2018)", *Asian Journal of Comparative Politics*, Vol. 6, No. 1, 2021.

后　　记

我加入上海外国语大学中东研究所是在 2017 年 5 月。在我看来，2017 年开始，中东变局之后，似乎走向了又一轮的结构性震荡。2017 年，“伊斯兰国”组织走向覆灭，但是曾经的联合打击极端组织的行动却并未带来地区国家之间的团结，反而自海合会内部出现断交危机，继而产生地区组织戏剧化内部分裂。2018 年，打击“伊斯兰国”组织之后产生的叙利亚北部权力真空成为地区大国之后数年军事化热战的争夺之地。同一年，曾被认为可以为地区和平带来希望的伊朗核协议因美国特朗普政府单方面退出而成为外交顽疾，恢复全面核协议谈判问题甚至持续到本书成书之时仍未解决。引发国际舆论哗然的卡舒吉事件也发生在 2018 年。四年之后，为了拉拢中东盟友，美国总统拜登访问沙特时已不再提及此事。2019 年是影响全球的新冠肺炎疫情暴发前最后一年，这一年也是传统多边主义还能普遍获得广泛共识的最后一年。在各国高层政要频繁开展外事往来活动的同时，美国宣布伊朗伊斯兰革命卫队为恐怖组织，埋下未来反复出现暴力复仇的阴影。

2020 年开始，因新冠肺炎疫情逐渐蔓延，各国政府把头等要务陆续转移到疫情防控上来。然而也正是在 2020 年，《亚伯拉罕协议》的签订大大改善了以色列的地区处境，却使巴勒斯坦问题在中东被事实边缘化。约旦不再是唯一与以色列建交的阿拉伯国家，约旦的地区重要性受损。巴以问题的紧迫性被压制，同样削弱着约旦在地区政治与外交场阈中的重要性。2021 年，约旦爆发了一场短暂的王室政变风波，让外界管窥“安全绿洲”约旦深层次的不稳定因素。面临国家地位下降的新危机，约旦不断自救。2022 年，俄乌冲突持续数月后，约旦国王成为高调配合、也是最早支持美国“中东版北约”设想的中东政治家。政治智慧的背后，透着妥协和无奈。

现在呈现在读者面前的这部著作是我带领我的研究团队撰写追踪约旦

政治与外交事件的政治学成果。我作为本书的主要作者，在撰写主要章节之外，还负责全书的选题结构策划、各章的提纲设计和文章修订、统稿和定稿。具体参与各章的撰稿人如下：导论、第一章、第四章、第五章、第九章，章远；第二章，於宾强（上海外国语大学国际关系与公共事务学院、中东研究所）；第三章，肖秀女（上海外国语大学国际关系与公共事务学院、中东研究所）；第六章，葛宇阳（同济大学政治与国际关系学院）；第七章，鲜甄（上海外国语大学国际关系与公共事务学院、中东研究所）；第八章，郑博文（湖州师范学院）、章远。我由衷地感谢上述团队成员为本书作出的贡献。衷心感谢上海外国语大学中东研究所丁俊所长、余泳副所长为本书出版提供的支持，感谢刘中民教授对该选题的指点，感谢时事出版社的领导和编辑为本书顺利出版给予的帮助。由于学识和能力的局限，书中难免有错漏，我将在今后的研究中弥补和改进。

最后我要特别感谢司含章和司来章，他们总是以我意想不到的方式，不断提醒我笔耕不辍。

章远 2023 年 1 月于上海虹口

图书在版编目（CIP）数据

新世纪以来的约旦政治发展与外交抉择 / 章远等著 . —北京：时事出版社，2023. 3

ISBN 978-7-5195-0532-5

Ⅰ. ①新… Ⅱ. ①章… Ⅲ. ①政治—研究—约旦②外交—研究—约旦 Ⅳ. ①D737. 9②D837. 9

中国国家版本馆 CIP 数据核字（2023）第 031930 号

出 版 发 行：时事出版社
地　　　址：北京市海淀区彰化路 138 号西荣阁 B 座 G2 层
邮　　　编：100097
发 行 热 线：(010) 88869831　88869832
传　　　真：(010) 88869875
电 子 邮 箱：shishichubanshe@ sina. com
网　　　址：www. shishishe. com
印　　　刷：北京良义印刷科技有限公司

开本：787 × 1092　1/16　印张：14. 75　字数：238 千字
2023 年 3 月第 1 版　2023 年 3 月第 1 次印刷
定价：86. 00 元